中国养生经济第一人

为你讲解十五年经营管理之道

追超青年梦

武陵山珍百年梦想

毕麦　澳克◎著

中国发展出版社

图书在版编目（CIP）数据

追赶麦当劳：武陵山珍百年梦想/毕麦，澳克著. —北京：中国发展出版社，2013.1

ISBN 978 - 7 - 80234 - 868 - 4

Ⅰ. 追… Ⅱ.①毕… ②奥… Ⅲ. 企业经营管理—通俗读物 Ⅳ. F270 - 49

中国版本图书馆 CIP 数据核字（2012）第 291173 号

书　　　名：追赶麦当劳：武陵山珍百年梦想
著作责任者：毕 麦　澳 克
出 版 发 行：中国发展出版社
　　　　　　（北京市西城区百万庄大街 16 号 8 层　100037）
标 准 书 号：ISBN 978 - 7 - 80234 - 868 - 4
经 销 者：各地新华书店
印 刷 者：北京科信印刷有限公司
开　　　本：700 × 1000mm　1/16
印　　　张：20　彩插 16 页
字　　　数：260 千字
版　　　次：2013 年 1 月第 1 版
印　　　次：2013 年 1 月第 1 次印刷
定　　　价：49.00 元

咨 询 电 话：(010) 68990642　68990692
购 书 热 线：(010) 68990682　68990686
网　　　址：http://www.develpress.com.cn
电 子 邮 件：fazhanreader@163.com
　　　　　　fazhan02@drc.gov.cn

一个社会不能没有商人，近代社会更是如此。商人、商品和商业资本是推动社会发展的积极因素。商人可以存在于任何社会的微小隙缝中，为自己闯出一个活动的大天地。这种顽强的生命力，遇到适当的机会，便会勃发出旺盛的生命力，以至在一定历史时期里，商业竟然发生过压倒一切的影响……

——卡尔·马克思《资本论》第三卷

没有一点闯的精神、没有一点冒的精神、没有一股气呀劲呀就走不出一条好路，走不出一条新路，就干不出新的事业。

——邓小平 1992 年在武昌、深圳、珠海、上海等地的谈话

武 陵 山 珍

陈俊生题

　　1996 年 4 月，时任国务委员、国务院扶贫开发领导小组组长的陈俊生同志欣然题写了武陵山珍品牌名，激励毕麦领导的武陵山珍公司将藏在深山人未识的食用野生菌菜推上城市人的餐桌，为武陵山区农民的脱贫致富做出积极的贡献。

① 台湾地区新党主席郁慕明在上海与毕麦同台演讲，高度赞扬毕麦发明的养生系列礼品让养生简单化、大众化、家庭化、国际化

② 国际蘑菇协会主席西摩视察品尝武陵山珍后，称赞毕麦所发明的东方魔汤对国际蘑菇事业做出重大贡献，为小蘑菇找到了大市场

① 著名养生专家洪昭光教授视察品尝武陵山珍

② 中国饭店协会会长韩明（右）视察品尝武陵山珍后与毕麦和
公司名誉董事长、全国人大代表、中国十大女杰刘中慧合影

① 毛泽东特型演员东方子视察品尝东方魔汤武陵山珍、东方魔
　酒后高兴地说："东方美食东方红，健康养生武陵中"
② 中国著名笑星蔡明对毕麦说："如果有天改行做餐饮我一定选
　择健康养生的东方魔汤武陵山珍"

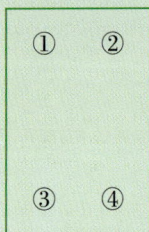

```
┌──────────────┐
│  ①     ②    │
│              │
│              │
│  ③     ④    │
└──────────────┘
```

① 2009 年武陵山珍参加驻华外交官烹饪大赛获得国际金奖,图为驻华外交官品尝典范魔汤武陵山珍

② 2011 年 7 月韩国 120 人旅游团首次来重庆旅游,首选寿比南山中国养生会馆体验养生。图为与武陵山珍民族艺术团同喜同乐,被武陵山珍的养生文化征服

③ 香港著名艺人陈小春选择武陵山珍场景,在电影《宝马狂想曲》里喝东方魔汤品武陵山珍,他说:"养生美食世界一绝"

④ 武陵山珍荣获旅游卫视"餐饮铁人赛"亚军,由著名歌星毛宁为毕麦团队颁奖

著名特型演员 卢奇　　著名特型演员 张再新　　武陵山珍董事长 吴垚

① 《解放大西南》电视连续剧邓小
　平、刘伯承特型演员在武陵山珍
　中国养生会馆品尝东方魔汤后合
　影。武陵山珍 30 多名员工参加
　拍摄
② 著名音乐家金铁霖（左）、吴雁
　泽（右）与重庆市人大副主任王洪
　华（中）品尝东方魔汤武陵山珍
③ 台湾地区著名词作家庄奴先生
　(中)、重庆市佛教协会会长唯贤大
　师 (右)、公司总裁王文君（左）
　品尝东方魔汤武陵山珍后合影

①	②
③	④

① 亚洲第一催眠大师杨安教授称赞武陵山珍是全球最好的美食。图为毕麦授予他武陵山珍高级顾问荣誉

② 著名经济学家郎咸平（右二）品尝后题词赞扬武陵山珍并与武陵山珍公司领导毕麦、吴烽、王华生合影

③ 亚洲第一"名嘴"张锦贵教授（右）赞扬武陵山珍是全球最好的美食

④ 著名经济学家魏杰教授（左）品尝东方魔汤、东方魔酒赞扬武陵山珍为人类的健康奉献养生美食

```
┌─────────────────┐
│  ①      ②       │
│                 │
│                 │
│                 │
│  ③      ④       │
└─────────────────┘
```

① 2007 年重庆市政协副主席、工商联（总商会）会长尹明善（右）高度赞扬武陵山珍资助贫困辍学女童、少数民族贫困女大学生上学

② 2007 年，中国食用菌协会会长李树萍（右）与中国食用菌协会副会长毕麦在协会年会上合影

③ 毕麦与中国养生专家、中央领导保健医生陈学忠主席共商武陵山珍走进北京和中南海，为中央国家机关的领导健康养生服务大计

④ CCTV-2《财富故事会》拍摄组（右二、左二）在渝拍摄《山珍重现》拷贝

① 毕麦荣获国际食用菌比赛团体金奖
② 国际烹饪大师专家争相与武陵山珍团队合影

① 世界华人成功学权威陈安之不仅喜爱东方魔汤武陵山珍，而且非常欣赏武陵山珍的企业文化。图为陈安之与武陵山珍董事长毕麦等领导和员工跳土家摆手舞后合影

② 2008年5月21日武陵山珍董事长毕麦率领武陵山珍10名员工、派出2辆救灾爱心车奔赴汶川灾区，为灾区人民和解放军官兵烹饪爱心饭菜和东方魔汤，受到重庆市政府表彰

羊肚菌

松茸菌

竹荪

老人头

猴头菇

鸡枞

白玉菇

黄牛肝

东方魔汤养生锅底

中国名点——土家都粑块

中国名小吃——山珍菌包

中国名小吃——香烤荞麦粑

中国名小吃——土家米豆腐

中国名小吃——苗家菜豆花

中国养生菜——武陵山色

中国名宴——武陵山珍养生宴

皇帝宴

家庭宴

家宴煲

养生煲

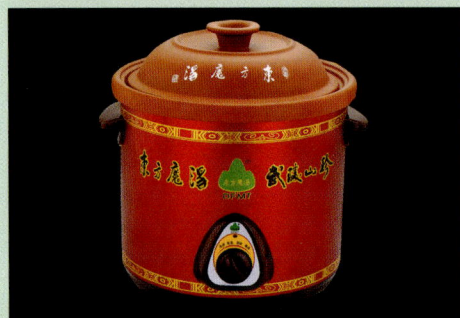

养生哥们（慢锅）

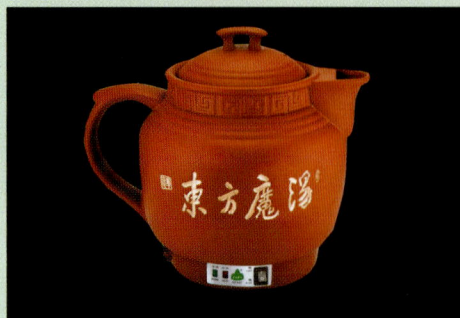

养生哥们（快锅）

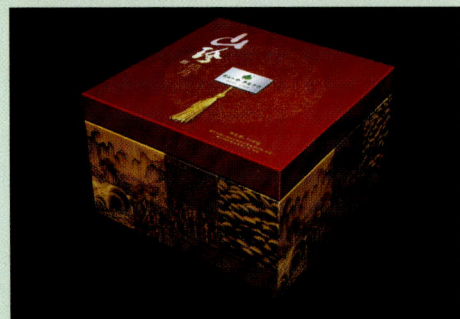

山珍揽月

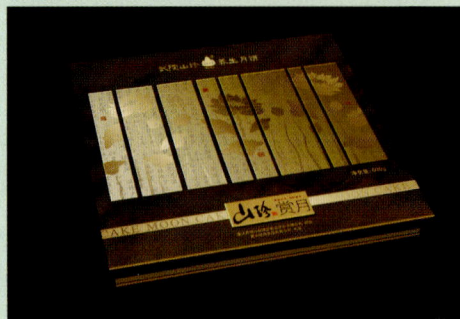

山珍赏月

毕麦发明、创造、生产、销售的武陵山珍养生礼品

| 总序 |

弹指一挥间，重庆市武陵山珍经济技术开发有限公司已走过了15周年，出版《追赶麦当劳——武陵山珍百年梦想》一书正是作为生日献礼。昨天我刚刚为毕麦颁发了"中国火锅产业十大功勋人物"奖，今天又非常高兴地为该书作序。借此机会，我代表中国饭店协会对常务理事单位武陵山珍成立15周年致以最诚挚的祝贺，并祝愿东方魔汤武陵山珍的明天更加辉煌！

重庆是火锅的发源地，是中国火锅之都。重庆火锅历经了百余年的漫长发展，成为中国饮食文化的杰出代表，是3000年巴渝文化的精髓。重庆火锅经过改革开放30多年来的快速发展，已经成为重庆的城市名片和文化的奇葩！

18年前，重庆人毕麦从日本归来，发明创办了东方魔汤武陵山珍，一直秉承"为人类健康奉献森林养生美食"的企业理念，创造出中国第一家百种野生菌菜森林美食和土家苗寨特色菜有机组合而成的养生新菜系，不仅填补了中国乃至世界的野生菌菜系的空白，而且是新兴的、独特的、具有强盛生命力的中国名餐饮、世界新菜系，成为独具特色的中国十大名火锅和中国餐饮百强企业。它是重庆火锅文化的创新与发展，"绿火锅""文火锅"与"红火锅""武火锅"天生绝配，东方魔汤武陵山珍以其鲜香的味道、丰富的营养、独特的保健、神奇的功效堪称绿色之

中国饭店协会会长韩明（左）向毕麦颁发
中国火锅产业十大功勋人物奖

极品，因而深受中外食客的喜爱，被誉为21世纪的"森林美食"和"森林药品"。我相信，这个独树一帜的养生新菜系在毕麦和武陵山珍人的辛勤努力下，一定会立足重庆、面向全国、走向世界，必将为中国餐饮行业作出更大的贡献！

毕麦用毕生的时间和精力学习追赶麦当劳，绘制了武陵山珍百年梦想、千年品牌战略蓝图，为中国餐饮树立了好的标杆和榜样。他将十八年的研究成果和十五年的实践经验融入《追赶麦当劳》一书中，非常真实、精彩、精炼、精辟，具有中华民族强大的精气神和正气场、正磁场、正能量，不仅是中国餐饮行业的精神食粮，而且是一本吸引你爱不释卷、百看不厌之精品。在此，我很高兴地向大家推荐这本书，相信广大读者必将从中受益匪浅！

中国饭店协会会长

韩明

2012年10月

古有武陵捕渔人　今有武陵山珍王

东晋文人陶渊明所著《桃花源记》，以武陵渔人进出桃花源，发现桃园，小住桃园，离开桃园，再寻桃园的曲折离奇的情节贯穿起来，描述了一个自食其力、自给自足、和平恬静、人人自得其乐的社会。这种社会被后人称之谓：世外桃源。我和我的文中主人翁毕麦先生都生在武陵山区，都有着追求世外桃源生活的梦想！毕麦——多么朴实而洪亮的名字。毕麦，即毕生赶超麦当劳之意。毕麦本姓王，为追求人类健康营养养生目标，立志要做麦当劳式武陵山珍餐饮连锁王，在他78岁前，带领养生道法团队为中国人争夺一块最干净的诺贝尔奖！

在20世纪末，我在美国从事媒体和金融资本的时候，从国内家乡赴美商务考察团团员的乡音中得知，武陵山区有位蘑菇山珍王。他在潜心研究和实践，如何利用武陵资源打造人类健康营养养生经济产业链，实现世外桃源的梦想！从那时起，我就一直关注了解追踪这位奇人及其轶事。经过十几年的追踪，我终于在回国时，经朋友介绍见到了这位身材高大、超级强壮的武陵山珍帅哥王。让我不敢相信的是，年近五十的山珍王，犹如三十几岁的帅小伙。问其因，得知，长年食用武陵渔人所见所闻的世外桃源的食物生活，保养生命，回归自然所致。

我们都有武陵人的血缘乡情，他是土著土家族，我是外来汉族；我们

胡晓先生（左一）和美国金融投资顾问接受毕麦先生书写赠送的书法作品

都同样生长在武陵，是武陵的山山水水、一草一木、血脉乳汁，把我们抚育培养成有理想，有抱负，为共同追求、共同奋斗实现世外桃源美梦而努力的既普通又平凡的武陵人！毕麦先生和我一样，因生长在武陵山区练就了骨子里的倔犟性格。我们都有相见恨晚之感，一谈就是一整天，碰撞出无数的火花。我不断地被他的经典词语深深地打动。武陵山区有着人们追求美好生活的野生蘑菇、野味山珍，如能将武陵山珍的美食，用麦当劳连锁经营的模式奉献给人类，那该多好啊！毕麦先生经过不知多少次的试验，从失败再失败中寻找真理，终于发现了大自然奉献给人类的美食——野生蘑菇，将其综合开发利用，混合熬制，烹饪食用，可大大提高人类的健康幸福保养生命的指数。

　　毕麦的武陵山珍，从第一家高档餐饮店开始，发展到今天已有25家直营店，100家以上的加盟连锁店。从野生蘑菇采集、生产加工、销售一条龙的经营模式，年产值6亿元人民币以上的武陵山珍连锁大型企业，让毕麦成为威震四海、名符其实的武陵山珍蘑菇王。

毕麦经营的理念是：跳出餐饮做山珍，跳出山珍做养生，跳出养生做全球。他用18年时间潜心钻研解码中华民族传统的精髓养生文化、易经文化、道家五行金木水火土相行理论、太极阴阳八卦图、《道德经》等独创中华养生道法联通全世界、感召全人类、服务地球人、打造世界级的养生产业、养生经济产业链。他经过多年的研究和论证，科技的发展在改造人类、改造自然的同时，也在破坏自然，摧毁人类赖以生存的地球和宇宙。为此他得出科学论断：生命才是第一生产力。"保养生命，回归自然"是人类追求美好未来世外桃源的最高境界！

武陵山珍是当今世界唯一一家百种野生菌森林美食和中国土家族苗寨特色菜有机结合而成的中国第九大菜系和"世界营养健康养生"菜系，同时形成中国乃至东南亚第一营养健康养生品牌，是21世纪的养生美食和森林药品、保健品，是不分地域、种族、信仰、肤色、性别、年龄和职业的地球人美食。武陵山珍还荣获世界五大国际金奖和中国30多项荣誉，为人类健康奉献营养养生美食的企业理念赢得中外名人、名家和顾客的高度赞誉。武陵山珍发展的目标是：立足重庆，面向全国，走向世界。毕麦所创立的武陵山珍品牌公司已拥有上万亩种植、养殖基地；野生蘑菇加工基地；从蘑菇中提取和配置拥有自主知识产权的中国营养健康养生品牌——东方魔汤、东方魔酒，武陵山珍养生系列礼品：皇帝宴、家庭宴、养生煲、养生哥们、养生月饼。打造出如此好的中华民族品牌，再加上独一无二的经营理念，武陵山珍正在插上国际资本的翅膀，毕麦以及他带领的团队将会飞得更高，飞得更远，一定会实现他世外桃源的梦想！

美国华纳资本集团董事长　胡　晓

2012年10月

毕麦创新史的启示

读完这本书稿，带给我的是一次又一次的震撼。显然，毕麦和他领导的武陵山珍的创新史开创了中国乃至世界之先河：他彻底打破了几千年来多种蘑菇不能同锅、同煮、同食的怪圈与神话，生动地记录了他们百年梦想伟大目标的确立，千年品牌的定位，追赶麦当劳的15%奋斗历程，这是一部100%自主创新走向成功的创新史。

这部创新史在给予人们震撼的同时，不仅让人们看到毕麦和他的团队在行进路上的身影，也给了人们以深邃的中华文化启示：中国企业领袖身上具有邓小平先生"发展才是硬道理"的那种睿智与魄力、敢为人先的可贵创新精神，是走向成功的先导；企业团队那种以人为本、研发顶尖的高科技产品、不断创新理念的努力，是走向成功的智慧；企业员工那种苦心孤诣地精心打造品牌和团结拼搏的决心与行动，是走向成功的力量；企业领袖殚精竭虑地和广大员工一起崇尚养生文化，信仰同心同德、同心同向、同心同行，是走向成功的"核能"。最主要启示有五：

启示一：超前思想指引，引导发展方向。回眸武陵山珍曲折的发展历程，都是在毕麦寻求的超前思想理论指引下，紧紧把握着世界发展的方向。从创业的一次失败到二次再创业，由石柱县城他妹妹王文君的一

澳门中华新文化研究会会长王有路（右）在武陵山珍集团与毕麦合影

家饮食小店到如今近一百多家的主营和加盟连锁店；从"跳出餐饮做山珍"到"跳出山珍做养生"，再到"跳出养生做全球"，每一个拐点，都是毕麦用殚精竭虑思考出来创新的思想理念拨乱反正，将产业引上稳中求进的快车道。市场表面看来没有狂涛巨浪，但实际却是惊心动魄的大海。"会思考，大有益，试看天下谁能敌！"方向明确，航道畅通，毕麦率领的武陵山珍团队便所向披靡！

启示二：科学发展大观，引领企业创新。武陵山珍以中华养生科研先行先试，敢为天下先，突破了一道道难关，发明了"东方魔汤"、"绿王养生礼品"、"养生道法"、"养生密码"等，开创了人类除动物食品、植物食品之外的第三类食品——养生菌类食品，创立了中国第九大菜系——武陵山珍养生菜系。这一路走来，都体现出"以科学引领技术和产品创新"的思路，这是企业生存和发展的必经之路。创新能力是企业实力的核心，作为一位成功企业家的毕麦，他的一项项创新，乃是品质、智慧、才能、心理素养的集中体现；而他又正己律行，带动了整个团队勇于创新，才有了一桩桩奇迹的产生。

启示三：养生产业无限，养生经济强盛。毕麦研究表明：站在全世界全人类高度，生命才是第一生产力！个体的生命是有限的，宇宙共同体的生命是无限的，养生产业发展空间无限。毕麦研究发现：将养生文化溶化升级为养生产业，将养生产业孵化成养生经济，作为生命的整体而系统的工程来做，无疑有着强盛的生命力。从时空上讲，因为有人类生命的存在，就有养生产业的需求，就有养生经济发展的空间。21世纪养生经济将拯救全世界、造福全人类。毕麦18年研究养生产业、探索养生经济论断：低碳经济是输血型经济，养生经济才是造血型经济；从地域上讲，世界上有人类生命存在的地方，也就需要养生产业、养生经济的支持。因此毕麦说，养生产业、养生经济是化解世界金融危机、经济危机唯一的新选择、新希望、新增长，是拯救地球和人类的必然选择、必由之路，伴着人类存在而存在，其生命力和发展空间也是永无止境的。

启示四：立言、立业、立德，立志为人民服务。中华文化自古推崇的立德、立功、立言"三不朽论"，贵在崇学以立德，勤学以立功，善学以立言。至于说"人无信不立"，那正是学而生信念、守信条、重信奉的结果。即便是充满了辩证法的"不破不立"，在"破"和"立"之间，也万万少不得架好学习的"桥梁"、添足知识的"砝码"。是所谓立足先立业，立业先立学，立学先立志，有志于学，百业可为；不然的话，即使想"立"都立不起来，立起来了也难以巩固，行将不远。毕麦可以称得上是这方面的追求者和践行者。按常理而论，在企业界谈得最多话题应是成本和利润，即一个"钱"字。可我们在这本书描述的过程里，极少看到他谈"钱"，唯有经常说道："我们跟共产党走，为人民服务，就是天道。不为人民服务，挣不到人民币，反过来就会被人民币（毙）掉。"这就是毕麦和武陵山珍人的境界，更是他们的智慧。不偏求钱而重产业创新发展，钱会随着发展而至。

启示五：中华文化能量巨大，亦如人类生命之血。毕麦的产业发展"三级跳"的最后一跳是借助中华养生文化"跳出养生做全球"，这可是经典的一跳、华丽的转身。他将中华五千年文化的元素融贯于百年梦想、千年品牌、坚定信念、终极目标和企业的生产、管理、营销等每一个层面，亦如人类之血液循环于武陵山珍人的全身，充满中华文明之朝气和中华文化之能量，正像他把歌曲《团结就是力量》改一个字为《团结就是能量》所唱："团结就是能量，这能量似铁，这能量似钢，比铁还硬，比钢还强！"就是中华优秀传统文化之正气场、正磁场、正能量的这种巨大能量的推动，让武陵山珍人在追赶麦当劳的征途上勇往直前！

　……

　毋庸置疑，我们阅览这本书稿，会从毕麦和他的团队身上看到马克思所说的"顽强的生命力"和邓小平所讲的"一点闯的精神"。我们看到他们奋进的身影，看到他们始终朝着前方的目标前进！我们衷心地向他们祝福，祝他们一往无前，大展雄风！

澳门中华新文化研究会会长　王有路

2012年10月

　　一直以来我都梦想出一本自己最喜爱的书。2000年本打算将自己上世纪80年代、90年代在全国报刊、电台发表的几百篇新闻和论文编辑成书，因当时还是正处级官员需保持谦虚、谨慎、低调而忍痛割爱！2007年武陵山珍十周年之际，我已经弃官经商终于可以自信、自豪、高调了，本打算写一本武陵山珍十年经营管理之道的书献礼，又因世界金融危机搅乱了我的思绪和心情：雷曼兄弟百年老店都破产了，美国通用集团濒临破产连美国政府都救不了它，我一个小小的武陵山珍，一个"做饭的炊事班长"，逞什么能、写什么书、吹什么牛，就又自暴自弃了！2012年武陵山珍15周年了，八方朋友、各界人士、不少专家都希望毕麦出一本关于学习追赶麦当劳15年和武陵山珍百年梦想打造千年品牌15年创业故事的书献礼，奉献给热爱中国餐饮和健康养生事业的读者。我终于下定决心鼓足勇气用熬制东方魔汤、水煮武陵山珍的干劲写成了《追赶麦当劳——武陵山珍百年梦想》这本说真话、干真事、做真人的书，将我18年的研究成果、15年的实践经验奉献给大家，希望能得到广大读者的喜爱与支持。

　　我自幼生长在贫穷落后的武陵山区石柱土家族自治县小镇上的一个干部家庭。父亲王万平是一位从事过地下工作的老革命、科级老干部，对子女管教非常严格、苛刻、认真、严谨。母亲邹学勤是一位从大城市

武陵山珍集团董事长毕麦

重庆来到土家山寨教了一辈子书、非常勤劳、好学、善良、慈祥的小学老师。我在家排行老大，下有两个妹妹一个弟弟，我们四兄妹跟随父母经历了无情的"文革"中各种大小运动，父母和我们都是被整的对象、被批的"坏人"。

父亲被打成"走资派"关进牛棚，母亲受牵连下放农村小学改造了十年。我从小生活生长在一个非常压抑、自卑的世界里，砍柴、挖地、下田、捕鱼、种菜、挑粪、打猪草等农村孩子干的事，我都会干。这些经历磨炼了我的意志，让我对农村和大山有了特别的感情、特殊的爱，对中国草根生活有了特别的记忆。1979年年仅16岁、高中肄业的我就走上了工作岗位：当过工人、基层干部，做过会计，干过记者，读过夜校，自修高中，考上四川省委第二党校拿到了两年大专文凭，开启了人生新的航程。1988年父亲突然病逝，24岁的我承担起抚养弟妹的家庭重任，接受工作生活双重压力与挑战。

我历任企业工会主席、基层区委副书记、地委书记秘书、科长、地区外贸局副局长、发改委副主任、招商办主任、四川省外经贸委副处长、进出口公司总经理、重庆市民族宗教事务委员会处长等职。2005年元月我告别25年的公务员生涯，放弃官场选择商场带领弟妹发展武陵山珍。中国商场人才匮乏，尤其最急缺的是心中有国家，眼中有大家，经营好自家，有民族使命感、责任感的企业家，这就是我们和世界强国最大的差距！我虽然看不到武陵山珍实现百年梦想的这一天，但我相信第二代、第三代、第四代……毕麦们会实现百年梦想、千年品牌的战略目标，但是我有可能实现78岁之前的30年战略目标：为中国人争夺一块最干净的诺贝尔奖！我坚信外国人能做到的，咱们13亿中国人中的优秀精英们同样能做到！中华民族伟大复兴的时代已经来临！中国优秀的传统文化和养生文化、养生产业一定是未来30年走向世界、中国制造的替代品，中国养生经济必将替代低碳经济。

毕麦是个企业商标品牌，未来的百年、千年武陵山珍的董事长都叫毕麦，我只是扮演毕麦这个企业的精神领袖而已，今后关于毕麦们的书和故事会一直写下去。因此，书名以我写的养生书法《追赶麦当劳》巧妙而生动形象地展示了中国养生书法的独特艺术魅力。

这本书我以第三人称"他"，统揽毕麦梦中的武陵山珍、大家眼中的武陵山珍、员工心中的武陵山珍、顾客嘴中的武陵山珍、媒体笔中的武陵山珍。全书通过梦中、眼中、心中、嘴中、笔中融会贯通，真实记录了武陵山珍15年的创业史，形象反映了武陵山珍百年梦想的心路历程、创业创新史，科学证明了中国养生文化、养生产业、养生经济的实用性与广泛性，无私奉献了武陵山珍的成功经验和养生道法。认识毕麦，您可能会多活20年！走进武陵山珍，您会早日选择健康养生频道而轻轻松松活到100岁！

最后感谢支持本书出版的各位领导、老师、作者、媒体及武陵山珍的家人们，特别要向王有路、韩明、胡晓、何方、冉隆文、文琴、杜燕等同志感恩致谢！

毕 麦

2012年11月

第一篇　毕麦梦中的武陵山珍

第一章　毕麦其人其事　　002

认识毕麦：怪可爱的人　　002

毕麦的故事：梦想与信仰　　004

第二章　毕麦与雷·克洛克比较　　011

克洛克思维模式　　011

毕麦思维模式　　013

第三章　万卷书中寻梦想　　017

武陵山珍的百年梦想　　017

伟大梦想与战略目标　　018

誓将梦想变为现实　　020

第四章　万里路上求真知　　022

从实践中求真知　　022

行万里路不停步　　024

第五章　追赶途中的发现　　026

发现 1：生命是人的第一生产力　　026

发现 2：养生经济拯救世界经济　　029

发现 3：神奇的中华养生八疗法　　　　　　　031

发现 4：伟大中国"中"之六大秘籍　　　　　　033

发现 5：124689 养生密码　　　　　　　　　034

第六章　求索之中的震撼　　　　　　　　040

第一个震撼：我们要学习"追赶麦当劳"　　　040

第二个震撼：毕麦改名字给你的震撼　　　　041

第三个震撼：毕麦其人其事不是作"秀"　　　042

第四个震撼：道路与别人不一样的震撼　　　043

第五个震撼：中国餐饮创新的一个震撼　　　043

第六个震撼：东方魔汤和谐世界的震撼　　　044

第七个震撼：中华民族文化品牌的震撼　　　045

第八个震撼：武陵山珍文化模式的震撼　　　045

第九个震撼：将复杂问题简单化的震撼　　　046

第七章　毕麦谈哲学与经营理念　　　　　048

毕麦语录 99　　　　　　　　　　　　　　048

《商界》成就武陵山珍东山再起　　　　　　053

天道地道人道中的超级智慧　　　　　　　　056

誓把危机变商机　　　　　　　　　　　　058

毕麦行动成功智慧 39　　　　　　　　　　062

毕麦 503 逻辑思维图　　　　　　　　　　064

第二篇　大家眼中的武陵山珍

第一章　国务委员题写品牌名　　　　　　076

神奇武陵山　　　　　　　　　　　　　　077

英雄武陵人　　　　　　　　　　　　　　078

神圣武陵名　　　　　　　　　　　　　　079

第二章 追赶麦当劳之路不平坦 081

毕麦兄妹艰难出发 081

多种蘑菇相爱之神话 083

武陵山珍火爆重庆 085

第一次创业宣告失败 087

第三章 武陵山珍东山再起 089

坚定信念 重新出发 089

一场厨房的"大革命" 091

巨资培训企业团队 093

餐饮管理十大规则 094

创新经营管理模式 096

第四章 武陵山珍维权战争 099

成渝两地的商标争夺战 099

河南打假品牌维权战 101

看不见硝烟的持久战 104

第五章 中国创新"三级跳" 106

跳出餐饮做山珍 107

跳出山珍做养生 108

跳出养生做全球 110

第六章 养生文化新概念 114

定位养生文化 115

养生文化"三步曲" 116

养生文化的全球战略 119

第七章 铸就养生产业千年品牌 122

走出千年品牌之路 122

打造"养生产业一条龙" 128

借鉴汽车组装生产线智慧 131

第八章　养生产业的生命工程 133

攻破第一道难题——为小蘑菇找到了大市场 133

攻克第二道难题——满足 365 天顾客需求 135

攻克第三道难题——把武陵山珍带回家 136

攻克第四道难题——建立示范养生产业基地 137

攻克第五道难题——创建中国养生会馆 137

攻克第六道难题——构建正能量的"人联网" 138

第三篇　员工心中的武陵山珍

武陵山珍的 53 大优势 144

武陵山珍总店精神 150

武陵山珍的激情与梦想 152

从家庭主妇到总经理 156

我在武陵山珍的精彩人生 158

成长成熟在 2010 162

回家的感觉真好 166

回到武陵山珍的感受 168

我到武陵山珍实习的感想 170

选择武陵山珍的故事 172

我毕生追赶毕麦 175

我与武陵山珍一起成长 15 年 178

在大家庭的感想 181

在武陵山珍学习的感受 184

我再次选择武陵山珍 187

我与武陵山珍同心同行 190

我不是成本是利润 192

武陵山珍我爱你 194

从杂工成长至公司领导　　　　　　　　　　　　197

我和蘑菇一起成长　　　　　　　　　　　　　　199

我与武陵山珍一起创造奇迹　　　　　　　　　　201

第四篇　顾客嘴中的武陵山珍

迟浩田上将品尝武陵山珍　　　　　　　　　　　207

养生专家洪昭光看好武陵山珍　　　　　　　　　208

著名食用菌专家卯小岚关爱武陵山珍　　　　　　208

著名歌唱家彭丽媛感叹武陵山珍　　　　　　　　209

世界华人大师陈安之跳起土家摆手舞　　　　　　210

诺贝尔奖提名人李农合钟爱东方魔汤　　　　　　210

九旬老中医爱吃武陵山珍　　　　　　　　　　　211

著名国学大师翟鸿燊赞扬武陵山珍　　　　　　　212

中外顾客齐赞武陵山珍　　　　　　　　　　　　212

第五篇　媒体笔中的武陵山珍

毕麦：武陵山珍如何东山再起　　　　　　　　　216

武陵山珍的百年梦想、千年品牌　　　　　　　　226

"东方魔汤"醉倒中外名家　　　　　　　　　　234

土家族汉子与他的"东方魔汤"　　　　　　　　236

构建和谐民族企业　武陵山珍回报社会　　　　　241

餐饮 88 家重庆武陵山珍面临摘牌　　　　　　　244

全国最大餐饮维权案本月审理　武陵山珍河南打假索 300 万　　　246

让武陵山珍成为中国人自己的"麦当劳"　　　　248

武陵山珍　小蘑菇做出了大市场　　　　　　　　253

武陵山珍董事长毕麦荣获健康重庆十大影响人物　　257

一锅东方魔汤的神奇故事　　260

武陵山珍董事长毕麦作客人民网答记者问　　265

毕麦到西南大学开讲养生经济　　271

东方魔汤　中国式美食的全球野心　　275

武陵山珍董事长毕麦荣获全国老区建设优秀企业家　　281

世界华人成功学权威陈安之盛赞武陵山珍　　282

餐企做强做大关键在于培养德行人才　　283

重庆"三剑客"为何相约南山论剑　　285

武陵山珍养生煲批发全国　餐饮企业掀起养生热　　288

毕麦：中国养生经济第一人　　292

毕麦　在重庆做养生经济的世界梦　　297

第一篇 毕麦梦中的武陵山珍

第一章

毕麦其人其事

认识毕麦：怪可爱的人

认识毕麦，大多数人是从喝东方魔汤、吃武陵山珍，或从全国的媒体中认识，有一些人是在各种大会上、大学课堂中、养生讲座里认识。在电影《解放大西南》的照片中，他与电影里的刘伯承、邓小平合影，站在刘、邓这两位杰出的解放军指挥员身旁，他那从容的神态和透着睿智的目光，让人觉得一点也不乏将帅气度，我还以为他是刘邓大军的参谋长哩。后来才明白，他十分崇敬重庆老乡刘伯承、四川老乡邓小平等老一辈革命家，刘、邓不仅是解放大西南的指挥者，还是都出身、战斗、工作、学习在四川和重庆的同乡，与他们合影留念，不仅是要表达继承他们的革命意志，学习他们勇往直前的革命精神，还有一份浓浓的武陵山大地的乡土情感。

毕麦声称他也是演员。他原名叫王竹丰，改为毕麦就是要立志用毕生的时间和精力学习追赶麦当劳，演好毕麦这个主角。他曾说："武陵山珍第一任董事长叫毕麦，第二任、第三任……每任都叫毕麦，毕麦本不是毕氏家族的基因传承，也非爹妈所取的名字，其实只是个传说和演员。"的确，在他尚未知天命的年龄段里，他已扮演了学生、工人、公务员、厨师、老师、企业家、专家等诸角色。

毕麦，土家族，中共党员，1980年参加工作以来，曾先后担任粮站会计、工厂会计、工会主席，1987年至1989年在四川省委第二党校大专毕业，历任基层区委副书记，黔江地委书记秘书、科长，地区外贸局副局长，四川省外经贸委副处长，进出口公司总经理，重庆黔江区计委副主任、招商办主任、便民投资服务中心主任、黔江区外国政府（国际组织）援助办公室主任，重庆市民委培训中心主任。他还是重庆市政协委员，中国食用菌协会副会长、重庆市中小企业发展研究会会长、全国优秀企业家、中国餐饮改革开放三十年杰出三十人、健康重庆十大影响人物、中国餐饮高级职业经理人、国际商务师、国际特级餐饮管理师，重庆市武陵山珍集团公司党委书记、董事长，中国饭店协会常务理事、重庆市餐饮商会副会长、重庆火锅协会副会长。

武陵山珍从明末清初战功卓著的巾帼英雄秦良玉故乡石柱峰下起步，到今天定位以养生文化战略全面发展，在这近三十多年的每一步行走中，无不有毕麦那奔忙的身影和充满昂扬正气的声音。我们在追溯武陵山珍奋斗历程时，自然会将目光聚焦在毕麦身上：他是武陵山珍和中国食用菌革命、养生菜系的发明者和创始人；他打破了几千年来多种蘑菇不能同锅、同煮、同食的误区和神话；他是中国养生文化、养生产业、养生经济的研究者、探索者，被媒体誉为"中国养生经济第一人"。而他自称既不是好人，也不是坏人，却是个怪人，正在学习修炼成一个怪得可爱的人！认识毕麦，健康养生，轻松活到100岁。

毕麦的故事：梦想与信仰

毕麦年轻，简历似乎简略，但他的故事却很多，我们择其几个，亦能看出他在百年梦想的万里征途上的几个难忘的里程。

第一个故事：舍官回乡做山珍

毕麦说，他辞官做武陵山珍，不是在作秀，也不是追求金钱，是为了实现自己的梦想与信仰。的确，谈到权，他16岁参加工作，21岁当厂工会主席，26岁任区委副书记，27岁任地委书记秘书，30岁任省外经贸委副处长，35岁任发改委副主任、招商办主任……这一路走来，都是作为层层领导的后备苗子人选，可谓前途无量。说赚钱，1994年承包进出口公司，这一年赚了50多万元，按50%分成，他个人可得20多万元，但他一分不要，给了公司。1997年为石柱县争取到日本无偿援助项目1.5亿日元（折合人民币是1200万元），奖励给他25万元，他全数捐给了单位。从1994年到2001年用了7年的时间，争取了澳大利亚为渝东南无偿援助的最大的一个扶贫项目，澳大利亚政府无偿援助人民币一个亿，中国政府配套一亿元，按照政府的奖励政策，奖励他600多万元，他一分钱都没要。而他谈判劳累病倒住院半年之久，因胸膜炎住院自费部分花了几万元钱，都是自己掏的。这一件件活生生的事实说明他一不为权、二不为钱的心态。那么，2005年，他毅然决然地从重庆市民族宗教事务委员会干部培训中心主任的正处级岗位辞职出来做山珍到底为了什么？这是很多人难以理解的心结。笔者终于在一次与他长谈中解开了：他十分真情地表白："我是土家族的儿子，是武陵大地的儿子。看到家乡漫山遍野都是被日本人称为'国宝'的松茸、茶树菇、鹅蛋菌等野生菌菜无人问津，我再也坐不住了，我已经知道了它的价值而不想办法开发利用，又怎能对得起我的乡亲，对得起哺育我的武陵大地?"正是出于这种民族之忠、家乡之情、祖国之爱，正是出于国务委员陈俊生题写品牌名的鼓舞，让毕麦舍官回乡，走武陵山珍的百年梦想、千年品牌之路。

第二个故事：日本归来改姓名

毕麦是土生土长的重庆市石柱县土家族人，从小到大就有吃菌的习惯。由于家乡独特的地理环境，他吃过的菌的种类不计其数，但从没想过在食用菌上做文章。后来他在做国际贸易期间，常到日本出差，发现家乡非常普通的野生菌菜被运到日本，稍加包装后便身价疯涨。他告诉笔者，1994年他去日本大阪、广岛、长崎、神户等地考察，受到了三个非常大的刺激：一是日本餐饮做得非常精细、精准、精美，让他大开眼界，大饱口福，大受启发；二是日本人喜食蘑菇，特别是视松茸为"国宝"，这是缘于美国扔的原子弹在广岛爆炸后，松茸、蘑菇等极少数物种抗住了冲击波、核污染而生存下来，有着极高的抗癌性和免疫力，而我们的武陵山、阿坝山区、长白山等地大量资源还没有开发利用；三是日本人把中国五千年的文化精髓——养生文化普及为大众化、家庭化、社会化、科学化，因此平均寿命列世界第一。其实，我们中国是最有条件成为长寿之国的。毕麦觉得从现在做起还不晚，将王竹丰改名为毕麦，立志以毕生的精力，来追赶世界饮食巨头麦当劳，以武陵山珍的理念和产品，为中国人乃至全人类奉献养生美食、养生文化！

第三个故事：再次创业平风波

1995年春节，大家都高高兴兴沉浸在节日的喜庆中，可是重庆市一家名为"土家苗寨"的餐饮店,可算是闹开了锅了!顾不上过节不过节,一屋子人吵得不可开交,这都是为了什么?

"土家苗寨"是一家经营普通中餐的饭店,餐饮店的总经理名叫王文君,总策划是毕麦。一年多了,这家店一直叫"土家苗寨"好好的,毕麦却突然提出要把店名改为"武陵山珍"。对于一个餐饮店来说,已经能够培养自己相对稳定的顾客群了,突然改名字,确实是弊大于利。毕麦不管这些,没人帮忙就自己干。不仅如此,他想把店从各个方面都进行整修,彻底改换门面。由于资金紧张,他把房子都卖了。

平时人们常说"山珍海味","海味"大家比较熟,这"山珍"非野生动物,其实就是指山林中那些野生的可食用菌和野菜,营养丰富!但是,由于市场上的恶性竞争和假冒伪劣,再加上有的烹饪质量不过关,假冒的"武陵山珍"纷纷倒闭,做餐饮的对这个名字都躲得唯恐不及!可毕麦把武陵山珍的百年梦想、千年品牌当作信仰,其他的几个股东见武陵山珍败局已定纷纷拿钱走人,毕麦却把武陵山珍当成是块金字招牌。他为什么这么执著呢?

毕麦看准的事情,九头牛都拉不回来。他发动自己的家人筹款,和妹妹王文君重新选址武陵山珍总店。很快,有三百多平方米的武陵山珍总店又重新开张,没想到吃惯了麻辣口味的重庆人和到重庆旅游的外宾,依然喜欢这个口味清淡、健康养生的山珍汤,毕麦还重新加了一顶帽子,申请了注册商标,名字叫"东方魔汤"。

第四个故事:重拳打鬼扫路障

中国加入世界贸易组织之后,为了与市场和国际接轨,国家相关的法律法规做出了重大的修改和调整,武陵山珍公司忽略了商标申请与知识产权保护。2003年成都假冒武陵山珍的"武陵煨珍煲"吴成发借机向国家商标局申请抢注了武陵山珍商标，给武陵山珍制造了发展的瓶颈和路障，从而开启了重拳打鬼扫路障的漫长商标维权持久战。

面对成都吴成发抢注商标的巨大压力和挑战，毕麦领导的武陵山珍团队沉着应战果断决策，制定了两手抓两手都要硬的战略战术：右手抓武陵山珍的发展，不仅不放慢发展的速度，而且坚信真李逵一定能够打败假李逵。2004年一口气发展了十家直营店。目前，武陵山珍在全国近20个省市拥有直营店和加盟店突破100家，夯实了武陵山珍的维权打假实力。左手组建维权打假团队，坚持重拳打鬼扫路障，投入了巨大的人力物力财力，夺回了中国餐饮百强荣誉，打掉了一批假冒的武陵山珍加盟店，赢得了国家商标局、商评委、北京市第一中级人民法院等对武陵山珍公司使用武陵山珍商标在先、拥有很高知名度的裁定与判决，获得了武陵山珍系列商标权。同时申请注册了美国、韩国、日本、新加坡及中国的台湾、香港、澳门等国家和地区的"武陵山珍"及"东方魔汤"、"东方魔水"、"东方魔饮"、"东方魔宴"系列商标。

第五个故事：二十七天搬公司

2008年夏天，正是世界金融危机席卷全球、影响中国的低潮期，许多企业都纷纷挂上免战牌，放慢或停止了发展的步伐，而毕麦却逆向思维，反其道而行之，召集公司董事会成员作出一项重大决定，将原来在长江以南重庆南岸区明佳路昌龙城市花园武陵山珍南坪店内的公司总部彻底分离出来，到发展空间最大的渝北区重庆市总商会大厦投入巨资购买了十楼半层近千平方米作为公司总部办公基地，为武陵山珍战略发展定位、加油鼓劲插上腾飞的翅膀。

毕麦在会上立下军令状：30天内全部完成装修、搬迁任务，保证总部员工全体到新办公基地正常上班。有的说不可能、不现实；有的建议暂时不买房、不搬迁，等经济形势好转之后再决定；有的坚决反对进行非生产性投入，认为在当前经济不景气的时期会影响和制约公司的发展。毕麦力排众议，果断决策，迅速行动，亲自规划、设计、装修、监工、验收，省掉了装饰公司复杂漫长的工作流程和时间，超常规、跳跃式、高速度地迎接世界金融危机的挑战，变"危"为"机"，创造性地开展工作，制造新机遇、新环境、新能量，仅用27天时间果然实现了将公司从店内搬入新总部基地的目标，让公司员工顺利入住舒适、宽敞、明亮、大气的办公新环境。董事长毕麦言行一致、知行合一、身教重于言教的27天搬公司的故事深深地感动、感染着武陵山珍所有的员工和家人，他们从毕麦的身上看到了武陵人特别能吃苦、特别能忍耐、特别能奉献、特别能竞争的"四特精神"！

第六个故事：家和自然万事兴

毕麦做起事情来，用"废寝忘食"来形容一点也不过分，最为他担心的莫过于他的太太罗晓玲。她倒不是担心别的，到了夜里12点，看不见他的身影，听不到他的信息，太太就为他的身体和安全担忧。毕麦也承诺12点前返家，但往往尽快结束一些应酬后，还得挤出时间去看书，拿起书来又不能很快放下，因此常常回家"迟到"。他又不愿"迟到"一次解释一次，更不想伤害太太对他的这份关爱之情，便诚心要求太太也来为他分担工作的重担。太太问："我怎么为你分担？"毕麦说："我们胸中要有国家、眼中要有大家、心中要经营好自家，你对我的理解和支持就是大爱，你对公司和员工的信任和关怀是我最大的能量，我们家和自然万事兴。"

第七个故事：十八年读千本书

在弟妹们的心目中，哥哥毕麦=工作狂+读书狂。"刚开始创业时，哥哥白天上班，晚上和周末才到公司来开会，有时一开会就是几个小时，经常是凌晨两三点钟还在开会，"弟弟王战风说。现在，他和姐姐都养成了晚上加班、开会的习惯，凌晨两三点钟，他们经常还在高速路上。"哥哥无论多忙，每天都要抽一个小时出来看书报和新闻，"王战风坦言，"哥哥常说，企业掌舵的人要掌握企业发展的正确方向，才对得起企业，因此，每天必须学习新东西。"妹妹王文君回忆说："哥哥是上班忙工作，下班忙读书，很多书是在旅途中的飞机、车、船上读的。"

毕麦自己向我们介绍说："我规定自己每天至少读书1小时以上，十八年来，脱产学完了西南大学公共关系专业研究生课程、北京大学国际商务课程，累计读了一千多本书。我是'手机'，不充电就不能连续工作呵。"

……

毕麦的故事很多，而且，他还在创造更多更精彩的传奇。但就仅有的传奇故事中，我们已可以给他一个概念性的定位：

他是一位杰出的企业家，他将自己的企业带进中国餐饮百强，又在奋力追赶世界百强麦当劳；他是重庆市中小企业发展研究会会长，他无私地为上千家中小企业免费服务、授课排忧解难！

他是一位发明家，他研制发明的武陵山珍皇帝宴、家庭宴、家宴煲、养生煲、养生月饼、养生哥们、东方魔水养生杯等养生系列礼品，已赢得中外顾客的喜爱和认可。

他是一位养生经济学者，他的一系列养生经济理论，奠定了他成为中国养生经济第一人的地位。

他是一位养生文化学者，他是一位公众演说家，在大学是客座教授，在全国巡回演讲，是养生专家、企业家，在企业是首席训练师……他倡导文化作为核心元素灌输在养生企业和养生理念之中，就像血液灌输在人体一样，成为生命力的源泉。他希望在大学开设养生经济本科专业和学院传播养生经济。

这些，是我们对毕麦的整体印象。当然，尚有更多身份对他也会适合。因为他决心学习追赶麦当劳，将他与麦当劳的实际领导人——雷·克洛克做个比较，我们对毕麦的了解会更深入，印象也会更深刻。

第二章

毕麦与雷·克洛克比较

克洛克思维模式

　　雷·克洛克被称为麦当劳王国的缔造者。我们知道，最早的麦当劳是1937年狄克·麦当劳与兄弟迈克·麦当劳在洛杉矶东部开的一家汽车餐厅。由于他们制作的汉堡包味美价廉，深受顾客欢迎。虽然每个汉堡包只卖15美分，但年营业额仍超过了25万美元。随着汽车餐厅越来越多，经营也越来越乱。麦当劳兄弟大胆进行特许经营，开始出售麦当劳的特许经营权。1953年，第一位加盟者福斯以1000美元的价格购买到麦当劳特许经营权，在凤凰城开了一家麦当劳快餐店。后来的许多加盟店随心所欲地改变自己的汉堡包口味或者经营品种，严重损害了麦当劳的声誉及其方便快捷的独特经营方式。十几家加盟店的经营状况普遍笼罩在失败的阴影之中。这时，一位名叫雷·克洛克的人找到了麦当劳兄弟。当时克洛克只是一位纸杯和混拌机的推销商，但是对于麦当劳的巨大的发展潜力，他比麦当劳兄弟还要清楚。当时美国的小家庭日益普遍，家人一起出门的次数增多，生活节奏越来越快。克洛克知道，像麦当劳这样干净卫生、经济合算、品质优良、方便快捷的家庭餐馆，一定会大受欢迎。他看准了郊区年轻家庭巨大的市场潜力。当时为这一市场服务的餐馆很少，麦当劳正好可以填补这个空间。另外，开设一家麦当劳餐馆当时只需7.5万美元，用特许经营方式经营这个体系，实在是再合适不过了。只要能够得到麦当劳的特许经营权，他就可以在大小城镇开设麦当劳餐馆。

克洛克马上与麦当劳兄弟谈妥，成为麦当劳在全美唯一的特许经营代理商。1955年克洛克成立特许经营公司———麦当劳公司系统公司（1960年改名为麦当劳公司）。1955年，克洛克在芝加哥东北部开设了第一家真正意义上的现代麦当劳特许经营店。该店体现了克洛克对快餐店的理解，那就是重视品质、服务、卫生和经济实惠。他创建了一套极其严格的经营制度，这就是著名的以QSCV（Quality———汉堡包质优味美、营养全面；Service———服务快速敏捷、热情周到；Cleanness———店堂清洁卫生、环境宜人；Value———价格合理、优质方便）为核心的统一经营系统。该系统规定每家麦当劳加盟店的汉堡包品种、质量、价格都必须一致，甚至店面装修与服务方式也完全一样。所有麦当劳快餐店使用的调味品、肉和蔬菜的品质都由总店（特许经营总部）统一规定标准。制作工艺也完全一样，例如麦当劳在汉堡包的原料方面有一条严格的标准：麦当劳汉堡包的脂肪含量应该在17%至20.5%之间，并且拒绝使用添加剂；另外还规定肉饼必须由83%的肩肉与17%的上等五花肉混制。许多方面的规定真是不厌其烦。从此麦当劳走上了以特许经营方式快速发展的"高速公路"。

克洛克的特许经营制度有以下一些主要特点：其一，也是最重要的一点，就是一地一次只卖一个餐馆的特许权。其二，规定表现优异的受许人可以拥有多家加盟店，而表现不好的受许人只能拥有一家店铺。其三，谨慎挑选受许人，并严格控制加盟店的经营活动，丝毫不准越轨。克洛克从不把特许权卖给实力雄厚的人，生怕他们有一天超过总部，难以控制。他的逻辑是："如果你卖出一大块区域的特许权，那就等于把当地的业务全部交给了他。他的组织代替了你的组织，你便失去了控制权。"

1968年，克洛克在波士顿大学的一次座谈会上说："特许经营是实现美国梦的利器。"麦当劳的成功就是最好的例证。1968年麦当劳有1000家店铺，1978年就达5000家。经过40余年的发展，目前麦当劳已有24500余家店铺，遍布全球114个国家和地区，几乎达到了每四小时开一家新店的速度。1965年4月15日，麦当劳公司股票上市时，每股为22.5元，不到一个月就涨了一倍。20年后，股价约为原来的175倍。正是由于克洛克的卓越管理和苦心经营，麦当劳才由一家默默无闻的快餐店迅速成长为今天的快餐业之王。麦当劳的成功是个奇迹，而克洛克正是奇迹的创造者。

克洛克1972年获得美国著名的贺时修·阿杰奖。他生前喜爱的座右铭是："才华"不能，才华横溢却一事无成的人并不少见；"天才"不能，是天才却得不到赏识者屡见不鲜；"教育"不能，受过教育而没有饭碗的人并不难找。只有恒心加上决心才是万能的。也许，这就是克洛克赢得事业的巨大成功的诀窍之一。

毕麦思维模式

我们再看看中国当今的毕麦吧。毕麦的已有经历，我们从以上的描述中初见端倪。令人十分感兴趣的是，他与麦当劳的克洛克有着如此惊人的相似之处：

一、创业模式：麦当劳之初是由狄克·麦当劳与兄弟迈克·麦当劳在洛杉矶东部开了一家汽车餐厅起步，几经周折，克洛克于1955年成立特许经营公司———麦当劳公司系统公司（1960年改名为麦当劳公司），成为真正意义上的麦当劳王国的缔造者和领导人。

毕麦的武陵山珍，最初是由妹妹王文君与弟弟王战风等亲朋好友开饮食店起步，几经曲折，毕麦于1997年4月28日重新开起武陵山珍总店，成立武陵山珍公司。从此，他成为真正意义上的武陵山珍的缔造者和领导人。

二、经营模式：克洛克在麦当劳采用的是特许加盟方式，而毕麦在武陵山珍采取的也是特许加盟：按县级、地级和省级三级划分，合作期限三年，每级根据营业面积大小分为A、B、C，收取相应的特许加盟费。

三、经营理念：克洛克提出重视品质、服务、卫生和经济实惠四原则，毕麦的武陵山珍以面向中、高档收入人群的市场定位，以养生保健特色、山珍特色、民族特色为市场导向，以倡导科学养生和绿色保健的饮食理念，确立"兴趣、信心、信任、信誉"的成功守则。

四、文化特征：克洛克将优质服务呈献于儿童及每个家庭，凝成一种文化，产生一种震撼人心、持久而深刻的影响力；毕麦将中国传统文化、养生文化和民族特色文化融为一体，通过武陵山珍食品直接送到每个人胃里，再化为血液灌输全身，产生一种顽强的生命力和人人向往的健康长寿效应。

五、个人特点：克洛克不怀疑别人，虽在商场上屡屡受骗，多次面临危机，但始终相信未来，相信梦想，奋勇前进；毕麦从不惧挫折，时时坚守着百年梦想、千年品牌，在追赶麦当劳的同时，也在不断地超越自己。

从毕麦与雷·克洛克的比较中可以看出，两者的相似，不是仿效的，更不是复制的，而是事出同理同途，还有某些巧合。毕麦有四点明显优胜于克洛克：一是麦当劳食品逐渐被视为"垃圾"，日渐衰退；而武陵山珍是养生佳品，会经久不衰。二是毕麦以科研先行先试，不断发明创新，符合科学发展观；而麦当劳却是百年一品不变。三是毕麦以文化引领产业进步，而克洛克将麦当劳视为"国家战略"向世界各地渗透。两者有着本质的区别：前者有着"和为贵"的包容性，后者明显带有"掠夺"的排他性。四是在领导人的接班上，毕麦已设计为百年的"接力"，是一棒接一棒地跑下去。他说："我是第一代毕麦，第二代、第三代直到永远都叫毕麦。"我们坚信一代又一代的毕麦会前仆后继，意气风发地奋进在追赶麦当劳的万里征途上！

历史往往有惊人的相似。成功者的历程也一样，他们的成功向世人宣示了成功的共同经验和规律。武陵山珍初创人毕麦的成功经历亦与美国麦当劳的雷·克洛克有着惊人的相似之处。卡尔·马克思在《资本论》第三卷中有这样一段论述："一个社会不能没有商人，近代社会更是如此。商人、商品和商业资本是推动社会发展的积极因素。商人可以存在于任何社会的微小隙缝中，为自己闯出一个活动的大天地。这种顽强的生命力，遇到适当的机会，便会勃发出旺盛的生命力，以至在一定历史时期里，商业竟然发生过压倒一切的影响……"一百年前开始兴起的麦当劳是这样以"顽强的生命力"影响着全球，今天的中国武陵山珍也在走着类似的道路，正在"勃发出旺盛的生命力"，追求"压倒一切的影响"。

毕麦创业的历程与武陵山珍的发展是同步的，他与企业每前进一步都在时光的史册上留下了不可磨灭的印记：

毕麦原名王竹丰，1963年出生于石柱，1980年高中毕业参加工作，1995年开始试制野生菌汤料，1997年4月开出第一家武陵山珍，1999年第一次创业失败，2001年再次创业重振武陵山珍。

2001年5月，毕麦和妹妹卖掉了自己的房子，同时再找亲戚朋友借了30多万元，一口气买下龙湖的商铺，将龙湖店作为了武陵山珍的总店。

随后，毕麦又大胆提出了公司与店分离的想法。公司与店堂经营分开后，毕麦开始大力发展连锁加盟。到2010年，武陵山珍做到了中国餐饮百强、重庆餐饮十强，2020年直营店和连锁店会达到200家以上，有大社区的地方就有武陵山珍。

现在，可以说武陵山珍上了高档次，上了大规模，上了高速路，他们从三条线上分工而合力地在完成毕麦设计的养生产业生命系统工程，就是认识生命是科学，以"生命第一生产力"的理念引领产业发展；就是产业与经济、市场、世界对接，形成一个共同体的环境；就是要"道法自然"、人人都要为生命系统工程做点努力的生活方式上，形成"人联网"，将人类的养生文化推进到一个划时代的更新更高层面。

中国改革开放的总设计师邓小平说："社会主义要赢得与资本主义相比较的优势，就必须大胆吸收和借鉴人类社会创造的一切文明成果，吸收和借鉴当今世界各国包括资本主义发达国家的一切反映现代社会化生产规律的先进经营方式、管理方法。"又说："没有一点闯的精神，没有一点冒的精神，没有一股气呀、劲呀就走不出一条好路，走不出一条新路，就干不出新的事业！"我们深信：毕麦和他所带领的武陵山珍团队，在已经走出的这条新路上，沿着邓小平指引的方向，会创造新的奇迹，干出一番令人震撼的新的事业！

第三章

万卷书中寻梦想

武陵山珍的百年梦想

毕麦说，他自创办武陵山珍以来，一半精力办产业，一半精力在读书。十八年来，他学完了西南大学公共关系专业研究生课程、北京大学国际商务课程，另外还业余读了一千多本书，登门拜访了无数位专家学者。其中生物学家周开孝教授帮他研制发明了"东方魔汤"，破解了山珍产品上的一道道技术难题；他的西南大学公共关系专业导师也在企业发展的紧要关头给予了及时指导。学问，学问，毕麦的确在勤学多问中弄懂了许多问题。最重要的是理论的指导，让他不断更新了企业发展的理念，不断纠正了企业前进的方向。

梦想绝不是梦，两者之间的差别通常都有一段非常值得人们深思的距离。中国近代学者林语堂对梦想有过一段通俗而精辟的论述："有人说过，不知足是神圣的，我却以为不知足是人性的。九九归一的说起来，哲学或许是由讨厌的感觉而开始。无论怎样，人类的特征便是怀着一种追求理想的期望，一种忧郁的、模糊的、沉思的期望。人类住在这个现实的世界里，还有梦想另一个世界的能力和倾向。我们都有一种脱离旧辙的欲望，我们都希望变成另一种人物，大家都有着梦想。兵卒梦想做伍长，伍长梦想做上尉，上尉要想做少校或上校。一个气魄宽宏的上校是不把上校当做一回事的，用文雅的词语说起来，他仅仅称之为服务人群的一个机会而已。这个世界很像一家照菜单点菜的餐馆，每一个顾客总以为邻桌顾客所点的菜肴，比他自己所点的更有味、更好吃。在这种意义上说来，世间没有一个人会感到绝对的满足的。大家都想做另一个人，只要这另一个人不是他现在的自己。这种特性无疑的是由于我们有想象力和梦想才能。一个人的想象力越大，就越不能得到满足。可是人类终是完全靠这种想象力而进步的。我们晓得凡是人都有志向和抱负。有这种东西是可贵的，因为志向和抱负大都被视为高尚的东西。无论个人和国家，都有梦想，我们的行动多少都依照梦想而行事。"武陵山珍的毕麦和他的同事就是"依照梦想而行事"的人们。他们理直气壮地提出"百年梦想——追赶麦当劳！"确切地说，就是立志把武陵山珍做成世界饮食业的百强企业；并要像当今麦当劳领先全球快餐饮业一样，做世界养生文化、养生产业、养生经济的领跑者！

伟大梦想与战略目标

梦想是什么？梦想就是方向，就是心中的目标。成功者，需要认清前进的方向，看准方向就不会迷失和动摇，锲而不舍地前行；确立目标，方可最大限度地发挥出自己的潜能而不废，让所有的能量和智慧为实现目标而释放，从而一步步走近目标，达到目标。

目标因大小和立足点的高低不同而成就也大不一样。有这样一个小故事：三个工人在砌一堵墙。有人过来问："你们在干什么呀？"第一个人没好气地说："难道你没看见吗？我们在砌墙。"第二个人笑了笑说："我们在盖一幢高楼。"第三个人边干边哼着小曲说："我们在建设一座新城市哩！"十年后，第一个人在另一个工地上砌墙，第二个人坐在办公室里画图纸，第三个人成了前两人的老板。

还有一个事实：美国有一个研究成功的机构，曾长期跟踪100名年轻人，直到他们年满65岁。结果发现只有一个人很富有，还有5个人有经济保障，剩下的94人情况都不太好，可算是失败者。这94人并非年轻时不努力，主要是没有选中清晰的目标。可见，有目标和无目标者的结果显然不一样，这也是成功者与失败者的根本区别。

毕麦不仅为武陵山珍定下百年梦想——追赶麦当劳这一宏伟的远大目标，更为实现这个目标制定了一系列的具体措施。他亲自为《武陵山珍企业之歌》、《武陵山啰儿啰》、《百团大战军歌》、《重庆火锅红满坡》等作词，特别是他八旬老母亲邹学勤老师作曲、毕麦用心写的歌词《武陵山珍员工之歌》唱道："武陵山珍，我们的家，我们特别能吃苦、能忍耐、能奉献、能竞争，我们要战胜自我追求极限！遵纪守法服从上司是天职，尊重'上帝'团结奋进是美德，争先创优树好形象是心愿，真心为人类健康奉献森林美食是理念！我们的事业是伟大的事业，我们的目标一定能实现，能实现！"他们的员工每天都高唱着这首歌上岗，那种气势就像我们中华儿女唱着《义勇军进行曲》一样，斗志昂扬，势不可挡！

誓将梦想变为现实

法国流传着这样一句名言：人的一生就是这样，先把人生变成一个科学的梦，然后再把梦变成现实。的确，梦想与现实往往有一段很长的距离。武陵山珍将追赶麦当劳作为自己的百年梦想，这无疑是科学性与现实性相结合的准确定位。

实现梦想的起步需要勇气，定下了目标，你便要朝着那个方向去拼搏、努力，这是需要勇气的；行进中更需要毅力，在实现理想的道路上，会遇到许多"绊脚石"，有的还可能是你认为不能翻越的"巨山"，这就需要你用坚定的意志与勇气，去战胜艰难险阻，去挑战一个又一个极限；走向目标的路上再难也要坚持，迈出一步接一步的坚实脚步，才能走近终点，最坏的结果不是失败而是放弃。有一个电话发明权的故事：宣称自己发明电话的有格雷、爱迪生、多尔拜尔那夫、麦克多、万戴尔威、雷斯和贝尔等七八个人。雷斯和贝尔的电话几乎很接近，但雷斯没有把解决间歇电流换为电幅电流，以便再生人类语言，他试验到此却止步未前。而贝尔只前跨了半步，只是将一个小小的螺钉转动1/4周就解决了这个问题。最后，美国高等法院将电话发明权判给了贝尔。可见，失败与成功也只有半步之遥。

毕麦创业和兴业所走过的历程同样曲折艰辛，他一次失败二次再创业，他冒生命危险尝"百菌"研制出了武陵山珍的东方魔汤，他出重拳重金打假维权……而现在，他又"跳出山珍做养生"、"跳出养生做全球"，又在攀登着一座又一座新的高峰。毕麦不断翻越他心中的那座高山，带领武陵山珍不断前进的举动给了人们一个很好的启示：只要朝着正确的方向和目标坚定地走下去，就一定能攀登世界上的任何高山峡谷，就完全能战胜一切困难，就必定会走向成功的彼岸，就会把一切梦想变为现实，共享上善若水、大道至简、大爱无疆、厚德载物、道法自然、心想事成、梦想成真之快乐。

第四章

万里路上求真知

真知，人们常说的真知灼见，意即真理般的理论知识和高人一筹的见解。真知没长翅膀，它不会自动飞入你的心田和脑海，需要你在实践中苦苦求索。英国著名管理学家克·霍金森在他的《领导哲学》一书中指出："倘若哲学家不能成为管理者，那么管理者就必须成为哲学家。在管理实践和管理理论这两条不同的路径上，同时响起了同一种声音：企业家的哲学素质，就是具备求真的哲学思维、求善的哲学心态和求美的哲学境界，做一个不是学院派式的哲学家。"毕麦就是一位在实践中不断求索真知的企业家，同时也是这样非学院派的哲学家。

从实践中求真知

毕麦说："关于养生文化、养生产业、养生经济，十八年来，我一边学习与实践，一边思考与研究。我的理论都是直接做出来的，我实践不是在实验室的实践，是融入市场里的实践，我们按双轨制的运行做出来了。"他所说的"双轨制"，就是一边学习、探索理论，一边在创业的实践中予以运用。近20年来，毕麦带领武陵山珍全体员工在管理实践的同时，一刻也没停止管理理论的哲学思考。他第一个提出养生经济学，竭力倡导企业文化，制订了0~9企业管理手册等一系列含有文化元素的规章，他还特别推广并践行养生文化。毕麦和他的员工在以自己的举动，诠释着克·霍金森的《领导哲学》理论。

我国古代圣贤荀子说："不闻不若闻之，闻之不若见之，见之不若知之，知之不若行之，学至于行而止矣，行之，明也。"这段话的大意是：不听不如听之，听之不如亲眼所见，眼见不如认识懂得，认识不如亲手变革的行动，学习达到了会干、会做的程度，就到头了，会做、会干就意味着认识了、懂得了。这段话隐喻了知与行的关系，表达了实践出真知的合理思想。

毕麦的理论思想都是从实践中总结而来。概括起来，他所求得并提出的理论思想主要有如下方面：第一，养生经济理论。他是第一个首先提出养生经济的人，以"生命是第一生产力"立论，主张用养生产业链的连接，发展人类健康养生事业。第二，养生理念理论。以"养生是生命系统工程"立论，主张天道、地道、人道三道合一，道法自然，科学、天然、健康养生，还总结推广一、二、四、六、八、九字诀养生法则。第三，养生文化理论。以"文化元素是养生的血液"立论，主张将养生文化作为人类健康长寿策略、国家和民族战略，并总结推广养生八疗法，透过养生食品送到每个人的胃里再化为血液溶入身心，促进人类健康长寿，快乐和谐。

行万里路不停步

毕麦不仅是读书本上的书，他也不辞劳苦地在读"写在大地上的书"。他去日本、加拿大、北京、上海、深圳、成都……并非是纯粹的旅行，而是去学习，去解读心中的疑问；他走遍武陵山区，徒步巴山蜀道，为的是去发现深藏山间的野生菌。太太罗晓玲说："他每年都要跑烂几双鞋。"

2011年10月18日，重庆三剑客、南山三兄弟毕麦、余勇、王人庆等一行六人，以中央电视台CCTV–2《赢在中国》总冠军谢莉（奇火锅集团总裁）为红黑绿三色养生产业形象代言人，一同前往西藏大昭寺、布达拉宫、海拔5013米的米拉山、松赞干布出生地、林芝2600岁的世界第一大柏树、世界首家博物馆酒店雅鲁藏布大酒店、西藏四川会馆等处采集正气场、正磁场，提振绿色武陵山珍、红色奇火锅、黑色巴将军黑珍煲精气神，弘扬中国养生文化；2012年年初，毕麦再下海南，在天涯海角望无垠大海，更生凌霄志气，回渝后坚定"跟共产党走，为人民服务"的方向，提出"无为而为、抱团发展、学习共进、共享共赢"的宗旨，得到重庆中小企业的积极响应和高度认可。他们在"采集正气场提振精气神"的氛围中，又开展了"唱读讲传"活动。"唱"即唱红歌，就是唱人民解放的歌、社会主义建设的歌、改革开放的歌。"读"即读经典，就是读古今中外几十年、几百年以至几千年大浪淘沙留下的精彩诗文。"讲"即讲故事，就是讲革命、建设和改革开放时期打动人心、催人奋进的人和事。"传"即传箴言，就是传播中华民族乃至整个人类思想的格言、警句。武陵山珍的员工们，可谓是"唱出了浩然正气，读出了理想信念，讲出了崇高精神，传出了人生真谛"。

　　社会主义核心价值体系是社会主义意识形态的本质体现，主导着社会价值取向和个人追求方向。要实现社会主义核心价值体系"内化于心"、"外化于行"的目标，最紧要的是从实践层面创新教育载体，创建生活情景，使其实现从抽象到具体的转化，从理论化到通俗化的转变。毕麦的"学"与"行"的举动，无疑是这一实践的证明。

　　中国近代著名思想家梁启超在他的《论民族竞争之大势》一文中说："今日之争，不在腕力而在脑力，不在沙场而在市场。"毕麦和他的员工们在用腕力创造物质财富的同时，更不忘用脑力在实践中苦苦求索，思考总结了一套套理论，为引导养生经济、养生文化的发展，提供了精神财富。美国管理学家彼得·得鲁克有句名言："重要的不是把工作做对，而是找对的工作来做。"毕麦在创业兴业的实践中不断寻求总结理论，引导企业不断创新，实质也是在构建一种新的价值体系，这无疑是找对的一项重大的工作，因为它奠定了企业发展的理论思想基础，也建设了武陵山珍员工实现梦想的精神文化家园！

第五章

追赶途中的发现

　　武陵山珍犹如一列奔驰的列车，在追赶麦当劳的征途中不断收获着两类产品：一类是他们发明的养生物质产品，如东方魔汤、东方魔饮、东方魔酒、绿王系列菌类食品……另一类是他们发现并加以总结的养生精神产品，如养生经济的理论、养生文化的理念、养生道法的指南等。这里，只将毕麦的主要理论成果列述如下。

发现1：生命是人的第一生产力

　　毕麦说，关于养生文化、养生产业、养生经济，我深深地认识到，中国的大学里要有养生经济专业、养生经济的本科生、养生经济的研究生；我们中国要有自己的养生文化模式、养生产业商业模式和养生经济赢利模式。

　　以前所有的养生书籍，脱离宇宙和自然的养生大环境，狭隘地只讲个人怎么健康，怎么长寿，教你一些方法。毕麦做的是养生的系统工程，不只是个人的，而是遵循宇宙和自然的养生大环境，万事万物万象万人团体的、整体的、系统的、科学的生命共同体。没有养生的大环境，个人养生的小环境是不成立的、不存在的、不现实的、不可行的。我们人类个人的健康养生怎么有保障呢？健康养生书，都是在说自己的东西好，中医说中医好，西医说西医好，搞体育的说运动好，做饮食的说饮食好，写书法的说书法可以养生，王婆卖瓜自卖自夸，没有科学认知养生大环境、生命共同体的宇宙和自然大系统。

生命从哪里来？保障生命的源头在哪里？保障生命的环境在哪里？保障生命的生存的机制在哪里？实际上，此前我们中国走的都是先发展先污染，再治理的老路。我们食物的源头都被污染了，我们说的健康只能是防守。我们现在要做的是进攻型的，要从源头做起，要回归到养生的自然状态。我们的养生大环境，我们人类的地球家园，我们生存的时间、空间、力量、能量都逐渐脱离了天道地道人道，我们城市"水泥森林"居室的生活空间和工作空间都因上不通天、下不着地而囚禁自己，招来自然灾害和各种疾病对人类的惩罚与摧残，一点都不道法自然而与天道失和，与地道失和，与人道失和，我们人类怎么可能实现天时地利人和而回归自然？回归自然不是靠毕麦一个人，靠几个医生、几个教授、几个人写几本养生书所能解决的，必然要经过教训与阵痛之后，大家才能觉醒起来。我们的生命必须遵循天道、地道、人道。三道合一，就来自一个字"爱"。只有人人献出爱，我们人类才能拥有养生大环境、回归养生大自然，才能进入宇宙和自然生物链、食物链、动物链之生命共同体。

生命才是第一生产力。生命来自什么？生命是我们个人的健康养生、大家的健康养生、植物的健康养生、动物的健康养生、地球家园的健康养生！这些都健康养生了，整体都健康养生了，思想精神污染、地球环境污染、食品用品污染等问题才能得到根本解决，个体的每个人才有健康养生的环境。

我们的传统的养生，犯了很多错误。就拿古代皇帝炼丹来说，因为是自私的，炼丹不但不能健康长寿，反而毒死了很多人。为什么会这样呢？说穿了，我们的养生是建立在自私自利的小系统上的，没有作为一个群体、一个大的整体系统来构建生命共同体。我们是要让养生文化与产业对接形成养生产业，养生产业与经济对接形成养生经济，最后与市场接轨、与世界接轨。实际上，我们要回归到有生命以来不变的自然状态，宇宙自然的生存法则都是来自于大爱。动物也好、人类也好、植物也好，万事万物的生命都来自于共同的大爱，没有共同、共通、共享的大爱是不会产生强大生命力的。因此，我们要把大爱找出来，来点燃大爱，人人事事个个都献出一点爱就是大爱。其实，我们在浪费资源，我们在污染环境，如果我们有了大爱，我们的各级政府官员就不再只是追求GDP，追求先发展、污染再治理，把房子拆了建，建了再拆，浪费资源，污染环境。我们不断在污染环境，我们不断在透支生命，我们不断在透支地球资源，我们不断在扼杀世上万物之生命，我们不能继续丧失没有生命共同体之大爱！

古人说，仁义值千金。现在有多少人还有仁义啊？道德都丢失了，道德都沦陷了，成了骗钱的场所，成了剥削和掠夺的场所。医生本来是天使，白衣天使变黑了，因为没有爱，道德底线丢失了。不少人追求金钱，没有尊重人，没有尊重人的生命，这是不会长久的，因为这是在邪道上面。再往前走，就是死道。为什么会是这个样子？因为有的中国人无知呀，因为无知才任人宰割呀。假如让人人的健康养生从自己做起，从小孩做起，从现在做起，就不会任人宰割，因为我们懂得健康养生是掌控在自己手里，生命是掌控在自己的手里，我们不会把自己的生命交给医生，将生命的遥控器交给了别人。人家叫你去死你必须去死，宰你宰定了。只有养生揭示了生命才是第一生产力后，让人类自我觉醒觉悟起来，自己去珍爱生命、珍惜健康、尊重生命、敬重养生，人类就不会自己给生命打折、自己贪婪吃出各种疾病、自己囚禁自己折磨自己毁灭自己。现在很多人拼命读书、拼命挣钱、拼命工作，透支健康，养成经常熬夜、吃夜宵、抽烟、喝酒等不良健康习惯，导致各种疾病大幅度上升，进入恶性循环系统和魔咒。人类的生命是有它的自然规律和轨迹的，身体是有开关的，你把它全部打乱脱轨了，无法开和关，它就失去了控制，违反了自然规律和法则，必然遭来因果报应和自然的惩罚。

发现2：养生经济拯救世界经济

武陵山珍一开始，看起来是做餐饮，实际上是跳出餐饮做山珍，完全不按传统餐饮的标准来做。传统的餐饮是先找个地方，再找一群人，找个厨师长，就开始做了。毕麦他们是先做市场研发，调研，试销，再做店，一个一个复制，滚动式发展。他们没有找国家要一分钱，没有找银行贷一分钱，要靠市场来检验武陵山珍的自我生存能力，这一点是很神奇的，包括郎咸平、温元凯、亚洲名嘴张锦贵，都感觉很神奇，因为他们走出了完全不同的路子，具有远大的理想目标，具有核心竞争力。

毕麦对养生的研究，发现了为什么养生文化落不了地？为什么养生文化在这百多年出现断层？为什么中国几千年的养生文化不能和经济对接，不能和产业对接，不能和社会对接，不能和市场对接？实际上是我们把养生文化神秘化了、政治化了，无形中成了文人的游戏、富贵者的专利，让自己也成为养生的牺牲品。

但是，为什么韩国和日本把中国的传统养生经验拿去用得那么好？他们真正地寻找到一种方法，照顾人民大众的养生的方法，可是还很单一、不够完善，实际上，还没有和产业对接，和经济对接。无论是美国的绿色经济，还是联合国的低碳经济，都是防守型的。我们一味的防守是防不胜防，真正解决食品安全问题、人类健康受到威胁的问题、温室气体排放的问题，只有中国的养生文化、中国的养生经济、中国的养生道法理论，才能拯救世界经济、拯救全人类，因为这种模式是进攻型的，不是防守型的，是源头，是从根本上解决问题，是把大家调动起来。比如说我们的房子设计的模式都是不够养生的，像全空调式的，不能自然通风，会滋生霉菌，对我们的健康有害。我们现在的排污系统，只管排出去，不管排出去以后怎么样，都不够养生。这些东西如果用养生经济的理念、养生道法来设计，那完全不一样了。我们的洗手间、厕所里面，可以专用管道来收集排污，洗漱用水和其他的污水可以进行第二次利用，使用另外一条管道。如果有这么一个系统，我们对水资源的利用会减少80%，我们每个家庭的用水量要减少2/3，就这些小小的养生道法新理念，可以为养生产业、养生经济作出巨大贡献。我们居家，充分利用自然通风，可以减少开空调的时间和次数，对温室气体排放可以再利用，使健康得到回报。这些系列的东西，不是毕麦一个人能完成的，我们大学里有这样的本科生、研究生，有这样专门的学院，他们能将这些东西进行研究和运用。

联合国倡导的低碳经济其实是被动控制二氧化碳排放量，形象地讲如同规定一个人一天只能放三个屁，如果我们要放五个屁就超标了要收费，谁来监督？谁来执行？显然这是控制不住、管理不了，也是完全行不通的。我们只要把肠胃调理好了，自然就不会放那么多的屁了。从源头上来解决，我们在研究推广养生产业和养生经济，不是说说而已，而是在做。比如大家都来关注、学习、研究、交流、推广养生文化、养生产业、养生经济，举办中国养生经济论坛、世界养生经济论坛等举世瞩目的活动，让"八国集团首脑会议"、"G20国集团首脑会议"、"联合国会议"都来重视、关注、交流全球养生经济，星星之火就可以燎原，因为有大爱就能凝聚人心，就能够改变世界。

发现3：神奇的中华养生八疗法

毕麦研究发现总结出养生八疗法，你可以灵活选择、科学运用。

第一疗：食疗。 古人云：民以食为天。我们人类的燃料系统、能源系统被严重忽视，违反天道、地道、人道。过去吃不饱饿死了很多人，现在物质极大丰富，但却吃出来很多疾病，不少人是因自己贪吃而吃死的！怎样让人类健康、安全、卫生、长寿呢？毕麦倡导每天健康养生"五个一工程"：一荤、一素、一菇、一奶、一笑，早上吃好、中午吃饱、晚上吃少是最好的食疗法。

第二疗：话疗。 心理咨询、心理沟通是极为重要的。我们中国人喝酒的那么多，很大程度上是因为心里郁闷，只有在那个时候说点酒话，说点真话，说点实话。人是群居的动物，需要交流，需要沟通，由于我们现在是居住在格子里，完全西化，邻居之间都互相不认识，都不交流，没有群居的平台，无法多沟通。这种格局，其实对我们的健康是沉重的打击。我们在今后，每层要有一个群居的平台。和谐的社区，要为我们提供话疗天地。话疗需要具有正气场、正磁场、正能量的联通、沟通、疏通、打通，才能构建人和的养生大环境。

第三疗：药疗。 我们首推中医中药，虽然我们的中医中药可能没有西医那么严谨。凡是能用中医中药解决的问题，首选中医，因为中医是来自于自然的，是自然的疗法。中医更尊重人，真正以人为本，是精通调节与天失和、与地失和产生病痛的良医。我们优先选择中医中药，也不是废除西医，而是要寻求一种平衡，多种方法解除病人痛苦。

第四疗：足疗。足疗并不是一定要到正规的场所去，我们在家就可以进行。没有药就用酒，没有酒就用盐，没有盐就用醋，没有醋就用水，把水的温度升上去，其实就是疏通经络、调理气血。

第五疗：火疗。养生来讲，第一是防毒，但现在是防不胜防，食物里有毒，空气有毒，水里有毒，那我们就要排毒，拔火罐。拔火罐是古代最简单的排毒、治病方法，沿用至今而长盛不衰。

第六疗：针疗。针灸可运用人体361个经络穴位治疗多种疾病。当年美国总统尼克松访华时，毛泽东主席安排针灸大师为尼克松治病疗效显著，从此，美国人知道了中国的治病"神针"不用药，影响了全世界。针疗于2010年成为世界非物质文化遗产，得到世界各国的广泛认同和好评。

第七疗：水疗。日本的科学家江本胜教授认为，水懂得爱和恨，水知道答案；意念可以改变水分子的排列，你对水说出你的爱，水结成冰之后她的图案非常可爱；水是最好的良药，洗涤万物之丑，之脏，之污。人类对水的认识是不够的，最好的排毒的水，是白开水。同样是喝水，如果是喝茶，是不同的，有的器官是排斥；只有水，是所有的器官都不会拒绝的，细胞有储水系统。水疗，包括两个方面：喝水，饮料里有防腐剂，茶里面有茶碱，包括德国的大肠杆菌，没有好药，只能是大量喝水，把毒排出来；另外一个就是外用水疗，即中药洗浴、温泉、游泳等。

第八疗：体疗。中国古代有几百种体育锻炼的方法，例如八段锦、气功、太极拳、太极剑、五禽戏、广播体操，等等。养生说穿了，就是一个动和静的问题。根据每个人的身体实际情况，选择适合自身的适当的体育锻炼体疗方法。

养生八疗法，都可以进入家庭，养生并不是有钱才能养生，每个人的身体都不一样，要找到适合自己的方面，但很多人进入误区。张悟本把中国养生文化原本干净的东西变脏了，把大蒜、绿豆的功效放大了，原本是一，他把一讲成了十，讲成了百，误导了大家。养生就是爱，他把爱丢掉了，他那个"悟"不是"觉悟"的"悟"，其实是"误导"的"误"。他虽然是"悟"，但只是悟到了怎么样骗人；"本"不是"根本"的"本"，而是利用养生捞取个人的资本，赚钱的资本。

发现4：伟大中国"中"之六大秘籍

养生要回归自然，人民应该拥有生存的权利。基本的东西拿来交换，不是某个医生，不是某个专家能给你的。你拿钱来交换，不能把原本是一种爱的变成恨，将原本是一种美的变成了丑。2010年秋天，毕麦率领重庆20多名企业家去河北徐水釜山拜中华文明始祖黄帝，对为什么以龙为图腾，以"中"为国号沿用五千年来自今不改，身为中国人百思不得其解？伟大中国的"中"字一定蕴藏着先人们无穷的智慧，一定有当今大多数中国人不明白、不清楚、不理会之秘密。毕麦回来之后潜心研究寻找答案！

有一天早上三点钟醒了，他又来读《易经》、《道德经》，读到六点钟的时候悟到了，突然想出来实在是太兴奋了，就像哥伦布发现新大陆一样，原来《易经》里有答案，没有谁能把它改掉，没有比"中"字更好的文字了。"中国"的"中"字第一层意思，即原来的象形字是弓箭，原来是为了狩猎，要瞄准，要生存，战争中我要有实力，要赢，因此有了弓箭的图腾。第二层意思，即太极图阴阳、一分为二的大众图腾。第三层意思，即《黄帝内经》里核心的两个字即"平衡"，宇宙、自然界、万事万物万象万人不能打破平衡，失去平衡。第四层意思，即中华五千年文化中的中庸之道。第五层意思，即天道，地道，人道，三道合一，才是在正道。第六层的意思，就是一种大众哲学和辩证法：“中”字是改革开放吸收宇宙自然人类之能量，上顶天下立地中间联通是人气，把复杂的问题简单化，既不是全盘肯定，也不是全盘否定，要辩证地看问题，公平、公正、公开、公道。最后一层意思，“中”字其实就是瞄准打准，就是好，就是爱，就是有了正确的方向、准确的目标，科学的方法，圆满的结果。到现在，中原人讲“好”还在讲“中”，粤、港、澳人讲满意为“中意”。“中”是中华民族的核心概念。“中”的含义博大精深，当年黄帝可能比我们想象得更深远。

发现5：124689养生密码

1

通

2

平衡

4

道法自然

6

天道地道人道

8

保养生命回归自然

9

生命才是第一生产力

孔子虽然已去世2500多年了，其实现在还活着，他的文化精神还活着，到现在已是第75代传人。

美国人发明了互联网，我们中国人发明了物联网，现在正在推广。向比尔·盖茨学习，把我们中国的养生文化、养生产业、养生经济装入人脑里，就成了人联网了。人联网比互联网厉害，比物联网厉害，人始终是第一位的，我们装入这个软件，对你们自己，对你们的亲人，对你们的朋友，都是有很大的好处的。六位养生密码之总和等于"30"，意为三生万物，揭示宇宙和大自然、人类是相辅相成、相通、相知、相交、相爱、相吸、相拥之秘密和规律。

一字养生诀：通。通则不痛，痛则不通，上通，下通，全身通，一通百通，如果你不通你就有病了，如果你哪个地方不通了，就痛，对不对？如果我们做企业，不通怎么行呢？我的手机充电器和你的手机不匹配，各种型号的互相都不通，浪费资源，最后都要痛。如果我们所有的充电器可以互通，能节约很多资源。所有这些不通的东西，最后都会变成痛。短痛还好，痛了之后是快，痛快；长痛之后变成苦，痛苦。有的时候有一点痛，是短痛，不用怕，长痛不如短痛。生活当中，生命当中，经营和管理当中，都会有痛，我们一定要它短，才能快，痛快。一个人气血通，肠道通，筋络通，肯定是健康的。通的道理是一样的。我们日常生活、学习、工作以及世界万世万物万象万人万事都在通与不通之间，解决不通之养生道法是"四通"，即：联通、沟通、疏通、打通。

二字养生诀：平衡。平衡是哪里来的呀？是《黄帝内经》里面的，是《易经》里面的，是我们老祖宗的智慧呀！万事万物把平衡丢掉了，都会出问题。两年前，毕麦三点多钟起来读《易经》，他终于把大多数中国人不知道的"中"是怎么来的搞明白了。我们是中国人，为什么五千年前，我们的始祖黄帝能够召集天下英雄，在河北徐水釜山合符，以龙为图腾，以"中"字为国号，"中国"就是中庸之道，天道、地道、人道的大道，"中"就是平衡。就像走钢丝一样，为什么要拿一根竹竿、一把伞，就是保持平衡之用。你看我们的《易经》、太极图，为什么有天地，有男女？为什么有阴阳，有平衡？当我们身体出现不平衡的时候就病了；当我们的企业不平衡的时候，就有问题了；当我们的世界出现不平衡的时候，可能就有战争有灾难了。

四字养生诀：道法自然。道在天地人之上是无形的，是宇宙规律、轨迹；法是自然的规律、法则，是强者制定的游戏规则、法律规章；自然是天地人、万事万物万象。道是一，法是二，自然是三，没有一就没有二，没有二自然就没有三，没有三就不能三生万物。道法自然，没有道就没有德、没有理、没有路、没有法。遵循老子的大道至简、大爱无疆，做人做事道法自然、水到渠成。

六字养生诀：天道，地道，人道。三道合一，才是正道。我们有很多东西不符合天道，不符合地道，不符合人道，所以才会造成环境污染，让人民健康受到威胁。道是什么，道就是轨迹，道就是规则，我们很多人没弄懂，如果弄明白了，要少走很多弯路。违反了天道，地道，人道，最后不是邪道，就是死道。古今中外的伟大名人，乃至普通的老百姓都用事实、实践证明了缺一道是小道，干不了、干不成什么大事；缺两道是邪道，干不了好事，只能干坏事、做坏人、同流合污；缺三道，一定在死道上，必死无疑，谁都无法拯救，天意不可违！

所以我们说，做人，做事，遵循天道、地道、人道，三道合一是正道。我还告诉你们，为什么日本人遭遇地震、海啸、核污染，就是违反天道、地道、人道。由于日本这个版块，只能承载五千万人口，它的人口饱和，它的资源只能满足五千万人口，所以它就来侵略我们中国、亚洲。它不侵略，没法活；它发展那么多的核电站，同时还偷偷地制造核武器，它制造这些东西是不和你商量的，美国人又睁一只眼闭一只眼，你说日本人多可怕！日本遭受这个灾难，违反了天道、地道、人道。日本人侵略我国还不承认错，你看德国就不一样了，不但承认错，而且还赔偿。所以说，天上、地下、人，都是看得清清楚楚的。

日本科学家江本胜教授把各种江里的、海里的、井里的、河里的水，做了科学实验，把所有的水写个字条，说我爱你，通过零下十度以上、冰冻之后的图案放在显微镜下，看的是非常美妙的图案；同样的水，写个字条，说我恨你，又做实验，结果出来的图案，丑得不得了，他就写了一本书《水知道答案》，畅销全世界。所以说水都有生命，水都可以识别爱和恨，人的意念可以改变水分子的结构，这是科学，这不是神吹、乱吹呀！水都是有生命的，有识别能力的，可以识别美和丑，我们人呢？我们现在却变得不知美丑。

八字养生诀：保养生命回归自然。人类的生命需要保养，仅有10年寿命的汽车都有4S店保养，而可以拥有150岁寿命的人类却因没有保养生命而折寿短命，是因为丢掉了"养生"两个字，就变成保命与天地失和，与自然远离，与人类失和，自我囚禁。你看我们的食品，添加这样，添加那样，什么是健康的，什么是养生的？为什么过度使用科技力量成为一种新的破坏力呢？你看三高，高产量、高速度、高利润，这三高最后就变成、转换为人类身体的高血压、高血脂、高血糖"三高"了。你想这样下去行吗？为什么农民会对温家宝总理说，这是我们自家养来吃的。就是说，我们吃的东西不卖，卖的东西不吃。社会变得这么恐惧了、可怕了，谁来捍卫？那么什么东西是安全、健康、养生的呢？越回归自然的东西、没有过度施加化肥农药和使用转基因技术的食品是安全健康养生的。保养生命回归自然是养生最完整的诠释。

九字养生诀：生命才是第一生产力。什么是第一生产力？有人说，文化是第一生产力；有人说，行动是第一生产力；有人说，技术是第一生产力；有人说，科学技术是第一生产力。科学技术是第一生产力，只是在特定的环境下是对的，而现在的科学技术有时甚至已经成为一种破坏力。我们看一下，从1840年之后，中国人进入一种什么状态？四个字，崇洋媚外。从那个时候之后，中国从世界强国变成弱国，资本主义三百年的工业文明是带来了科学的进步、世界的发展，但是他们留下了两个非常沉重的灾难性的后果。一个是我们的地球家园被破坏，我们的环境被严重污染，我们就是在这300年，透支了子孙后代1500年的地球资源。联合国2010年的地球评估报告指出，地球的资源只供我们现在人类使用到2035年。2035年之后，我们地球人就需要两个星球来供给。我们出现资源严重短缺，我们的生命和健康受到了严重威胁，不仅中国的食品安全出了问题，而且全世界的食品安全都出了问题，那最后会是什么呢？就是佛教里说的，善有善报恶有恶报，不是不报时候未到。地球的灾难，人类的灾难，自然惩罚我们的方式越来越多，我们该怎么办？我们真的该醒了，要保护我们的家园，保护我们的地球，保护我们的人类。靠什么来保护？美国的绿色经济保护不了，联合国的低碳经济也保护不了。

我们老祖宗讲的养生是什么？是一个大的系统，宇宙、地球、人类、环境。我们每一个人都要这样来做，遵循这个规则，尊重这么一个养生的规律和规则。不仅我们个人是养生的，我们的产业也是要养生的，我们的经济也是要养生的。美国的文化给我们带来的是什么东西？那就是先发展，先污染，后治理的这样一条路。美国的文化是什么东西？毕麦研究了18年得出以下结论：第一，美国的文化是霸权文化；第二是强奸文化；第三是流氓文化。你们看一下他们做的事情，从2008年金融危机之后，他们的信誉，他们的人权，全部破灭了。你再看他们对伊拉克、对阿富汗、对利比亚等，包括对我们中国，经济的侵略和掠夺，难道不是霸权吗？难道不是强奸文化、流氓文化吗？我们这一代人应该警惕起来，我们要用中国的传统文化来武装我们的头脑，来捍卫我们自己。所以，我觉得最有意义的是，要把这个"软件"装入大脑。

人生命只有一次；宇宙生命、地球生命、人的生命都只有一次；人的生命、物的生命，包括你们组建的企业生命，都只有一次。我们多活一年好幸福，多活二十年好美满。我们可以讨论一下，人是怎么死的？毕麦认为是自己把自己毒死的。因为我们每天在吸毒，都是我们自己失去掌控。我们吸各种污染的毒，但不会排毒，最后我们只能把命运交给医生来治疗和抢救！现在的拼命三郎太多了，第一拼命读书，拼命读书干什么？挣钱呐。第二拼命工作挣钱，拼命挣钱干什么？要结婚，要买房子，要生儿育女，还要买车子，把这些都完成了，剩下就是去医院治病拼命保命。拼命刷银行卡都来不及呀，还恳求医生您救救我吧，割掉你的器官。这就叫"辛辛苦苦几十年，一病回到解放前"。现在人们进入这么一个怪圈，生命没有了价值，好像人们把价格抬起来了，其实是生命贬值了，所以生命才是第一生产力。

第六章

求索之中的震撼

　　毕麦在近二十年的理论探索和产业实践中，不断地获得新的体会，从而产生一次又一次的震撼。他说："我们武陵山珍，通过自己创新的理念与实践，是要通过团队知行合一的言行与成果，给世人送去健康养生的同时，也带来一个又一个震撼。"他在大学的讲演、各种会议上的发言、与亲友的交谈中，概括起来有九个震撼。

第一个震撼：我们要学习"追赶麦当劳"

　　追赶麦当劳是什么意思？一个油炸食品，能做到全球3万家店，已做成世界500强前10位，遍及全世界。其实，它是美国的国家战略，美国的文化是通过麦当劳和可口可乐去征服全世界人的胃，从小孩做起，让你记住这是美国的东西。麦当劳是美国的文化，可口可乐同样是美国的文化，美国将麦当劳作为美国文化品牌和战略来做，作为美国文化输出全世界，进入身体和人的血液里，形成一种新型的饮食文化习惯，讲难听一点就是文化侵略。

我们用地球人都喜爱的健康养生美食东方魔汤武陵山珍，帮助更多的地球人健康、养生、幸福、快乐、长寿，同样可以征服全世界、造福全人类。我们用健康养生的中华养生文化、养生产业、养生经济作为文化战略，不是自私自利自爱的文化侵略，而是大道至简、大爱无疆。美国能够把麦当劳作为国家战略，作为文化输出，我们为什么不可以呀？我们为什么不可以将中华养生文化作为国家战略来做呢？五千年的优秀养生文化，为什么不可以找到一个路径输出呢？我们武陵山珍要追赶麦当劳，给人震撼。武陵山珍的百年梦想，并不是急功近利；中国五千年的文化是已经成为五千年品牌屹立世界的东方，世界四大文明古国唯有中国风景这边独好。我们打造一个千年品牌一点都不为过，不是神吹。就像2582年后孔子还存在，孔子的儒家思想已经做成两千年文化品牌，孔子学院现在受到全世界广泛欢迎、好评。

第二个震撼：毕麦改名字给你的震撼

毕麦，原本不是姓毕，为什么叫毕麦？毕麦是什么意思呢？是用毕生的时间和精力学习、追赶麦当劳的意思。毕麦本来姓王，改名字不是轻易地，是日本归来叫毕麦的。毕麦还有一层含义，按四川方言来讲是文房四宝里的两样东西，笔和墨。毕字，上面两把刀，下面是一个十字，在中文里算是做大的，要和麦当劳比赛，我们一定能赢；麦字里面溶入、溶化、溶解包含了王竹丰三个字，毕麦两个字的谐音是"必卖"，鲜香味美的东方魔汤武陵山珍必卖必买，健康养生的武陵山珍养生系列礼品必卖必买。

中国的中小企业差的就是缺乏百年梦想的定位，缺乏战略，缺乏使命，缺乏大爱。其实我们中华民族是一个有大爱的民族，如果只考虑自己长寿，不考虑我们的大民族，不考虑我们的大环境，能做到吗？毕麦，其实是一个有大爱的名字，一个百年梦想、千年品牌，体现的是中华民族的大爱，爱大家、爱全人类、爱大自然、爱全世界。毕麦就是大爱的传递符号，今后武陵山珍的历任董事长，第一代叫毕麦，第二代也叫毕麦，第三代也叫毕麦。我们学习宗教的智慧，比如西藏的藏传佛教，一世班禅一直到十世班禅，为什么能够传承？因为有使命感。有百年的梦想，才有接力棒，百年梦想才可能实现，千年品牌才可以延续。我们要到境外上市，让大家来监督，如果只是靠自己的香火来传承，首先定位就是不会长久的。中国的文化就有富不过三代之说。不超过三代，就是不超过百年。百年的梦是谁的？千年的品牌更是谁的？毕麦把自己个人的命运，和国家的命运、人类的命运、世界的命运、地球的命运联结在一起，把通路打开。大家支持武陵山珍，不是只是支持毕麦，不是只是支持王氏家族，大家都是在大爱，最后都是有爱的回报的。

第三个震撼：毕麦其人其事不是作"秀"

原来毕麦这个人，从小生活在贫穷落后的武陵山区重庆市石柱县，母亲是小学教师，"文革"期间因受做科级公务员的"走资派"父亲连累，下放到偏僻小山村支教了十年。毕麦经历了砍柴、爬树、担水、挑粪、干农活、种庄稼等等独特的人生经历，见证了中国社会最底层的生产生活恶劣的生存环境。毕麦做了25年的公务员，到日本受刺激回来后，调整了自己的人生方向和目标，可以终生不当官，但一定要做一件对大家、对国家、对人类有意义的事情。他把正处级的官辞掉来做"个体户"，做私营企业。他打造武陵山珍不是在作秀，也不是在追求金钱，是为了实现自己的梦想！他改掉自己的名字，立志赶超麦当劳，不管遇到多少困难，都不放弃。2005年他从重庆市民族宗教事务委员会干部培训中心主任辞职出来，专心做武陵山珍，事实证明放弃官场和选择商场是完全正确的。他说，做任何事情都要专心、专一、专注、专业，才能成为专家，成为专家才能成为赢家。这样他才真正成为中国餐饮专家、中国食用菌专家、中国食用菌协会副会长、中国养生专家，也使武陵山珍成为中国餐饮100强、重庆流通行业100强。

第四个震撼：道路与别人不一样的震撼

媒体对武陵山珍15年的创业史的评价，对毕麦的评价都很高。但毕麦很清醒，公开说这仅仅是万里长征才迈开第一步，要学到老才能活到老，要不断学习、改革、创新，要走和别人不一样的道路，更要向中外优秀的餐饮同行学习。这自然带来了不一样的震撼。

第五个震撼：中国餐饮创新的一个震撼

武陵山珍创造了中国乃至世界的健康养生新菜系，被媒体誉为中国第九大菜系。经过15年的时间检验、市场检验、顾客检验，得到国内外同行的认同。武陵山珍与时俱进，适应和满足了现代人类对健康养生的需求，把复杂的中国餐饮简单化、规范化、标准化、模式化、科学化、市场化。他创新出中国第九大菜系，不仅顺应了中国人对健康养生餐饮的追求，而且是全世界全人类都能接受的健康养生的地球人美食。纵观全球，现在还很难找出一个餐饮令所有人都能接受，令男女老少、不分种族、不分信仰、不分宗教、不分地域都能接受和共通的地球人美食。武陵山珍找到了这个通路，这是中国餐饮创新的一个震撼。

第六个震撼：东方魔汤和谐世界的震撼

东方魔汤武陵山珍把几十种蘑菇融为一体，一个大家庭，一种大和谐，这就是和谐企业、和谐中国、和谐世界、和谐社会，和谐是一种理论的东西，和谐是一个宗教的东西，可以用文化的东西表达清楚。现在我们用物质的东西也能表达出来，而且这种大自然的和谐，打破了古今中外的一个误区和神话：多种蘑菇不能同锅，不能同煮，更不能同食。武陵山珍用15年的事实和真理打破了这个定论，特别为小蘑菇找到了大市场，找到了大产业。所以，武陵山珍是全世界、全中国做蘑菇产业做得最好的企业。长期以来，中国蘑菇的生产模式是把蘑菇当成蔬菜，从采集，到种植，都是用蔬菜的模式，把那么高贵的东西当成蔬菜，甚至比蔬菜的价格还低。这就是为什么中国蘑菇没有形成产业的真正原因。武陵山珍做了全新的战略定位，改变了我们中国蘑菇走的低档路线，回归其中高档的本来面目，让有健康养生理念的人认识到了蘑菇具有很高的商业价值。美国的科学家研究表明：蘑菇是大自然最完美的食品，所有肉类、水果、蔬菜的营养它都全部具有，它对身体健康保健有治病防癌的功效。由世界卫生组织饮食健康标准：一荤、一素、一菇，武陵山珍衍生了每天健康养生的"五个一工程"：一荤、一素、一菇、一奶、一笑。东方魔汤武陵山珍将几十种不可能大团圆的蘑菇变成了和谐的大家庭，这是神奇的大自然带来和谐世界的又一震撼。

第七个震撼：中华民族文化品牌的震撼

毕麦作为中国55个少数民族之一的土家族的一员，把家乡藏在深山人未识的野生植物山珍——蘑菇，变成中国人餐桌上的美味佳肴，而且15年来，武陵山珍的星星之火已经燃遍了中国大地。15年前，蘑菇还被人觉得是皇上和富人吃的东西，老百姓吃几种熟悉的野生蘑菇一直靠提篮买卖，大量的蘑菇都是用来出口到发达国家卖钱，在中国人的餐桌上很难看到这个神奇的东西。通过武陵山珍的宣传推广，已把它推到了中国人的餐桌上，在中国掀起了两次山珍热：1999年一次山珍热；2003年第二次山珍热。而今中国已经成为蘑菇产量大国，排在第一位；中国成为蘑菇消费大国，也是排在第一位。武陵山珍也成为中国食用菌产业龙头企业，成长为中华民族文化品牌之一，为中国从蘑菇小国变成蘑菇大国立下汗马功劳。武陵山珍的几十种复合型蘑菇研究与开发是世界首创，这也是中华民族文化品牌的震撼。

第八个震撼：武陵山珍文化模式的震撼

武陵山珍也好，毕麦也好，我们做的不仅是山珍，我们做的还是文化：第一个文化就是山珍文化，把山珍变成一种文化，变成一种产业，变成一种经济；第二个文化是养生文化，把中华养生文化挖掘、研究、传播、落地、开花、结果，可以让来吃饭的顾客享受到养生文化给他带来的健康与养生，带来的幸福与快乐；第三个文化是武陵山区的少数民族文化，主要是苗族、土家族，武陵山珍让顾客体验苗族、土家族文化给他们带来的简单、朴实、幸福、快乐、震撼。实际上，武陵山珍已经确立一种文化模式，以养生文化为核心，以山珍文化为基础，以民族文化为特色，三种文化融在一起的模式，它才有渗透力。这种文化的模式，文化就是血液。在全国没有哪一家餐饮，有这样的文化？我们从一开始，不是卖山珍，而是在卖文化。山珍哪里都有，但没人能把文化提炼到这个样子，不能达到这个境界。武陵山珍养生文化、山珍文化、民族文化同样带来的是与众不同的震撼。

第九个震撼：将复杂问题简单化的震撼

毕麦在做餐饮的同时，还在做研究，做了两个最有成就的东西。中国的餐饮之路到底怎么走，怎样走向世界，就是把中国餐饮复杂的烹饪技术变得简单化。武陵山珍的烹饪方法操作起来很简单，人人都可以操作，用一个火锅包容万物。一锅东方魔汤水煮养生，一个团队和谐家庭，一个武陵山珍象征世界和谐。武陵山珍用养生系列礼品把餐饮延伸到每个家庭，把武陵山珍健康养生带回了家，每个人可以在家中傻瓜式的烹饪东方魔汤武陵山珍，在全世界任何一个角落、地方、家庭甚至办公室、汽车里、野外都可以简单傻瓜式地喝上东方魔汤，品尝武陵山珍。其养生礼品体现了原生态、大自然的原汁原味，没有添加任何防腐剂和添加剂。武陵山珍彻底打破了餐饮连锁模式的局限性，是赶超麦当劳最大的秘密武器。

全世界餐饮还有一个复杂问题没有解决好，就是餐饮员工队伍不稳定的问题。无论是在一些发达国家，还是在香港、澳门地区等都一样，员工队伍靠老年人第二次就业和大学生打零工。武陵山珍进行了改革创新，把"服务员"这个称呼废掉，不叫服务员，叫养生顾问，像当年毛泽东把歌女废掉，改成歌唱家，叫人民歌唱家。叫"服务员"没有责任感、没有使命感，似乎经营的好坏和他们没有什么关系。武陵山珍把员工改称养生顾问，对他们进行训练，使其综合水平也提高了，他们就成了给人类提供健康养生的能源。现在吃饭太随便了，谁来保证顾客的饮食安全？武陵山珍的改革创新，明确了责任和标准。标准不一样，定位不一样，责任自然就不一样。大多数的餐饮后厨称谓叫大厨、墩子、一炉、二炉、三炉、杂工等，还有一个叫厨师长。厨师长就像是土匪头子，想骂谁就骂谁，想开除谁就开除谁，甚至打人也是家常便饭。武陵山珍的后厨叫团队，工人叫养生技工、养生技师，厨师长叫高级养生技师，他们要为顾客的健康养生把好第一关。他们名称不一样，标准不一样，定位不一样，责任不一样，自然效果就不一样。一个餐饮的食品安全卫生，靠一个董事长和老板能把好关吗？麦当劳在全球有3万家店，麦当劳的董事长怎么保证食品安全呢？靠的是标准化、规范化、科学化、网络化、系统化，靠的是精英团队。团队从哪里来？必须要吸引有使命感的人，不是靠老年化和大学生打零工的打工仔，打完工就走，没有责任感。武陵山珍15年前在一开始就不准叫老板，不准叫打工仔，而是叫家长、家人、亲人。中华文化的家文化博大精深，在中国有作家、企业家、专家、艺术家等等称谓都离不开"家"字，说明每个人应当胸中有国家，眼中有大家，经营好自家。

第七章

毕麦谈哲学与经营理念

　　毕麦倡导构建学习型企业、学习型团队，自己也喜爱学习与研究，经常撰写文章、社情民意和政协提案，向重庆市委、市政府建言献策，被重庆市政协评为优秀政协委员，不少文章在全国报刊发表。他是多所大学客座教授，在大学和全国授课讲学，免费招收学生和弟子，传承中华优秀传统文化，弘扬中国养生文化。下面是节选的部分语录文集。

毕麦语录99

1. 认真决定品质，坚持决定成败！

2. 做人的标准：摆正位置、端正态度。做事的原则：高标准、严要求。

3. 不为失败找借口，只为成功找方法！

4. 随时空杯，行动如飞；终身空杯，才不犯罪。

5. 只有专心、专一、专注、专业，最后才能成为专家。

6. 武陵山珍座右铭：战胜自我，追求极限！

7. 武陵山珍经营理念：管理围着员工转、菜品围着顾客转、经营围着市场转。

8. 武陵山珍"四特精神"：特别能吃苦、特别能忍耐、特别能奉献、特别能竞争。

9. 武陵山珍人才理念——事业留人、感情留人、待遇留人。

10. 武陵山珍投资理念——不求最大，但求最好。

11. 武陵山珍服务理念——千错万错都是我的错，上帝永远都是正确的。

12. 武陵山珍营销理念——天上轰炸、地面进攻、厅内沟通。

13. 将复杂问题简单化，就是解决问题的最佳方法！

14. 没有思考力，就没有表达力；没有表达力，就没有行动力！

15. 企业的一个中心：以经济效益为中心。

16. 企业的两个基本点：发展才是硬道理，赚钱才是硬指标！

17. 无情管理，有情沟通！管理：认真、坚持！沟通：真诚、坦诚！

18. 没有完美的人，只有完美的团队。

19. 武陵山珍成功守则：兴趣、信心、信任、信誉。

20. 武陵山珍的成功秘诀：认真、坚持。

21. 武陵山珍魔鬼训练口号：我不是人我是"鬼"，卖东方魔汤做东方"魔鬼"。

22. 五学五用：学习毛主席的用兵，学习邓小平的用心，学习诸葛亮的用脑，学习张瑞敏的用人，学习李嘉诚的用钱。

23. 发动机意识：自己主动、部门连动、上下互动、领导带动、发展拉动、品牌推动、认真快动、坚持常动。

24. 古人云：三人行必有我师。我说，两人行，必有我师！

25. 武陵山珍精气神：激情、自信、责任、魅力、业绩！

26. 打开三步曲：思想与观念打开、心情与心胸打开、工作与市场打开。

27. 六感：感觉让人品味、感受让人有味、感谢让人叫对、感激让人免费、感动让人流泪、感恩让人高贵和陶醉。

28. 自信+责任=成功=人格魅力=美丽=人物。

29. 人不学习要落后、刀不磨要生锈、水不流要变臭。

30. 不是我脑袋不聪明，而是我不爱学习。

31. 不是我做不到，而是我想不到。

32. 不是社会、团队来适应我，而是我去适应社会和团队。

33. 一切问题都不是问题，一切问题都是我自己的问题！

34. 平衡是管理技巧和领导艺术，更是万事万物之真谛！

35. 没有最差员工，只有最差的管理者和领导。

36. 最大的障碍是自己，最大的对手是自己，最大的敌人是自己。

37. 先舍才能得，先付出才有回报。

38. 每个人都是一颗耀眼的珍珠，管理人员是串珍珠、挂项链的人。

39. 选合适的人，放在合适的位置，去做合适的事就是人才。

40. 不管进口马、良种马、本地马，谁跑到最前面就是好马。

41. 跳出餐饮做餐饮，才能看到重庆是平的，中国和世界是平的，才能发现自己是井底之蛙！

42. 少说多做，不说先做，做好再说，行胜于言！

43. 千斤重担万人挑，人人头上有指标！学会分工、分解、分配、分权、分钱，才会永远向前！

44. 清除团伙，打造团队，从老大开始，自信不自大，自强不自满！

45. 工作五查：调查、抽查、检查、督查、追查。

46. 工作四带：带头、带动、带领、带来。

47. 工作四化：制度化、规范化、数据化、科学化。

48. 工作三精：精神、精品、精英。

49. 有文凭不一定有水平、有文化、有能力，有文化一定有水平、有能力、有素质。

50. 爱学习会为人处世的人就是有文化的人！

51. 欣赏他人的优点，包容他人的缺点，帮助他人一点点，你就是一个好人而不是病人。

52. 动物法则：你怎样对它爱它，它就怎样对你爱你！

53. 动物生存法则：老虎每天不学习、不训练跑步，老虎就被饿死！山羊每天不学习、不训练跑步，山羊就被老虎吃掉！

54. 像爱动物那样爱员工，员工一定爱企业。

55. 激情燃烧，赢得尊重。

56. 无为而为，共享共赢。

57. 给顾客尊重、尊严、尊敬和感动。

58. 安全是一，健康是二，家庭是三，事业是四，财富是五。

59. 您的健康是一，其余都是零。

60. 我养生，我做主，我长寿。

61. 上善若水，人静如水，水静照人。

62. 金钱的欲望越大，寿命就越短。

63. 小舍小得，中舍中得，大舍大得，不舍不得。

64. 三让智慧：让优秀员工多说，让管理精英多讲，让第一负责人少说多做，做好再说！

65. 重复的智慧叫重庆，重叠的爱和能量叫重庆！

66. 溶入、溶化、溶解、溶成等于蓉城，成功之都就是成都！

67. 文人不等于文化人，文化关键是化，化是一种智慧和能量！

68. 天道、地道、人道三道合一才是正道、大道！

69. 天时地利人和，三道缺一是小道，缺二是邪道，三道都缺是死道！

70. 大道至简+大爱无疆=道法自然！

71. 正气场+正磁场=正能量！

72. 成功九字诀：信则灵、变则通、通则赢！

73. 方法论：找方法，必赢必胜；找借口，必输必败。

74. 领导方法论：发现珍珠、穿好项链、创造奇迹。

75. 四好方法论：选好人、用好人、育好人、带好人。

76. 行甚于言、知行合一、言行一致、行之有效！

77. 招兵买马，做强中国养生特种部队！

78. 瞄准十环、行销自己、复制成功。

79. 想出来需要智慧，喊出来需要勇气，做出来需要团队，笑出来需要业绩！

80. 你行我行大家行，你笑我笑大行销。

81. 销售生命、行销养生、行善积德。

82. 领导的责任，就是发现问题，找到病根名医药方！

83. 经营=人+财+物。

84. 管理=权+责+利。

85. 四通法则：沟通、联通、疏通、打通。

86. 状态第一，责任第二，能力第三。

87. 说真话+干真事+做真人=超人。

88. 打开心门+拨动心弦+获得真心=超级方法。

89. 我奉献+我行动+你感动=超级魅力。

90. 毕麦六问：不把领导当外人，当恩人；不把毕麦当老板，当导师；不把上司当压力，当动力；不把毕麦当障碍，当工具；不把批评当问题，当方法；不把毕麦当对手，当同志。

91. 毕麦五指工作法：突破工作、交办工作、重点工作、日常工作、基础工作。

92. 毕麦五指逻辑思维：安全、健康、家庭、事业、财富。

93. 四心聚焦制胜：静心、定心、用心、操心。

94. 狭路相逢勇者胜，智者相逢仁者赢，仁者相逢得天下！

95. 学生：学是为了生活、生产、生存、生命，是为了提高生产力、生命力！

96. 女人的开关是耳朵，男人的开关是眼睛，找到了开关就掌握了规律和主动！

97. 女人智慧：外装内修！父母是靠不久的，男人是靠不住的，不靠神仙皇帝，全靠自己！

98. 男人智慧：外修内炼！克服自我恐惧、克服单打独斗、克服懒惰！

99. 宇宙智慧：吸引力法则及因果关系——懒、散、弱差因=粗、乱、差坏果；勤、中、强爱因=细、顺、好成果！

《商界》成就武陵山珍东山再起

在中国餐饮百强企业中，重庆餐饮品牌占据15席，《商界》功不可没地助推了重庆餐饮连锁中国第一。被重庆两百多家假冒武陵山珍逼上绝路的武陵山珍，在《商界》指点"迷经"的助推作用下，死而复生，东山再起，成为中国第一养生品牌、中国餐饮百强、重庆餐饮流通百强；拥有直营店23家、加盟店125家、公司4家，产值突破5亿元。

1999年冬天，中国第一家百种野生菌菜森林美食——武陵山珍结束了创业两年来火爆的生意，惨淡经营，被假冒武陵山珍逼入绝境，宣告第一次创业失败。这年冬天毕麦个人的身体健康也因患上胸膜炎住院治病，在病床上从病友那里发现了《商界》这本新颖独特的杂志，里面的文章引人入胜，成功和失败的案例让毕麦反省武陵山珍第一次创业为什么会失败，让毕麦第一次从自身查找到几大失败的原因。从此每期必看必读《商界》，重新规划、设计武陵山珍的文化模式、商业模式、盈利模式，提炼出武陵山珍为人类健康奉献养生美食的企业理念；提炼出事业留人、感情留人、待遇留人的人才理念；提炼出不求最大，但求最好的投资理念；提炼出千错万错都是我的错，顾客永远都是正确的服务理念；提炼出管理围着员工转、经营围着顾客转、利润围着市场转的经营理念；提炼出天上轰炸、地面进攻、厅内沟通的营销理念；提炼出特别能吃苦、特别能忍耐、特别能奉献、特别能竞争的"四特"精神和团队精神。

2001年消失近两年的东方魔汤武陵山珍重出江湖，一个新的武陵山珍总店重生了。《商界》鼓励武陵山珍做连锁发展加盟店。当年武陵山珍的直营店一口气做了三家，而且家家盈利火爆，《商界》广告部的同志建议毕麦做加盟广告，武陵山珍先做了1/4版，结果咨询加盟考察门庭如市，重庆武陵山珍在四川、广西、广东的加盟店纷纷火爆登场。武陵山珍在《商界》的广告从1/4版面做到1/2甚至做了整版。《商界》杂志每期都成为武陵山珍管理团队的培训、学习资料，成为毕麦的良师益友！

2005年元月，是《商界》鼓励毕麦辞去了重庆市政府部门处长职位，告别

25年的公务员生涯，下海专职经营武陵山珍品牌。从总策划到董事长角色的转换，毕麦用了两年的时间上北京大学EMBA工商管理，每周星期六、星期天在全国听专家讲课，广结善缘、广交朋友。一手抓发展，一手抓学习的两手抓两手硬，把"发展是硬道理、赚钱是硬指标"贯穿于工作学习之中、经营管理之中。毕麦刻苦钻研中国餐饮，研究中国养生文化、养生产业、养生经济，成为中国养生经济研究、探索第一人；成为中国养生专家、中国食用菌专家、中国餐饮专家和全国优秀企业家、重庆民营经济十大风云人物、重庆市中小企业发展研究会会长。央视CCTV-2、CCTV-4、CCTV-7等国内百余媒体纷纷专题报道。武陵山珍品牌荣获五项国际大奖，国内一百多项荣誉，成为中国餐饮百强企业、重庆商贸流通百强企业、重庆十大餐饮品牌……

《商界》让毕麦从政界跨入商界，毕麦终于找到了适合自己的事业，找到了为社会贡献、为民族争光的舞台，找到了全心全意为人民健康服务的乐趣与意义！《商界》不仅让武陵山珍重生、东山再起，而且让小蘑菇找到了大市场，让5000人有了就业发展的平台。武陵山珍于1998年、2005年两次在中国掀起了"山珍热"，为当今中国成为世界蘑菇第一生产消费大国作出了重要贡献。

2008年世界金融危机席卷全球，中国餐饮也遭受严重影响。此时，又是《商界》的一篇篇深刻而精准的对中国经济走势分析的文章让毕麦看到了危机中的商机与希望。毕麦毅然带领他的团队加大投资、加快发展：一是投资2500万元创建6000平方米的中国养生会馆，带头创立中国第一条商业养生街——重庆寿比南山养生街，总投资七亿多元人民币；二是与西南大学共创养生鱼基地——重庆三美湖6600亩养生鱼；三是投资一千多万元抢占成都山珍市场，拓展成渝两地大本营，使武陵山珍直营店达到了23家，由五家公司组建成集团；四是创建重庆市中小企业发展研究会，推动重庆餐饮业、中小企业"无为而为、抱团发展、学习共进、共享共赢";武陵山珍、奇火锅、巴将军三家中国餐饮百强抱团发展已成为行业示范;"古有桃园三结义,今有南山三兄弟"成为2009年重庆商界的热门话题、中国餐饮的新亮点。中国烹饪协会组织全国200多家名企业家现场考察学习,共同研讨跳出餐饮做餐饮、抱团发展打天下。

2010年是武陵山珍标准效益年,也是第二个十二年、第三次创业的开局年,毕麦正在参与策划重庆国际美食乐园、三十集电视连续剧《冯玉祥传奇》、中华养生园大项目……

毕麦感恩《商界》,重庆商界会有更多赢的故事、传奇的人物!他真正感悟到一个合格而优秀的企业家应当是说真话、干真事、做真人、胸中有国家、脑中有大家、经营好自家,能够想得出来、喊得出来、干得出来、笑得出来的大赢家!

天道地道人道中的超级智慧

古人云"天道不可违"、"替天行道"。在周易中天道是宇宙的符号,是公正的化身,是阴阳的平衡,是自然的规律,是宇宙的轨迹,是人类的母亲。天道是地道、人道的家族成员,地道是人类的父亲,是万物生命的家园,是地球美丽的脸蛋,是70亿人口生存的空间,是刚柔相济的象征,是阴阳平衡的延伸,是男女雌雄的标志。人道则是人类生存的通路,是生命的轨迹,是忠孝仁义的结晶,是自然生存的法则。

天道的阴阳、地道的刚柔、人道的仁义是《易经》中的超级智慧和宇宙哲学,它把万事万物万人浓缩得如此精辟、简单,真是大道至简、大爱无疆、大德载物、大智有道。《易经》、《道德经》背后的智慧被我发现和解读如下：

天道地道人道，三道合一是正道，是大道。它揭示了与天失和偏离天道轨迹违反宇宙的规律和法则会受到无情的惩罚，与地失和偏离地道轨迹违反自然规律和法则会遭受自然灾害的报复，与人失和偏离人道轨迹违反法律法规等游戏规则也会带来伤病、人祸等因果报应。宇宙和自然界的信息链、能量链、磁场链、生物链、动物链、食物链是一个庞大的循环系统工程，缺一不可、相互依存、辩证统一。天道、地道、人道缺一道是小道，只能小打小闹、小心谨慎。小脚女人迈不开步伐，只能常常和小人在一起，就是君子也不得不变成小人，变得如此小气、小肚鸡肠、小寡锁国。缺两道是邪道，只能与坏人打交道，坏人多好人少，正气被邪气压住，邪气占了上风，就是好人也被染成了坏人，只干坏事不干好事，成为毒害社会的害群之马和恶性肿瘤，是反人类、反民族、反社会、反国家的"恐怖分子"。缺三道就是死道，只能是在死胡同里与死人打交道，是自掘坟墓、自取灭亡。即使人活着精神已死了，在等待人民和法律判处死刑，如果漏网了还有上帝判他的死刑。

如果我们用阿拉伯数字来解读天道地道人道更形象、更简单、更神奇、更实用：天道地道人道三道归一就是1，"1"就是正道大道直通道；缺一道就是2，"2"就是小道，虽然走了点弯路但没有危险；缺两道就是3，"3"就是邪道，均朝着左斜，偏离了中庸之道、正道大道；缺三道就是4，"4"就是万丈深渊、死胡同、死路一条。

天道地道人道用到治理国家、企业、家庭，用到做人做事和日常学习、工作、生活之中是非常实用的标准、尺度、砝码、工具、方法，与万事万物万人对应、对比、对错你会感到天道地道人道中的超级智慧是祖先的伟大、国学的神奇、《易经》的骄傲、《道德经》的自豪，你还会感到中国五千年文明、文化、文人的博大精深和无穷智慧，你更会感到当今中国人再继续崇洋媚外不认祖归宗、不学点历史、不研究点历史、不运用点国学是多么的无能、无知、可悲、愚昧啊！知道天时地利人和的人不少，知道天道地道人道的人很多，然而真正做到运用天道地道人道中的超级智慧的人却寥寥无几，就连一些伟人、名人也违反天道地道人道犯低级错误。

21世纪是中国的世纪，是中国文化走向世界的大好时机，是中国人向全世界展示五千年文明的世纪，是中华民族伟大复兴、扬眉吐气恢复世界强国影响全人类的新世纪，汉语必将成为世界语，人民币也将成为世界人民首选的货币，天道地道人道三道合一才能构建和谐社会、和谐世界，才能成为全世界的大道、全人类的正道！

誓把危机变商机

古人云："危中有机，乱世出英雄。"这不仅说出了哲理，而且道破了天机。美国金融危机尽管对中国经济冲击最小，但对中国的外向型经济打击最大，对我市民营企业影响也不小。我们中小企业如何应对危机，如何增强信心，借"机"下蛋，如何化解危险，在"危"中发现商机，成为"乱世"中的胜者或英雄，笔者的观点和做法可供大家参考。

信心决定胜负 想出来就有希望

敬爱的温总理在国内外多次强调："信心比黄金还重要。"在金融危机中，我们武陵山珍逆向思维，动员全体员工树立"危机意识"，勤学苦练真功夫；将2009年列为"武陵山珍改革发展年"，努力做到了精神不危机、信念不危机、信心不危机；提倡和引导全体员工做"爱学习、会为人处世的文化人"；

"爱国家、大家和自家"；"爱拼才会赢"；"认真坚持多走直路，少走错路和弯路"；"与团队一起成长、成才、成功"；"消灭团伙，打造学习型团队，抱团打天下"；遵守"信心、信任、信誉"之信法则，通过培训向全体员工灌输："只要精神、信心不滑坡，方法总比困难多"；"找借口必输必败，找方法必赢必胜"；"在危机中欢迎反对派，消灭反动派"；"动员职工勤于思考、善于行动、乐于奉献、勇于担当、敢于挑战"；"迎着风雨走，风雨过后是彩虹"；"事业留人、感情留人、待遇留人；危机中多放权、少赚钱，多招人、不减人、不降薪；多雪中送炭，少火上浇油"；"组织员工唱歌、读书又读人，鼓足团队精气神"；"朝着正确的目标方向走，你有我有大家有"；"思想决定行动，喊出来就有商机"。

笔者一年来对美国的金融危机破产企业，特别是一大批百年老店和金融企业倒闭破产进行了认真的研究和思考。美国的这些企业都具有很强的竞争力，其商业模式、文化模式很成熟、很成功。然而，他们都有一个致命的弱点，那就是夜郎自大，盈利模式出了大问题、大漏洞，盲目扩张、急功近利，片面追求规模，而严重违背了企业的终极目标不是追求规模大而是利润。美国的通用汽车是全球销量、规模最大的，但却是连续三年亏损达一千亿美金的亏损大户，连美国政府都救不了它。雷曼兄弟是美国的百年老店，更是中国企业心目中的偶像，同样是因盈利模式失败而败走麦城，而且点燃了全球金融危机的战火，被誉为"第三次世界大战"。

正确的决定正确的结果，错误的决定错误的结果。

想出来需要智慧　喊出来需要勇气

在金融危机中，大胆想出来就有希望，敢于喊出来就会有商机。

武陵山珍公司在2009改革发展年中，把成渝两地当成主战场，十分响亮地喊出"大改革、大发展"的口号：一手抓改革，改革掉不适应发展和危权的旧规章、老机制，特别是激励机制，全面推行管理团队管理股，并同步将人权、事权、财权大下放，实行多放权、少赚钱，应对危机、稳定收入、稳定团队、稳定大局、稳中求胜、在稳定中发展；一手抓发展，发展才是硬道理、赚钱才是硬指标。在不向银行贷款一分钱的前提下，武陵山珍自筹资金两千多万元发展一批直营店，创建中国养生会馆、东方魔汤养生吧、四川分公司、石柱养生鱼基地等发展规划、项目。通过项目拉动、扩大企业的内需和战略布局，让人人看到希望，让大家抢抓商机，让企业自身渡过危机，真正演绎"进攻才是最好的防守"。

作为重庆市政协委员，我提出了在石柱西沱创建渝中新区和少数民族城乡统筹示范区的大胆构想引起了强烈反响；总策划了寿比南山养生街成为中国第一条商业养生街，把养生文化大众化；提出开发重庆南山的系列政协提案，把南山打造成重庆人民的南山、中国的南山、世界的南山引起市区领导高度重视和支持。

一个有社会责任感的企业家就是既要有智慧，更要有勇气，临危不惧、临变不乱、临死不屈，与国家和人民同在，与中华民族同甘苦、共患难。

整合决定成功　做出来才可能笑出来

北京奥运会之前，全世界不少国家纷纷敌视中国抵制奥运会，真可谓是骂声一片，怀疑和不满如乌云笼罩。然而中国共产党顶住强大压力，整合全国智慧和资源，用一届最成功、最精彩的北京奥运会，特别是张艺谋导演的开闭幕式、中国奥运健儿的金牌总数第一，最后征服了全世界，从骂声变成了笑声！这就是整合决定成功的典型事例！

全球金融危机哀声、哭声一片，唯有社会主义中国的四万亿元资金和整合全国资源扩大内需，令当年GDP正增长8%，又演绎出东方红——中国这边风景独好！

武陵山珍与重庆直辖同步，经历12年风雨拥有4家公司、22家直营店、110家加盟店，2008年再次成为中国餐饮百强企业，成为全球食用菌餐饮最大的企业，是传播中国养生文化的第一品牌企业。我研究发现了两大特殊商机：一个是中国餐饮行业是一个"日不落帝国"。美国有4亿人口，2008年餐饮收入折合为6万亿元人民币，而中国只有1.5万亿元；十年后中国的餐饮总收入将达到美国现在的水平，将会实现翻两番的目标，其市场潜力、商机非常巨大。然而，现有中国餐饮几乎都是单打独斗，没有一个品牌能与国际餐饮展开竞争时具有优势。武陵山珍集团的中国养生会馆、武陵山珍、东方魔汤吧三个品牌和三个养生产品正在与重庆、全国餐饮谋划抱团打天下、求发展。另一个是"重庆机会"已成为中国机会、世界机会。其整合成都、西安等形成中国第三经济中心带来的巨大市场、商机给中小企业，特别是国务院三号文件明确指出在重庆打造"购物之都、会展之都、美食之都"给我们餐饮企业带来特殊的百年机遇。如果我们不整合资源、智慧抱团发展，参与国际竞争，再继续单打独斗、坐井观天，不但无法与狼共舞，而且还将被狼吃掉。因此，我们要倍加珍惜"重庆机会"，少说多做、不说快做、做好再说。说，永远是问题、困难，计划做，才是机会、行动和成果！

我今年正在做三件大事：

第一，在南山创建5000平方米的中国养生会馆，在解放碑创建东方魔汤养生吧将中国养生文化商业化、大众化。

第二，整合政府、社会资源，总策划了"寿比南山养生街"，将南山的历史文化、抗战文化、宗教文化、旅游文化、养生文化有机结合，把奇火锅的"全球火锅之都"15000平方米的大项目、巴将军火锅的"中国黑珍宝"

项目、富侨与武陵山珍的中国养生会馆抱团打造成"寿比南山养生街",积极推动南山上升上档打造"南山养生长廊",让南山成为中国的南山、世界的南山。

第三,谋划两年,发起成立中国首家以打造学习型团队、学习型企业为主的"重庆市中小企业发展研究会",为广大员工提供免费学习机会,为中层管理人员提供廉价的交流学习平台;为企业家和爱心教授提供传播知识、交流思想的讲台;为大专院校在校的爱心使者提供实习空间、就业机会;为未来重庆中小企业的发展提供"加油机"和"清洁能源",特别是提供成长、成熟、成功的通道!

"想出来、喊出来、做出来、笑出来"看似一句空洞的口号,其实想出来需要知识、智慧,喊出来需要胆识、勇气,做出来需要整合、实力笑出来需要成果、共赢!

毕麦行动成功智慧39

1. 读懂人心,整合人才,居安思危,化危为机。

2. 富有快乐心、快乐使者的心态的责任。

3. 无论企业还是个人常青要靠组织。

4. 一个人才的成功必须靠组织的关照、关怀、关爱。

5. 企业和个人一定要具有系统型、战略型思维。

6. 麦当劳靠整合上下游和商业模式制胜。

7. 向凡客学习。

8. 能力不足的原因是思维模式的高度不够。

9. 技术不重要，战略最重要。

10. 全世界百年老店、百年企业最多的是日本，全球最长寿的企业是"金刚组"（1400年）。

11. 中国的用人荒实质是缺人心、缺爱心。

12. 新新人类喜欢示弱的企业家、与员工互动、经常沟通、学习型的企业家。

13. 大多数民营企业有会计财务，不是管理财务。管理财务是战略、避税政策。

14. 搞定与被搞定：搞定是主动，被搞定是被动。

15. 企业家四个阶段：第一阶段是生意人；第二阶段是商人；第三阶段是企业家；第四阶段是教导教主型企业家。

16. 不仅做教导型企业家，还要做教导型人才（格局、持戒）。格局决定布局，布局决定结局，格局不是说出来的，而是做出来的。

17. 人人要做社会责任的践行者，企业家更要成为履行社会责任的领跑者。

18. 你是在用员工的双手，还是在用员工的大脑（企业理念、战略的布局，输入自然有能力）。

19. 人民在前面币在后面，把人民放在前面、放在心里，人民币才会爱你。

20. 什么是使命？使命就是没完没了的事、大家渴望的事、超出追求的事。

21. 企业、个人成功、成熟的标志是：（1）打造强大的精神系统；（2）提升自己的领导力、感召力、公众演说力，成为会说、会干、会写的三会人才。

22. 人在事前：我相信、我看见，否则就是我看见，我相信。

23. 企业要树立品牌，要树正气，走正道、走大道、有担当、有使命。

24. 乔布斯：活着就要有使命；要生产就要生产世界没有的产品。

25. 使命感的三个代表：方向、目标、责任。

26. 企业的理念不仅要上墙，而且要上心（死记、死背、死说、死练）。

27. 21世纪的人才：认同、坚守价值观+人品+能力。

28. 中国餐饮企业门槛太低，没有安装开关，平均寿命仅有2.3年，是开关企业，每天都在开，每天都在关。

29. 民营企业不是自家的私营企业，是广大员工的企业，是人民的企业。

30. 外资、国资、民资新型"三资"企业三足鼎立，民营企业海内外投资是21世纪中国最大的资本力量和动力。

31. 信仰是超级智慧和超级能量，不信不行，不行动不行，不朝着正确的方向和准确的目标行动永远都不行。

32. 行动决定成败，行是一，动是二；行是道，动是路；行是因，动是果。

33. 动物不行动会饿死，人类不行动是等死，人才不行动会困死。

34. 行动是宇宙和自然的生存法则，也是高级动物人类的自然生存法则。

35. 成功不是终点，是过程，是感觉，是感受，是走对路、说对话、做对事、做对人的一种福报、一种幸福、一种快乐。

36. 成功是潜意识的想象，显意识的正确行动和成果。

37. 成功是过去的幸福与快乐，是昨天的感叹号，是明天的逗号。

38. 成功是梦想成真的总结会，心想事成的庆功会。

39. 成功是好因的好报、善因的善报、爱因的回报。

毕麦503逻辑思维图

（一）3分钟用5句话（每句不超过20字）解决所有问题

五大瓶颈与障碍	5-1	
	5-2	
	5-3	
	5-4	
	5-5	

不说大话废话

简洁明了精练

图7-1　3分钟用5句话解决所有问题

（二）战略决策专用

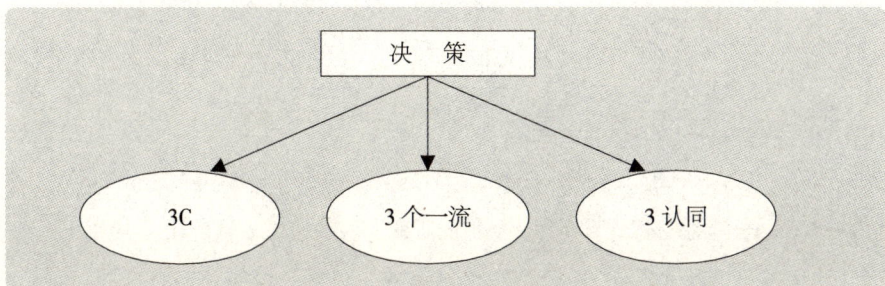

决　策

3C　　3个一流　　3认同

图7-2　战略决策结构图

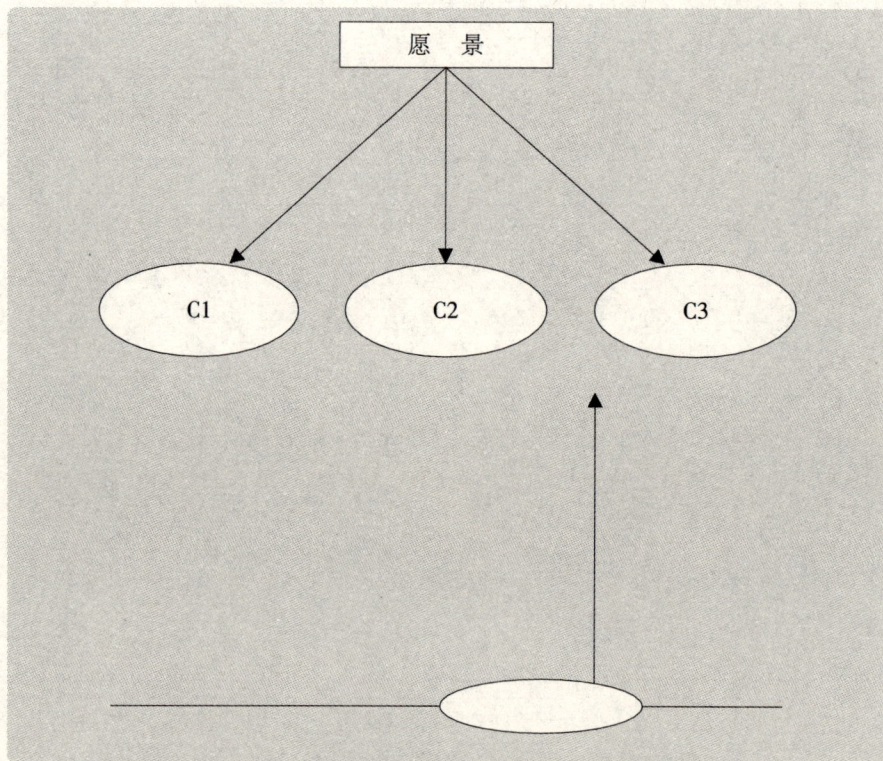

图7-3 3C

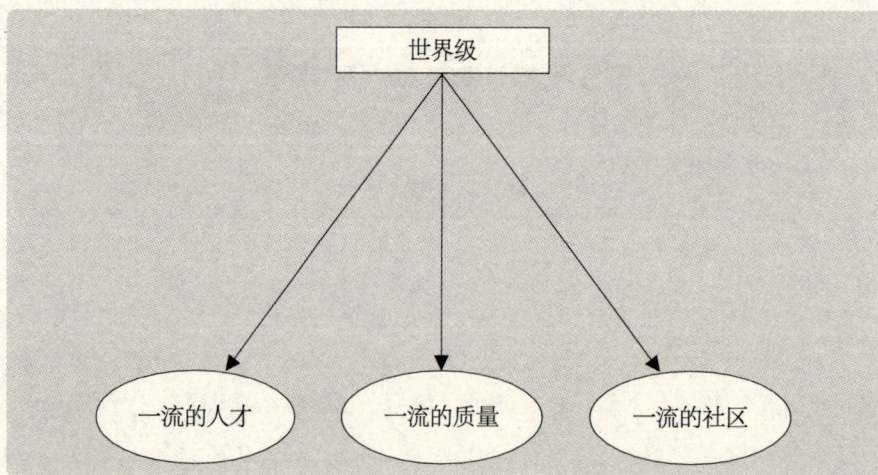

图7-4 3个一流

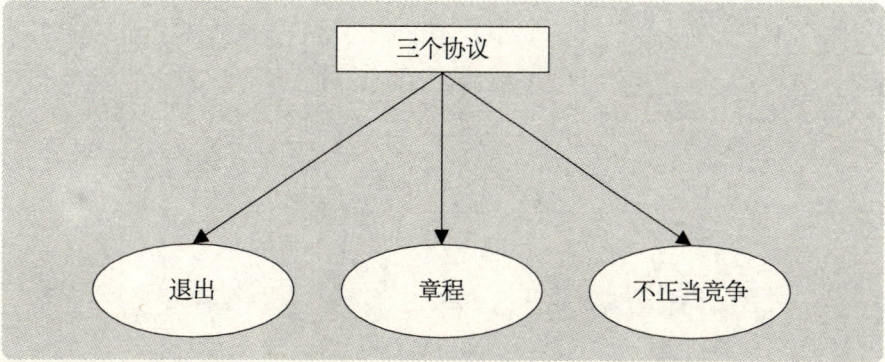

图7-5　3个协议

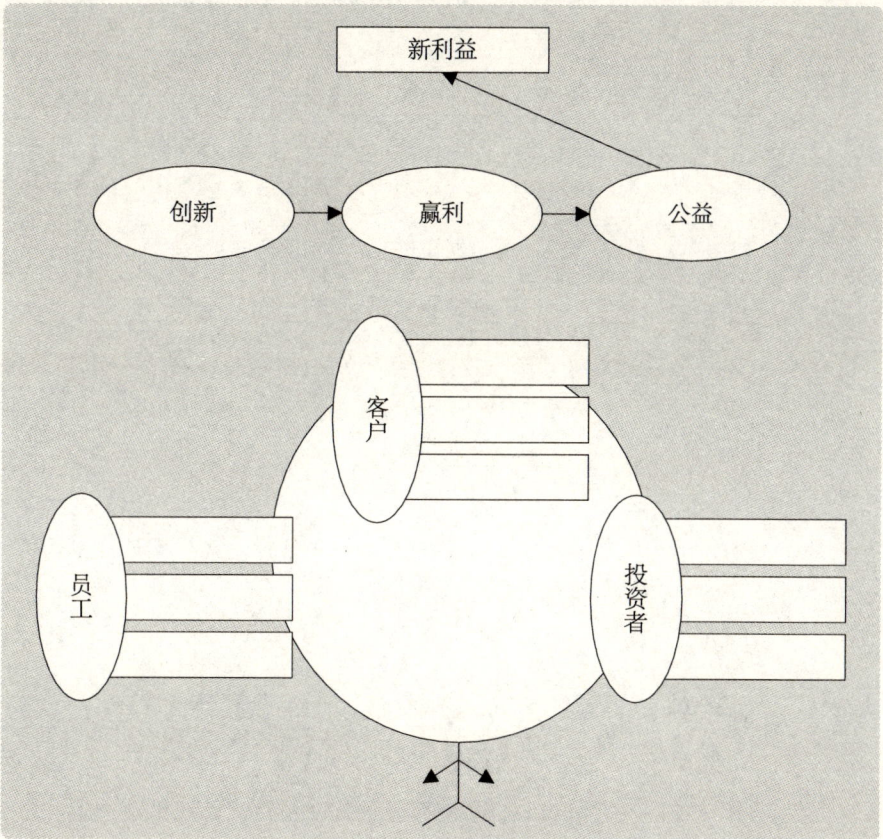

图7-6　3个认同

(三) 战术执行专用

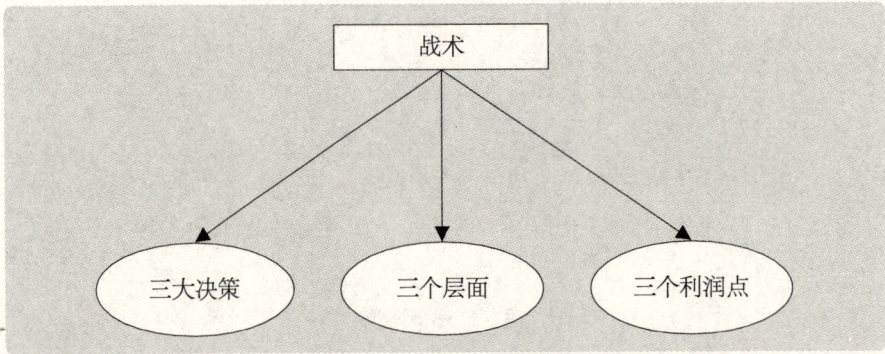

图7-7　战术执行结构图

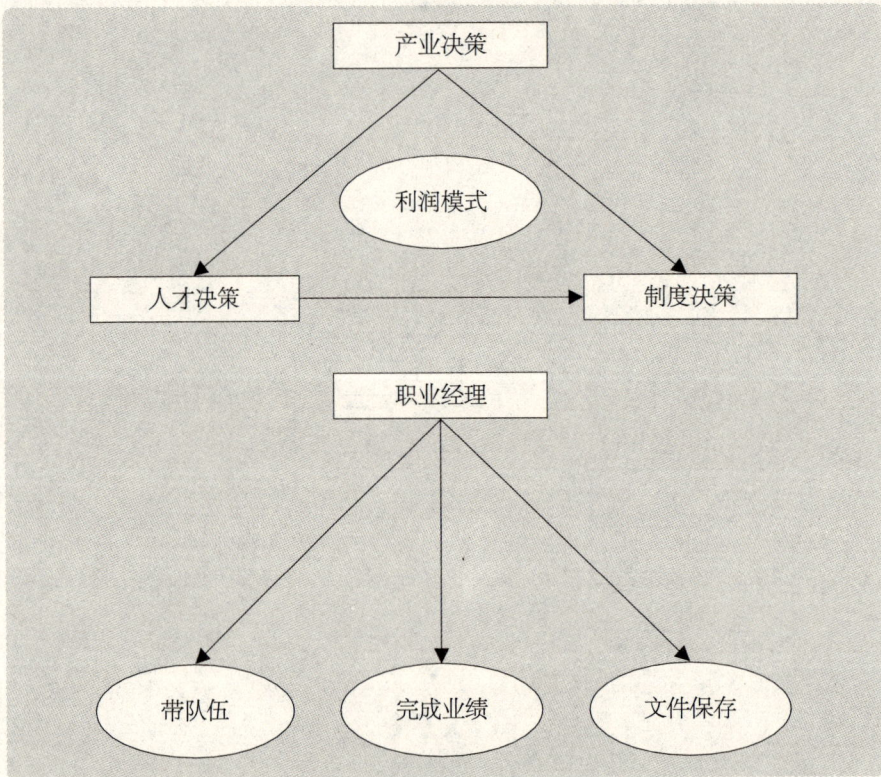

图7-8　3大决策

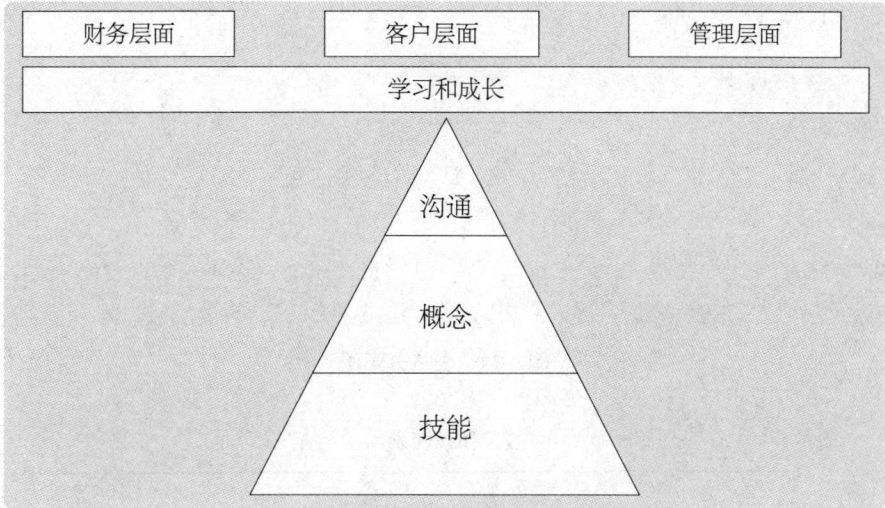

| 财务层面 | 客户层面 | 管理层面 |

学习和成长

沟通

概念

技能

图7-9　3大层面

核心业务　　　　新业务　　　　未来商业机会

三个数字

| 72 | 80/20 | 36.8 |

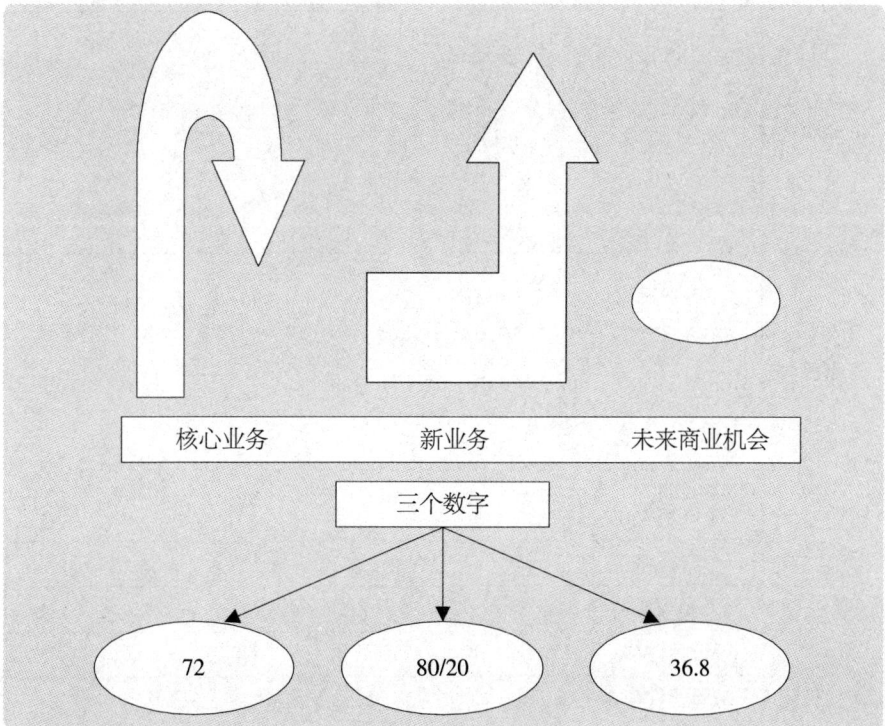

图7-10　3大业务

(四) 三张表格

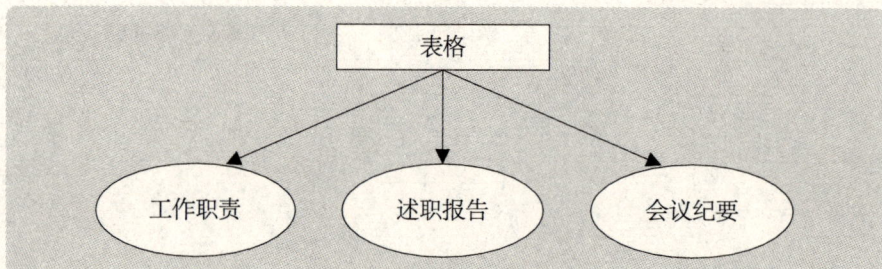

图7-11 表格分类图

表7-1　　　　　　　　　　　**工作职责表**

编　　号			用　　户	
职　　位			姓　　名	
上　　级			下　　级	
工作职责	重点：财务、客户、管理 层面 1:　　　　　2:　　　　　3:			
任职资格	1:　　　　　2:　　　　　3:			
分　　权	三个要汇报的			
	三个自己做主			
	三个要沟通的			
量　　化	每日三件事			
	每周三件事			
	每月三件事			

表7-2 **述职报告**

编　号	述职报告		用　户	
职　位		姓　名		
上　级		下　级		
本周完成的三件事				
本周未完的一件事	未完成的原因：			
对同级的部门有什么意见				
需要上级领导什么帮助				
找出一条公司的管理漏洞	给出解决办法：			
你下周准备干什么				
自我评价	A	B	C	

表7-3　　　　　　　　　　　　　会议纪要表

编　　号			用　户	
时　　间		地　　点		
参会人员		主　持　人		
上次会议议题		下次会议议题		
主要议题	1.			
辅助议题	1.　　　　2.			
统一意见	1.　　　2.　　　　3.			
不同意见	任免　　制度　　流程　　经验　　其他			
形成文本				
签　　字				
督办系统	决策者	执行者		检查者

（五）武陵山珍数码工作标准流程图

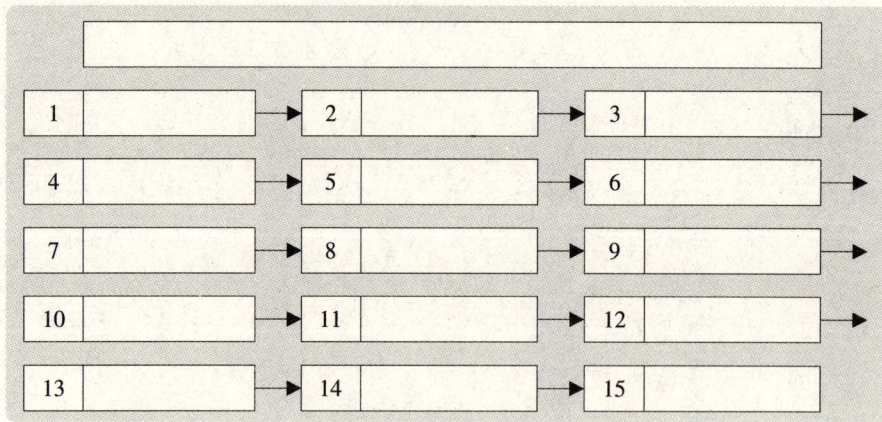

1	2	3
4	5	6
7	8	9
10	11	12
13	14	15

图7-12　武陵山珍数码工作标准流程图

（六）毕麦123快速写作演讲表

先思考标题·构架·再谋篇局·归类·检查修改·成文

大标题：

导语：

表7-4　　　　　　　　毕麦123快速写作演讲表

	小标题	三
A		楼
	小标题	二
B		楼
	小标题	一
C		楼

结尾（结束语）

标题好文一半，成文后去掉小标题，文章照样逻辑清晰流畅。

即席演讲三段式，三段话。

中国著名养生专家洪昭光教授说:"我是在全国各种讲台上说健康话养生的专家,毕麦也是做养生产业的实干家,我们都在为人类的健康奉献力量!"

第一章

国务委员题写品牌名

国务委员为一个未出生的少数民族民营餐饮企业题写品牌名是件非常神奇令人难忘的大事！那是1996年4月，时任国务委员主管中国"三农"工作的陈俊生同志，得知来自武陵山区的毕麦、王文君兄妹要开发武陵山区中的野生菌菜资源，创立武陵山珍餐饮企业而欣然题写了"武陵山珍"品牌名。

每当"武陵山珍"这个由原国务委员陈俊生同志题写的品牌名响起，同时在人们视野或记忆中掠过的是一幅深绿色"山"字形的商标图案，绿色的"山"，意为代表从重庆山城走向全国、全世界的大自然、大森林美食；图形整体似盘中佳肴，更像一个片状蘑菇，突出了核心产品蘑菇；图形的线框又似武陵山珍中"武"字的第一个拼音"W"字的变形——两个"V"字的重叠，代表着双赢和胜利。这是武陵山珍人以自己的智慧创造的新时代的企业文化图腾，也是他们的理念、意志和理想的集中表达。

武陵山珍是毕麦领导的一个中国企业的团队，他们是武陵山的英雄儿女。他们从这里"识宝"，识别了蘑菇、松茸等几十种野生菌，发明了人类第三大类食品——养生菌类食品、中国第九大菜系；他们从这里出发，开始走上争当世界百强、追赶世界饮食之王美国麦当劳的"新二万五千里征途"！

神奇武陵山

在中国大西南的土地上，有一座绵延了渝、鄂、湘、黔4省市，面积约10万平方公里的大山脉，那就是巍巍武陵山。武陵山是褶皱山，长度420公里，海拔高度1000米以上，最高峰是贵州境内的凤凰山，海拔2570米。山脉为东西走向，呈岩溶地貌发育。武陵山脉覆盖的地区称武陵山区，是全世界稀有的未受污染的绿色植物王国。

武陵山区多数地理位置处在神奇的北纬30度，主要包括：重庆市的黔江区，及酉阳、秀山、彭水、石柱等；湖北省的恩施土家苗族自治州，湖南省的湘西土家苗族自治州、张家界市、武陵源、桃源等；贵州省的铜仁、万山、玉屏、印江等地。在武陵山深深的腹地，满眼所见的是山连着山、山套着山、山衔着山、山抱着山的千山万岭，峰峦叠嶂。这里有土家族、苗族、侗族、白族等少数民族居住，有丰富的少数民族文化和秀丽的风景，这里山同脉、水同源、树同根、人同俗，这里的民族有着悠久的革命历史，为大西南的解放、共和国的诞生作出了不可磨灭的贡献。现在，武陵人已经走出"武陵人捕鱼为业"的生存圈，也走出了陶渊明笔下的"世外桃源"生活圈。他们正在走出大山，走进发生着历史性变革的建设大潮中，走向全国，走向世界。

山不言自高，地不言自厚。巍巍的武陵山，以她的博大和丰厚哺育着世世代代的山民儿女。除了丰富的动植物资源外，还有一种尚未被人类发现或曰被忽视的资源，这就是野生食用菌类，如蘑菇、松茸、鹅蛋菌等几十种野生菌。这些野生菌类菜被日本人视为珍宝。聪明的武陵山人——毕麦、王文君、王战风、王曼静兄妹，不失时机地将这些天然野生菌经过一系列的科学提炼而精心熬制出来的获得国家专利的东方魔汤包，以养生健康的火锅陶器为载体，水煮养生的山珍菜肴，从而形成了武陵山珍养生菜系——中国第九大菜系。由此，"武陵山珍"之名，亦如天赐地设、上善若水、厚德载物、水静照人、水到渠成、道法自然。

英雄武陵人

武陵山高峻接天的一座座峰峦，展现了古老蜀道逶迤、崎岖的壮丽画卷；武陵山曲折回旋的溪流飞瀑，传颂着古今山民的神话传奇。武陵大地，不仅以她用之不竭的资源养育着她的儿女，更用她那坚毅的性格、醇厚的民风和近似神话般的复杂环境在培育着一代一代的武陵山人。这里的土家族、苗族等少数民族居民，祖祖辈辈就是"靠山吃山"，视山如命。他们勤劳、勇敢、朴实、坚韧，"蜀道之难，难于上青天"的数不尽的登山道上，无不留下他们艰辛的脚印。这里人杰地灵，英雄辈出，历史可鉴！

武陵山脉中的石柱县境内的男女石柱峰下，走出了一位男石柱形象代言人、现代武陵山人，他的名字叫王竹丰（后来改名毕麦）。石柱县是土家族自治县，是女石柱神女山峰形象代言人巾帼英雄秦良玉的故乡，也是蘑菇、松茸等山珍的集中生长地。毕麦是土家族的儿子，从小在这里听父母乡亲讲着英雄的故事，尝着山间百果和蘑菇木耳等山珍野菜，走着石柱峰下那伸向远方的崎岖小路。他从山里走进镇上的学校、城里的工厂、都市里的机关，直到1994年他去日本大阪、广岛等地考察，看到日本人喜食蘑菇、松茸等，并视为"国宝"，看到在家乡十几元、几十元一公斤能买到的蘑菇，到日本可卖3000元。他再也抑制不住激动的心情，回国后就找来弟弟妹妹开家庭会议，认真分析研究做山珍生意的前景和可行性。太太和弟妹都没有他见识广，自然有不同看法，他以"说服"加"压服"让他们服从；资金不足，他发动自己的表哥表姐、亲戚朋友，一人出五万，入股合资在重庆的观音桥，开了中国第一家经营野生菌菜系的山珍餐馆——"武陵山珍"，结果一炮打响。果然不出毕麦所料，山珍菜一端上餐桌，四溢的鲜香、清爽的口感便赢得了颇多赞誉，其中各式的稀有山珍更是让食客们大饱口福。在开业不到一个月的时间里，竟一举创下了日日无虚席的业内神话，"武陵山珍"一名也迅速传向四面八方。

神圣武陵名

陶渊明在他的《桃花源记》生动描绘了武陵仙境、风景，武陵打鱼人过着幸福美满神奇的田园生活，享受着"桃花仙境意念有，山珍美食武陵中"的幸福。

机会总是在等待着有准备的人。毕麦自从日本回国后，就决心要开发利用武陵山区的资源。他不仅有了一整套全方位的设想，更是花时间费大力做了艰苦的调查研究。按他太太罗晓玲的话说："一年多，他的鞋穿烂了七八双，后脚跟起了很多的血泡。"他准备了大量资料，并不断向政府相关部门和一些专家教授汇报和咨询。

历史的时针走到了1996年4月的一个春日，时任国务院武陵山区扶贫开发领导小组组长的国务委员陈俊生，在考察位于武陵山区的黔江地区（现属重庆市）时，听完当时中共黔江地委书记税正宽同志关于开发武陵山珍的专题汇报后，非常支持把武陵山区建成野生菌菜采集基地的设想。他指示："武陵山珍有很高的开发价值，有很大的发展前景，发展后要回报武陵山区人民，为武陵山区争光！"并欣然题写了"武陵山珍"四个大字作为品牌名。陈俊生同志在工作中很严格、生活很严谨、为人很低调，很少公开题字，但他对贫穷落后的武陵山区人民非常关爱、支持。

毕麦受到了很大鼓励，他感到好的项目必须配以好的营销模式才能锦上添花，于是在1997年4月29日，正式成立了"重庆市武陵山珍经济技术开发有限公司"，同年又在重庆江北区的观音桥开设了第一家专门以经营"武陵山珍"特色菜系为主的餐馆。

1997年5月5日，毕麦在重庆市主城区第一次亮出了武陵山珍的招牌，正式推出了养生保健美食的概念；1997年6月4日，武陵山珍商标注册成功，500平方米的武陵山珍观音桥总店正式开业，"武陵山珍"的名称越来越红，越来越响。

"武陵山珍"之名，带着武陵山的神奇，伴着山珍野味的芳香，凝聚着武陵山人的挚爱和意志，显得神奇而神圣。我们衷心地祝福她与武陵大山同高同峻，共盛共荣！她承载了重庆、湖南、湖北、贵州四省市武陵山区土家族、苗族人民的愿望与智慧！她是武陵山区唯一的中国餐饮百强企业，也是中国土家族、苗族人民的骄傲与自豪！

第二章

追赶麦当劳之路不平坦

路是人走出来的。路在何方？路在脚下。马克思有一句名言："在科学的道路上，没有平坦的大路可走，只有不畏艰辛、沿着陡峭的山路攀登的人，才有希望到达光辉的顶点。"毕麦和他带领的团队，是一群平凡的武陵山人，但走出了一条不平凡的路。

在这条路上，他们付出、奉献，从而有了收获；在这条路上，他们经历过失败，而后成功，人生之路是在不断地从失败中吸取教训，一步步走向辉煌；在这条路上，他们每个人都如夸父追日般地时刻追逐着心中的目标，在苦苦追寻中，尝到了不断攀登的乐趣，为自己的人生之路增添了喜悦和光辉！

毕麦兄妹艰难出发

1995年的春天里，人们在石柱县城菜市场门口会发现新办起了一家饮食店。这家店连名字都没有，但店里一位青春靓丽的女子却吸引了过往人们的目光。她叫王文君，烫着波浪的披肩长发，略施粉黛，配以天蓝色的职业套装，显得靓丽成熟，但这美丽的外表更掩藏不住她的激情和干练，人们更看重的是她起早歇晚忙碌的身影和那一脸热情服务的笑容。

20世纪80年代末，尽管父亲是当地粮食部门的领导，但21岁的王文君很清楚父亲的脾气，他绝不会为自己的家人开后门找份安稳的工作。不服输的王文君，仅仅是为了争口气，硬是以啤酒厂临时工的身份考进了石柱县的粮食系统。同时考进去的一个女孩被分到了办公室，而王文君却下到了第一线，到粉条加工厂当工人。不久，加工厂改制，王文君下了岗。为了糊口，她想起了做点小吃生意。

王文君后来回忆说："我最早的商业意识来自家庭的熏陶和自己工作环境的影响，但与餐饮结缘则是因为夫家的关系。"当时，商品经济的意识还没有现在这样强，但在王文君夫家亲戚里面，却出现了好几位摆摊做生意的人，其中就有开餐馆的。见亲戚们的生意不错，下岗之后，王文君也开始了自己的餐饮生意。她说："说生意谈不上，也就是摆个小摊。"那段时间，她每天早上三四点钟就起床，把小家当用平板车拉到当地的一个菜市场门口，点燃煤炉，准备好面条和稀饭，支起油锅，等待早起的人们。上午10点过后，她又将阵地转移到自家门口，收了早餐的家伙，摆上炒锅，卖起了炒菜和凉菜，一直到晚上10点以后才能收摊。由于价格公道，菜品也都是当地人喜爱的家常菜和土家、苗家的特色菜，她的地盘虽小，但生意却相当不错。起早贪黑地干了几年后，王文君在县城盘下了一个小门面，摆了几张桌子开起了自己的小餐馆。她和哥哥王竹丰后来的饮食业之路，也就是从这里起步。

话说王文君做国际贸易的哥哥王竹丰（改名毕麦），到日本访问受到很大启发。他看到日本人将中国的烹饪做到了极致，发现在自己的家乡非常普通的蘑菇、松茸等野生菌在日本被视为"国宝"，价钱超出中国产地的百倍。他怎么也抑制不住激动的心情，回国后就向妹妹传达了这个信息和感受。王文君听后心中一动：蘑菇、松茸等野生菌，难道有什么特别之处吗？兄妹俩经过查找资料和咨询专家，终于明白了其中的玄机。原来，蘑菇、松茸受到日本人追捧，是因为第二次世界大战中，美国扔下的两颗原子弹在日本的广岛和长崎爆炸后，周围的森林全部被毁，只有蘑菇、松茸等菌类植物存活下来。经过研究，日本科学家发现蘑菇、松茸等具有很强的抗癌、抗辐射的功能。既然是好东西，能不能做做这些野生菌的生意呢？毕麦对妹妹说："先在你的餐馆里做实验，让顾客品尝后收集意见，做市场调研，我们不走别人走过的路，不能跟着别人跑。做普通饭菜一般人都会做，我们来做别人还不知晓的山珍吧。"

多种蘑菇相爱之神话

在日本市场只有六种蘑菇，但却能够卖出天价，在中国贫穷的西部，由于经济不发达，当时要想吃顿肉也不是很容易的，人们对吃的需求还远远没有上升到要追求营养健康的层次上来。

对野生菌菜推广相当看好的毕麦开始了把武陵山珍推上中国大中城市人餐桌的一系列探索与研究。一方面开始研究几十种野生菌菜的烹调方法，一方面开始寻找能够接受营养健康这一消费理念的新人群、新市场。

寻找消费新市场，先决条件是你有什么独特产品让消费者消费？在四川特别是在重庆，火锅是传统名菜，而且以辣闻名。毕麦想到：既不能离开麻辣火锅，又不能走别人的老路。他立志将自己的名字改为毕麦，就是大胆地学习借鉴世界五百强美国麦当劳成功的文化模式和商业模式，研究探索出世界和中国独有蓝海中的深蓝山珍养生菜系。几千年来古今中外医书和史料中都记载流传着多种蘑菇不能同锅同煮同吃，否则会引起食物中毒。毕麦从中医中药、重庆火锅中找到灵感，通过做动物试验、人体试验，事实证明，让几十种蘑菇山珍野菜相聚"火锅"不仅不会中毒有害，而且彻底打破了这一误导误传几千年的误区与怪圈，其健康养生之复合型功能功效更加神奇美味，形成了独具特色的中国第九大菜系——东方魔汤武陵山珍养生菜系，成就了清淡、不辣、味美、鲜香、人见人爱的"地球人美食"。全世界目前还没有一种满足全人类不同地区、国别、民族、信仰、男女老少的养生菜系，其简单、独特、可复制的"绿火锅"、"文火锅"为重庆火锅、中国火锅和全球餐饮增添了健康、养生的新特色、新市场、新人群、新高度，为全世界带来了新美味、新机遇、新产业！

　　毕麦在成都邀请专家、领导、亲友品尝，广泛征求意见，不断改进提升，进行市场调查。他登门拜访了著名生物学家、食用菌专家周开孝教授等专家，聘请了多位大学教授成立了武陵山珍顾问团。经过了2年多时间的探索，一种摒弃了传统重庆火锅麻辣特点的底料研制成功。这种以几十种野生菌菜为原料，科学提炼、精心熬制出来的火锅底料，不仅保证了野生菌菜的营养价值不流失，而且清淡的锅底也保证能让顾客最大限度地体味到野生菌原始的鲜和香。用此配方可自选加入各种野生菌菜随心所欲地熬制，它以鲜香味美、清醇爽口以及丰富的营养、独特的保健、神奇的功效堪称绿色食物之"极品"。

　　野生菌菜的烹调问题是解决了，但野生菌菜每年只有5个月左右的时间是高产期，且种类最多，其他时间品种偏少，不能满足顾客的消费需求。为此，兄妹俩又与专家一道动手研究试验，解决了野生菌菜的多种保鲜问题，保证了一年四季每天都能够供应的野生菌菜品种数量。

科学养生，最基本的要求就是卫生。他们又决定实行分餐制，由服务员为客人提供全程分餐服务，这虽然加大服务的难度，但能够让顾客真正消费的放心和满意，这也是吃法上的一种改进。在推广过程中，毕麦与专家顾问团一起总结出了吃野生菌菜的三部曲：品汤——品菌——品酒（自酿山珍酒）。

英雄要有用武之地。野生菌菜的食用和保存方法开发成功了，下一步就是要寻找成熟的市场。半年的时间里，为了寻找能够接受野生菌菜的城市，毕麦走遍了大半个中国。最终，他们将目标锁定在成都和重庆。选择成都的优势是相当明显的，成都是在全国都颇有名气的休闲城市，消费水平较高，消费者接受这种休闲养生保健饮食观念的可能性很大。而重庆市场虽然不成熟，但发展的潜力更大，进入的压力和风险要远小于成都。

1997年，重庆经中央政府批准升格为中央直辖市，毕麦选择四位亲朋好友作为股东，认定直辖后的重庆更有利于武陵山珍的发展，最后选择了重庆作为武陵山珍向全国市场进发的出发点。以"东方魔汤"为代表的武陵山珍菜系，从此开创了中国第九大菜系，也开创了重庆"绿火锅"、"文火锅"的历史，确保传统麻辣的"红火锅"、"武火锅"与之平衡、圆满，真乃双喜重庆。重复的智慧是重庆，重叠的爱和能量是重庆的天意之美！

武陵山珍火爆重庆

1997年5月5日，五位亲朋好友投资30万元的重庆市武陵山珍经济技术开发有限公司正式落地，这注定是个非同寻常的日子。这一天，毕麦在重庆市主城区的观音桥，第一次亮出了武陵山珍的招牌，正式推出了养生保健美食的概念，中国第一家分餐制、航空式服务、经营野生菌菜系的山珍餐馆——"武陵山珍"正式开业。

开业的盛况，几乎出乎所有人的预料。毕麦的太太罗晓玲回忆说："很火爆，很多人从来没有见过几十种不同的蘑菇和山珍，看稀奇、看热闹、排着队去吃。人太多了，那个大厅完全没法坐下了，二楼原来那个员工宿舍、二楼的办公室或者员工宿舍，都把床搬了出去，腾出地方让客人休息。"毕麦说："我们当时也很紧张，到底重庆人喜不喜欢，到底是什么样的结果，还不清楚。当宴会结束后，我们听到的是一片赞美声，都说这个太好吃了！我们这颗心就落下来了，没想到反响这么好！"

"武陵山珍"一炮走红，毕麦和股东们商量，一鼓作气地开了两家分店，都是火得不得了，最高一天进账三万多。没想到吃惯了麻辣口味的重庆人，也喜欢这个口味清淡的山珍汤。甚至到重庆旅游的老外也非常喜欢，还给这个汤起了一个名字，叫"东方魔汤"。也许是吃惯了"武火锅"的重庆人，对这个宣称是"文火锅"的武陵山珍有点好奇，开业之初，生意火暴。大家都以为它热闹一阵后会归于平静，没想到生意就这样一直"火"了下去了，武陵山珍开业的第二个月就开始赚钱了。

1997年11月18日，武陵山珍两路口店开业；10天后，武陵山珍南坪店开业。

抛开其新颖独特不说，武陵山珍的一举成功还占尽了天时地利人和之优势，是一个谋定而后动的成功。所谓天时，武陵山珍提倡的养生保健概念顺应了时代的发展，满足了已经能够吃饱吃好的人们需要吃"健康"的需求；所谓地利，在全国范围内来看，能够提供大量野生菌的地方不多，而重庆的武陵山区有这样得天独厚的资源；所谓人和，专家团队百折不挠的试验，解决了食用菌烹饪和保鲜的一道道难题，'谋'的作用不可小视。还有武陵山珍这支"特别能吃苦、特别能忍耐、特别能奉献、特别能竞争"四特精神的能打硬仗的队伍，团结一心，艰苦奋斗，迈出了成功的第一步。毕麦制定武陵山珍百年梦想千年品牌发展战略正式启动。

第一次创业宣告失败

天有不测风云，地有不料寒热。实践证明，先行者有先行的机遇，同时也有着先行的风险。商海之中，潮起潮落是常有的现象，但作为企业领导者，作为一个"弄潮儿"，倘若没有精确的构想，没有给自己留下回旋的余地，也许就会大起大落，就像数学里的抛物线一样，一条直线"唰"的直线上去了，到达高点之后你还是无限冲高，抑或又"唰"的下来了。这其中的原因是多方面的，但最关键的还是一个企业的内部素质问题。

短短两年间，重庆市已经掀起了武陵山珍热，并迅速向周边地区扩张，很多大宾馆、大酒店、大餐饮都打着"本店经营武陵山珍"广告，大有不可阻挡之势。一时间，武陵山珍似乎成了野生菌菜的代名词，无论是在星级宾馆，还是在名声响亮的中餐馆，甚至是名不见经传的路边小摊，都能从菜单上找到武陵山珍的踪影。可是，随之而来的事情怎么也没想到：由于餐饮行业技术门槛低，容易被模仿，借着武陵山珍迅速被消费者认可的东风，重庆市区一下子冒出了100多家大大小小打着各种旗号的"武陵山珍"。这些只注重短期利益而打着"山珍"的餐馆，不仅汤的口感和鲜度要比武陵山珍差，菜品质量也无法保证，再加上服务管理跟不上，很快，"武陵山珍"不再是一块金字招牌。消费者对"武陵山珍"的认同也消失了，取而代之的是对"山珍"系列的整体不信任，武陵山珍的名声逐渐走向身败名裂。

屋漏又逢连阴雨。与汹涌澎湃的涨潮相比，滑落式的退潮似乎更可怕，因为没有人知道潮落会落到什么地步。1999年10月8日，武陵山珍观音桥总店因城建拆迁而停业。也就是在这个关口，原来的五六个股东就是否打假及继续投入发生分歧。最后，他们相继拿走了200多万元现金，撤出武陵山珍。武陵山珍遭遇致命的内忧外患，从顶点滑落到谷底，第一次创业中断。武陵山珍的第一次创业，给兄妹俩剩余的是一块变臭了的"武陵山珍公司"和一堆"破烂不堪的东西"，剩下的武陵山珍两路口店只好改名为"土家苗寨"，他把"武陵山珍"这块牌子雪藏起来，等那些假冒的武陵山珍纷纷倒闭之后，让正宗的武陵山珍等待东山再起的机会……

第三章

武陵山珍东山再起

永不言败，走向成功！这是毕麦、王文君兄妹坚定不移的信念。应该说，第一次创业中毕麦因公职在身，多是在幕后出谋划策，妹妹王文君在一线打拼；而再次重新创业，毕麦不得不亲自走到台前，身体力行地与妹妹一起打拼。在探索中的企业家们，常常经历的现实是：要么企业"活"不长，要么企业"长"不大，总想找到捷径，但又总是走上弯路。小企业如何发展壮大，壮大的企业又如何成为"不落的太阳"……这是用几年的时间、几百万资金、王氏兄妹和所有武陵山珍员工的心血和汗水换来的思考。失败后的教训告诉他们：信心比资本更重要，人文环境比物质资源更重要，理性、客观、辨证的思维训练比一轮高过一轮的商机更重要。失败中积蓄了成功的力量，他们信心在胸，目标在前，路在脚下，第二次创业再出发！

坚定信念　重新出发

失败和挫折，也许每个人都会遇到，但有人成功一世，有人一败涂地。

关键是失败者把一次的失败当成了纯粹的失败，在一连串的抱怨声中迎来的是再一次失败；而成功者面临失败时绝不会为失败找借口，而是吸取教训，从自身找原因，在失败中找出解决问题的途径和方法。泰国有位风云人物施利华，曾为一家股票公司经理，呕心沥血为公司赚了几十亿利润，自己也发了财。后来的金融风暴让他一夜之间一无所有，负债前行。他面对这命运的无情捉弄却说："如果没有这次失败，我就没有机会享受从头做起的快乐。"正是这样的心态和思维，成就了他独创"施利华三明治"而东山再起。

毕麦、王文君兄妹也是这样的创业者。从顶点摔到谷底，失败给他们带来惨痛的教训。但他并没有就此放弃，而是暗下决心要"东山再起"。毕麦说任何人、任何事、任何大的阻力都无法改变他去追赶麦当劳的梦，他要用毕生精力把武陵山珍打造成中国人自己的麦当劳，并把自己的名字都改成了"毕麦"，让自己和别人呼叫"毕麦"的同时，也在时刻呼喊着"以毕生精力追赶麦当劳"的誓言！这也是在给他支持、鼓励、关爱的正气场、正磁场、正能量！

毕麦用了两年多时间，闭门检讨失败原因并研究革新企业管理和品牌发展战略。他得出一个结论：打败自己的不是别人，正是自己。因此，首先要自己战胜自己。再次创业，从革新自我开始，从整改企业内部管理做起，从而向着更远大的目标，在新的起点上再出发。2001年初，假冒的武陵山珍们见正宗的武陵山珍都真的倒下失败后，一片恐慌，纷纷倒闭。此时毕麦认为时机已到，武陵山珍死而后生，他开启了第二次创业。他召集负责经营两路口店的妹妹和在广州做生意的弟弟开家庭会，要把武陵山珍招牌在沉寂两年多后再次挂起来。他的想法遭到了大多数人的反对。把已经被人做"臭"了的招牌搬回来，不是自毁前程吗？家人争论不下，员工吵成一团，毕麦推心置腹说出他知道山珍巨大的市场潜力和利润空间的情况，连续开了三天家庭会议，终于说服了众人，得到弟弟妹妹的支持，坚持把"土家苗寨"店铺名字改回"武陵山珍"。2001年2月，在消费者心目中变臭了、已死了的武陵山珍招牌又在重庆市的两路口店重新挂了起来。

为了避免出现第一次创业时准备不足的情况，在筹备再次开店时，毕麦和妹妹决定自己买房开店以降低风险。但由于资金紧张，毕麦不顾家人反对，把自己的房子卖掉了，同时找亲戚朋友借了30多万元，一口气买下龙湖的商铺，将龙湖店作为了武陵山珍的总店。这家店的开业，标志着武陵山珍第二次创业的开始。随后，珠江花园、芳草地和昌龙城市花园等分店也以相同的模式成功开业，他们坚定信念从这个新的出发点重新出发，再一次向前方的目标迈进！

一场厨房的"大革命"

毕麦兄妹意识到，革新自己企业面貌应该是彻底的洗面革新。餐饮店的"心脏"是厨房，顾客的第一需求是菜品质量，革新要从厨房开始。于是，在强调管理的同时，毕麦兄妹领导一线团队又掀起了一场"厨房革命"。

以往一些餐饮企业的厨房往往是承包给厨师长或一个厨师队伍，餐饮企业的命运掌握在厨师手中，而且不利于降低成本。武陵山珍决定从厨师着手，强调培养复合型厨师人才。按照这一理念，武陵山珍的厨师都是多面手，不仅能炒出好菜，还能调制出武陵山珍火锅和制作特色小吃。这样不仅控制了厨师的工资成本，而且减少了不稳定因素，更利于企业健康发展。同时，由于武陵山珍的炒菜多是土家族、苗族的特色菜式，而主营的武陵山珍火锅对厨房的面积要求不大，将厨房的面积牢牢控制在了总面积的15%以下，进一步降低了成本。

降低成本要落实在每个具体细节，武陵山珍店严格抓紧制定标准这一项。设定了每100元营业额的消耗费用上限：招待费用5%、广告费5%、水电费和燃料各2%、外购烟酒费用4%、人员工资10%。每个月盘点决算做成正规的会计报表，确保每月收入、成本、利润真实可信，考核纯利润，开创了中国餐饮成本利润月考核之先河。

企业靠的是标准，是团队。团队从哪里来？团队靠消灭团伙，创建学习型团队，靠团结就是能量，靠企业文化，团队必须要由有使命感的人组成。团队成员不是来打零工的打工仔，打完了就走，没有责任感。毕麦规定，武陵山珍一开始就不叫老板，不叫打工仔，叫家人。毕麦说，我们中国是家文化，我们有作家、企业家，胸中有国家，眼中有大家，要经营好自家。我们对员工非常尊重，我们的员工收入是最好的，住宿条件是最好的，生活条件是最好的。我们不瞒他们，我们没有秘密，我们赚多少大家都知道，员工可以提成，管理人员有股份，共享共赢，共同致富。我的店我不签一张发票，我只监督、检查、训练团队，监督是不是按我们的标准来做的，是不是在正道上的精英团队。

谈到创新，毕麦说他们走的就是一条创新的路。他坚定而自豪地说道，改员工为家人、服务员为养生顾问，把后厨的杂工、炉工、厨师升级为养生技工、养生技师、高级养生技师，特别是对后厨的革新，对全世界都是一个创新。习惯的做法是把命运交给厨师，我们一开始就不把命运交给厨师，厨师走了没关系。我们的工作程序很科学也很简单，我们是按流水线来生产的，流水线是不能随意改变的。我们改变了中国餐饮没有团队只有团伙的弊端，改变了一个餐饮厨师长说了算的状况，把遥控板掌控在厨师长手里变为掌控在团队手里，掌握在我们管理者的手里。我们把复杂的东西简单化了，走出了一条新路子。

吃一堑，长一智。二次创业的启动，明确宣示：发动机永远在自己身上，内部的驱动力才是真正的前进动力和核心竞争力。

巨资培训企业团队

与很多企业老板不同，毕麦希望他能够培养出一批企业家，而不是打工者。他称，武陵山珍拿出上百万资金，送企业的高管到清华、北大等高校进行培训学习，参加全国多种专业课程学习训练，请大师、名师到企业授课。

"先付出，后回报。"这才是一个真正有社会责任感的企业家的本色。毕麦将这个思想贯穿在其企业管理之中，也赢得了员工的信任。他说："我店的营业额对每个员工都是公开的，没有老板和打工仔这样的区分。"

因此，毕麦将其员工都当成了家庭成员，在招收员工时没有文凭这个关卡。他说："我的员工不仅要学会工作，还要学会学习。"因此，他每年要出巨资送员工走出到全国各地以及日本、欧美等国家考察学习，请专家来企业内训，等等，培养管理团队和员工团队。他的目的是要在员工中造就一批百万富翁，培养一个企业家的团队。

把员工当做自己的家庭成员，并非流露在口头上的话，而是实实在在地落到了实处。毕麦介绍，由于物价不断上涨，他对旗下的中高管及普通员工工资也分期进行了上调。在武陵山珍，很少有员工被开除。毕麦认为，没有人不犯错，伟人也不例外，重要的是要培养和改变他，让员工在企业中感觉踏实，有在家的感受，把员工当家人、亲人，营造一家人一家亲的和谐大家庭。

毕麦感慨称:"员工才是企业创造价值的核心力量,并不是老板。一个真正的企业家不仅要会用人,还要会培养人、改变他们的人生。"第一次创业失败的教训使他深刻认识到:企业的竞争力说到底是人才竞争问题,关键是要为人才的健康成长营造一个宽松的环境,使英雄有用武之地。要做到敢用有胆识的人,敢招有德行、有本事的人,树立"不求其全、但求其贤"的思想,建立起高效运行的人才机制。武陵山珍视每个员工为人才,人人都是企业的人才,让新员工"人材"通过学习训练变成每个岗位的"人才",成长为企业的"人财"宝库。

餐饮管理十大规则

中国有句古训:"打铁先要自身硬。"引申到企业来说,企业要想发展,必先备好自身坚强的实力。自身实力,不外乎资本、经营理念、管理制度、员工素质等。毕麦意识到,对于餐饮企业来说,任何新奇的菜品都是可以抄袭模仿的,只有服务和文化抄不走。为此,武陵山珍开始强调企业内部的规范管理。第一步就是理顺了企业内部的管理结构,在总裁的直接领导下设立了武陵山珍研究所,专门从事武陵山珍养生保健方面的研究;与此同时,他们认真制定武陵山珍管理制度,提出了一整套管理原则,定名为"1234567890企业管理十大规则"。即:

1.一个中心:以经济效益为中心。

2.两个基本点:发展是硬道理,赚钱是硬指标;有情沟通,无情管理,谋事不谋人。

3.三考、三部曲、三精、三级沟通:三考即考试、考评、考核;三部曲即一品东方魔汤、二品山珍酒、三品野生菌菜；三精即精神、精英、精品；三级沟通即服务员、管理人员、总经理必须与顾客现场沟通。

4.四化、四面向、四特精神：四化即制度化、规范化、数据化、科学化；四面向即面向有权的、有钱的、有关系的、有消费能力的；四特精神即特别能吃苦、特别能忍耐、特别能奉献、特别能竞争。

5.五大理念：为人类健康奉献养生美食的企业理念；不求最大但求最好的投资理念；事业留人、感情留人、待遇留人的人才理念；千错万错都是我的错、上帝永远都是正确的服务理念；管理围着员工转、菜品围着顾客转、效益围着市场转的经营理念。

6.六比：比团结、比学习、比业务、比服务、比奉献、比效益。

7.七大意识：发展、创新、品牌、改革、超前、精品、发动机意识。

8.八大优势：品牌、技术、管理、物配、投资、人才、文化、服务优势；八字方针：兴趣、信心、信任、信誉。

9.九步曲：朝会、班前会、周会、培训会、总结会、日记、周记、沟通、宣传。

朝会：在酒店大门口前朗诵武陵山珍专用语，唱《武陵山珍员工之歌》，总结昨天，部署今天，公布奖惩扣分情况、个人业绩数据。

班前会：在酒店大门口前，朗诵武陵山珍专用语，唱《武陵山珍员工之歌》，班前动员、检查、安排、布置工作。

员工日记：每日撰写日记，记载自己工作、学习和生活等各方面的得失、体会，鼓励员工通过这个平台发泄心中的不快甚至不满，下班前交主管或经理阅读，进行书面沟通。

周会：每周一次员工会，学习交流经验，总结一周工作，计划下周工作或开展有益健康的活动。

培训会： 每周定期或不定期进行业务技能、服务规范、礼仪和规章制度等方面的培训。

总结会： 每月末召开综合考核总结会，公布奖惩结果，部署下月工作。

沟通： 酒店领导、管理人员和员工之间进行双向沟通。

谈话： 建立管理人员经常与员工交心谈话制度，会上留面子、点问题、谈现象，会后单独谈话，"刮胡子"、指问题、找缺点，真心帮助教育，真诚育人待人。

定岗轮岗换岗： 连锁店必须会计、出纳分设，其中会计可兼职；后勤采买实行三个月轮岗，接受监督；管理人员（领班、实习领班）进行轮岗锻炼。

10.○：地球是一个圆： 追赶麦当劳、百年超越的梦想是一个圆满的结果，是为地球村村民奉献武陵山珍，实现立足重庆、面向全国、走向世界的战略目标，铸造千年品牌。

第一次创业失败的教训表明，将失败的原因归咎于外部环境是没有认识到核心问题，核心原因是管理方式上采用的是被动随机式的。应该将这个核心动力真正变为自己的主动行为，排除一切外部的干扰，制订自己企业内部规范化操作的规章，才能引领企业沿着正确的轨道前行。

创新经营管理模式

武陵山珍要发展，要走向全国走向全世界，需要有战略的卓识，需要有国家战略、全球战略。毕麦在精心研读世界快餐饮食帝国——麦当劳的发展史，得到了有益的启示。麦当劳真正的缔造者克洛克对快餐店的理解，那就是重视品质、服务、卫生和经济实惠。他创建了一套极其严格的经营制度，这就是著名的以QSCV（Quality——汉堡包质优味美、营养全面；Service——服务快速敏捷、热情周到；Cleanness——店堂清洁卫生、环境宜人；Value——价格合理、优质方便）为核心的统一经营系统，经营的方式是特许加盟。毕麦决定学习麦当劳的经营理念和经营方式，是结合中国实情创造性的仿效，并非克隆式的复制。

为了实现以餐饮为龙头带动整个野生菌产业链开发的目标，毕麦选择了一条快速扩展的道路——连锁加盟。2003年10月1日，为了进一步推动连锁加盟的发展，在武陵山珍连锁实践的基础上，重新规划了武陵山珍的连锁加盟方式。

特许加盟型：按县级、地级、省级三级划分，合作期限三年，每级根据营业面积大小分为A、B、C，收取相应的特许加盟费；

股份合作型：公司以无形资产入股，占股不低于51%，加盟方出资金负责店面装修、设备、设施和原料周转保证金等，占49%股份；

简便型：合作期间公司按加盟店每月营业额10%收取加盟费；

片区买断型：根据加盟方所提出的独家买断的合作区域，经过专家评估后，双方协商确定市场买断价。

从投资者的角度看，武陵山珍以系列野生菌菜为突破口，倡导了一种新的餐饮方式和理念，能够吸引消费者，而且与其他餐饮项目相比，投资相对较小，每投资100平方米店面的武陵山珍仅需要10万元资金，在一定程度上降低了投资者的风险。为了帮助加盟商降低风险，武陵山珍要求严格执行"三自一包"，即自己购买装修材料，自己聘请工人装修，投资者自己监督施工；选房、租房、装修、购物、筹备开业一包到底。

武陵山珍要求投资者赴总部学习30天，全面接受公司的管理和服务理念，并在公司所辖的直营店进行为期一周的上岗实习，只有通过公司的考核，加盟者才能开店营业。为了保证连锁加盟这种快速扩张形式的稳定性，武陵山珍专门建设了三个平台：一是网站；二是武陵山珍报纸；三是酒店管理中心。

毕麦把麦当劳列入自己的榜样与竞争对手，他总结麦当劳的四大特征分别为："效率，可计量性，可预测性和技术控制。"武陵山珍有自己的优势即"创新优势、养生优势、文化优势"，但却缺少关键词——标准化。此后，毕麦研究在控制原产基地的同时，对绿王公司进行流程再造，并将连锁经营汇编成书，为标准化的加盟扫清了障碍。此外，在营销重点上也确立了战略定位：以绿王食品做国内市场，以东方魔汤养生煲开拓海外市场，双管齐下开始全球营销。很快，武陵山珍全国直营店20家、连锁店已达100多家，掀起了全国性的第二次"山珍热"，又先后荣获了"世界优秀养生保健科技成果奖"、"国际美食质量金奖"、"全国餐饮连锁优秀品牌企业"、"全国百强餐饮企业"、"国际养生保健产品金奖"等含金量极高的荣誉，奠定了武陵山珍的市场地位。

第四章

武陵山珍维权战争

企业也不可避免成长中的烦恼，中国企业行走中最大的烦恼便是知识产权保护和打假维权。打假维权是维护企业和消费者合法权益的一种重要手段，也是提升企业知名度的一项重要举措。

如何依法抵御侵犯企业知识产权的不正当竞争行为，保护知名品牌的市场竞争力，创造公平竞争的交易环境、诚实守信的经营环境？这是企业发展新形势下，武陵山珍面临的新挑战。

成渝两地的商标争夺战

1997年4月，创立了重庆武陵山珍。随着第二次创业的管理模式和经营模式的革新，很快在重庆、四川等地陆续开起多家打着"武陵山珍"招牌的连锁店。

2003年，成都人吴成发从攀枝花某商贸公司购买到文字为"武陵煨珍煲"商标。当年9月27日，吴向工商总局递交了43类（餐饮）"武陵山珍"商标的注册申请。2005年，吴成发注册的"武陵山珍"商标通过初审，并进入了公示阶段。业内人士透露，吴成发先拥有"武陵煨珍煲"商标，再注册"武陵山珍"商标，正是通过这一曲线道路，才使"武陵山珍"商标进入公告期。

消息传到重庆，重庆武陵山珍的负责人颇感无奈，表示"重庆武陵山珍先于成都开设数年，如果让成都吴成发申请获得通过，反成了侵权者，实在难以想象"。据悉，重庆武陵山珍公司正准备通过法律手段进行反击。如果成都企业获得武陵山珍商标专有权，重庆武陵山珍很可能面临被摘牌的危险，而重庆方面多年来为品牌建设付出的人力、财力将只是为他人作嫁衣裳。西南商标事务所副所长陈晓葵表示说："申请一个商标只需2000元左右，撬动的却是百万、千万甚至上亿的投入。"于是，重庆武陵山珍紧急安排其办公室主任到解放碑一所商标事务所，办理委托手续，并提出异议，以阻止成都方面的注册申请。一场商标争夺战就这样开始了。重庆方面市人大、市政府等相关部门全力支持武陵山珍商标维权，重庆市工商局领导更是高度重视，多次上北京向国家工商总局、商标局汇报，参与武陵山珍商标维权战，保护保卫这个来之不易的商标、商号和品牌企业。

令人想不到的是，打这种官司却如"蜀道难，难于上青天！"经过四年多的时间，耗资200多万，这场争夺战打得反反复复、扑朔迷离，最终才赢得商标局下发《"武陵山珍"商标异议裁决书》，裁决重庆武陵山珍提供的证据可证明"武陵山珍"使用在先，且经广泛宣传已具一定知名度，对成都人吴某"抢注"的"武陵山珍"商标不予核准注册。武陵山珍避免了一场灭顶之灾！

如今，"武陵山珍"牌匾稳稳当当地挂在武陵山珍公司和所有直营店、加盟店的墙上，一进门就看得见，毕麦要的就是这个感觉。"争了四年多，总算是保住了'武陵山珍'这块牌子！"重庆武陵山珍技术开发有限公司董事长毕麦说，"我们争的不仅是商标，争的还是关乎企业发展与存活的生存权。"他总结道：如果公司法律保护意识强，把新《商标法》吃透，就不会吃这个亏。在这场商标保卫战中，公司上上下下的法律意识都进一步增强，为以防万一，公司还申请注册了第43类"东方魔汤"商标，在公司近200家门店装饰和宣传上，"武陵山珍"与"东方魔汤"也同时出现。

经历"武陵山珍"商标争夺战后，毕麦常常现身说法。他用"武陵山珍"商标争夺战的经历来告诉企业家朋友们，发展企业，不仅要做好生意，更要重视法律，对企业经营时要用到的法律，一定要认真学习并运用，通过法律来维护企业的合法权益，避免市场中的不正当竞争。但是，武陵山珍集团要清理全国大量假冒的武陵山珍还是一场十分艰难、持久的维权战争！

河南打假品牌维权战

"盟友"讨说法牵出"李鬼"

随着重庆武陵山珍连锁加盟经营模式的展开，不少外省商企纷纷来电来函索取加盟资料，咨询入盟的相关细节和条件。一时间，武陵山珍以其惊人之势在全国各省、市开办连锁店达百家。但据2006年年底统计，武陵山珍在河南市场的加盟等于零。工作人员在网上回复网友咨询时，一条网友留言引起了他们的重视。该网友表示，自己是河南的一名餐企老板，对武陵山珍非常感兴趣，并通过网络索取了相关加盟资料，本欲加盟武陵山珍旗下，却在日前意外发现公司不讲诚信，其做法与合约背道而驰——公司为了追求自身的经济利益，在较近范围内竟然连开几家加盟店，使盟友利益完全无法得到保障……

工作人员当即将这一反馈信息向公司高层做了汇报，有关负责人立即查询了详细资料。资料显示，公司在河南只设了两家加盟店。网友的信息是否属实，还是另藏内情？公司立即做出了赴河南捉"李鬼"的决定。

"钦差"赴河南活捉"李鬼"

2006年年底，当武陵山珍公司执行董事、酒店管理中心总经理王战风带着一队打假高手赶到有人反映的"盟店"时，不由得大吃一惊：该"盟店"除挂名为"武陵源山珍"外，店堂内悬挂的有关证书、获奖牌匾以及国内外餐饮协会授予的牌匾都是武陵山珍的牌子。更让打假人员惊异的是，在挂满奖牌的店堂正中墙面上竟赫然悬挂着武陵山珍董事长毕麦的大幅照片。

这绝对是个"李鬼"店！打假队立刻返渝向总部做了详细汇报。2007年5月，由王战风领队的"钦差"再次赶赴河南调查取证。通过一个多月的暗访，"钦差"们被"李鬼"明目张胆的嚣张气焰所震惊：他们发现除了河南郑州"李鬼店"外，在河南的商丘、永城、夏邑、巩义等5个城市都开有武陵山珍"李鬼店"，这些店都盗用了武陵山珍的牌子，大至店面装修、获奖牌匾、图片、公司介绍，小至餐巾纸袋的包装、订餐卡的图像设计，无一不是武陵山珍的"克隆版"。他们伪造了有关印章和国家发放给武陵山珍的获奖匾牌，打着在重庆根本不存在的"重庆武陵源山珍经济技术开发公司"的旗号，自结联盟、伪证经营。打假队找当地公证处依法对证据进行了逐一公证。

令王战风一行感到痛心的是，这些"李鬼店"除了套用公司的"空壳子"外，里面的"内容"几乎全部走味——菜品找不到武陵山珍的味道，被誉为"东方魔汤"的野生菌汤，色味全无。"这分明是在欺骗广大消费者，砸我们公司的牌子嘛！"王战风愤愤地说。更令他寒心的是，在多方调查和取证后，查出这一"李鬼店"的"主人"不是别人，竟是公司一手栽培、扶植的第一家河南武陵山珍商丘加盟店的加盟商卢学慎和袁卫东。

"李鬼"反诉合同无效

法重如山。武陵山珍依法将"李鬼"告上法庭。法庭上，卢学慎在答辩后，还反诉请求法院判定当初与武陵山珍签订的加盟合同无效。其提出的理由是合同第一条规定，武陵山珍将店名、招牌、商标等包括专有技术转让给他，但又发现武陵山珍没有"武陵山珍"商标。因此，卢学慎认为当初签订的加盟合同是无效合同。对此，重庆武陵山珍答辩称，当初签订的是特许经营连锁合同，不是商标转让合同，双方签订合同的目的是连锁经营，不存在商标转让。该合同是双方真实意思的表示，不违反法律规定。

总部拒"招安"让违约者自食苦果

2007年9月，王战风再赴河南，与商丘加盟店店主卢学慎和袁卫东在将军宾馆204房间进行了面谈。当律师把大量证据和图片摆在两名加盟商面前时，卢学慎和袁卫东终于低下了头，承认自己为省下加盟费制假造假重庆武陵山珍垄断河南市场，在没有重庆武陵山珍授权的情况下，私自开设了3家分店及2家加盟店，造成了重庆武陵山珍公司在河南市场的巨大损失。原来，2003年，河南省商丘市餐饮老板卢学慎和袁卫东看好武陵山珍的餐饮市场，从河南赶到重庆申请了武陵山珍在河南商丘的加盟店。双方约定，受许方只能在商丘市梁园区域内开设加盟店，不得擅自开办另外的分店和连锁店。没想到，加盟店在商丘开张后生意逐渐火爆，每日食客不断。为了省下不菲的加盟费、不受总部"管辖"并赚取更多的经济利益，两人决定盗用"武陵山珍"的名义在河南开分店。于是，两人通过制假证者刻制了在重庆根本不存在的"重庆武陵源山珍经济技术开发公司"的印章，将武陵山珍所有的工商、税务执照和各种获奖证书等全部复制。随后，两人又打着"武陵山珍"的旗号，在商丘、夏邑等地寻找加盟商，收取高额加盟费。

眼见事态败露，卢学慎和袁卫东以"为武陵山珍赚取更多的经济利益"为条件，向武陵山珍提出了"招安"的要求，请求总部接受自己组织的"杂牌军"，使其成为武陵山珍名下的"正统军"，补交加盟费及相关管理费。这一请求遭到了武陵山珍公司董事长毕麦的严词拒绝。毕麦表示，武陵山珍欢迎商企从正规、合法渠道加盟，对违反合约、不讲诚信、破坏公司名誉的非法侵权者将采取法律的手段维权，使其受到应有的法律制裁！为此，武陵山珍先后向5家"李鬼店"发出律师函，要求停止侵权行为，赔偿所造成的经济损失，并将一纸状书呈上了河南省商丘市中级人民法院，向违约、侵权者卢学慎和袁卫东提出了索赔300万元的巨额诉讼。

看不见硝烟的持久战

商场如战场。商场上有无数只看不见的手在点燃着看不见的硝烟，造假、侵权、骗术……都是中国企业发展中的灾难。谁看不清这一点，谁就将灾难临头。

毕麦说："对于这些假冒者，我们必须要拿起法律武器，打得他们倾家荡产。"毕麦和他的团队清醒地认识到，维权打假有多难！难的是法律缺失，在中国有关权益保护的法律很不完善，有的规定模糊不清、弹性极大，一旦被侵权要承担大量的举证责任和维权成本，打赢了官司赔了钱的案例比比皆是；难的是司法环境不尽如人意，难的是如今侵权人太普遍，侵了别人的权还理直气壮，似乎一个小偷在跟大家说："我偷东西是因为别人没放好，我拿来用用很正常，大家不都这么干吗！"……纵有千难万难，毕麦打假维权的决心没有动摇，打假维权的举动不会停止。因此，他们决定拿出200万元经费，联合重庆名牌饮食企业，抱团外出打假。

重庆市餐饮商会表示，随着重庆餐饮企业在全国的名声越来越大，一些外地的不法分子看似在"傍"重庆餐饮这块金字招牌，做出违背法律的事情层出不穷，我们不能置若罔闻。市工商联（总商会）副会长向远道表示，市工商联将尽一切可能支持重庆餐饮企业外出维权打假。毕麦和他的团队更加坚定了信心。为了保障武陵山珍的生存和发展，他们这支"特别能战斗的队伍"，就是要在这看不见的硝烟里打一场持久战，不获全胜，决不收兵！

第五章

中国创新"三级跳"

　　国际社会一致公认中国企业缺乏创新意识。改革开放三十多年，中国经济几乎是模仿型经济，中国企业发展最大的瓶颈、障碍是缺少创新、缺乏竞争和市场优势。中国企业发展的动力在哪里？中国企业发展中的动力是创新。不可否认，企业的发展需要相对稳定的经营流程和高效有序的生产模式，但切不可固化流程。一个开放发展的企业，在市场速变、技术速变引发的环境速变之中，就必须对运行的流程进行调理、重构、创新，只用一个固化的模式到头来会是油尽灯灭，只有不断变革才能不断加速，企业才能不断前进。

　　武陵山珍养生王国的缔造者——毕麦，是一个站得高、看得远、不因循守旧、不折不扣、不断创新的人。他领导武陵山珍"跳出餐饮做山珍"、"跳出山珍做养生"、"跳出养生做全球"这样跨越式的"三级跳"，是在他三个里程碑式的理念指导下的三次飞跃。

跳出餐饮做山珍

在中国几千年文化中，吃山珍海味一直是象征富贵的代名词。山珍在海味前面，海味已普遍登上大众餐桌，而山珍依然如此神秘，山珍到底在哪里？是什么？什么时候才能登上城市人的餐桌成为美味佳肴……

起初，毕麦兄妹开饮食店，也不过是为了客人吃饱吃好，这是大家都能做的。他发现被日本人视为"国宝"的蘑菇乃是武陵山区的土特产，有防癌、防辐射等养生特效，便主打以蘑菇为主的山珍菜，为小蘑菇找到了大市场，也掀起了中国餐饮界的"山珍热"，实现了"跳出餐饮做山珍"的第一次跳跃。

说起这第一跳，也并非一帆风顺。有过第一次创业失败的亲身感受，妹妹王文君和诸多员工都觉得今天能赢利并在平稳发展，局面实在来之不易，应该巩固现有的经营范围。可是哥哥毕麦却并不认同。他说做餐饮是人人都能做的，我们不能跟着别人跑，我们要做别人不能做到的事。有记者这样形容他："不走寻常路。在别人都没有意识到武陵山珍是一块宝的时候，他意识到了，也把他的意识变成了现实。在别人都来抢这块蛋糕的时候，当千军万马来挤独木桥的时候，他退出了，他把经营多年的武陵山珍改为土家苗寨。这似乎是一种放弃，而实际上是一种以退为进的策略。结果，千军万马从独木桥上摔下去了，没有人敢过独木桥了，他又将土家苗寨改回武陵山珍，这时候毕麦却走在独木桥上。"

毕麦就是这样的性格！他以理论与实践说服妹妹和员工：原来西方人眼中，中国虽有美食之都的美誉，有名冠全球的招牌菜系，有业界津津乐道的美味小吃……但餐饮业却始终难觅称霸世界的餐饮企业。2008年，美国排名前50位的餐饮企业营业额即占全部营业额的20%，而中国餐饮业零售额1.8万亿元的总量看，却仅营业额的2%，中国餐饮企业的规模问题，成为结构性问题的核心。说穿了，中国有极其丰富的饮食资源，就是缺少很有特色的品牌。人们自古称道吃"山珍海味"，我们靠山不靠海，有的是山珍，山珍不仅是美食，有很多是中药，做成菜肴便是药膳。我们应该主打"山珍"。

接着，毕麦发现武陵山区的山珍资源有"百宝"亟待开发利用，其中能食用的菌类如松茸、竹荪、野生香菇、青杠菌等都有极高的养生价值。他亲尝百菌，又请专家、教授反复研制，终于制成了集数十种野生菌精华的"东方魔汤"，并自成一派，以菌类菜为主，形成了中国第九大菜系——中国野生菌菜系，同时也开始了人类食物除植物类、动物类外的第三大类——菌类养生食物时代。

跳出山珍做养生

在做山珍菜肴的过程中，毕麦一刻也没有停止对山珍野生菌类的研究和宣导。仅以蘑菇为例：蘑菇属于菌类，含有丰富的蛋白质，可消化率达70%~90%，素有"植物肉"之称。蘑菇不仅营养丰富，味道鲜美，富含人体必需的赖氨酸等，还含有丰富的矿质元素，例如蘑菇富含的微量元素硒，可使血中谷胱甘肽过氧化酶的活性增强，防止过氧化物损害机体，提高身体免疫力。蘑菇所含的大量植物纤维，具有防止便秘、促进排毒、预防糖尿病及大肠癌、降低胆固醇含量的作用，而且它又属于低热量食品，可以防止发胖。它还是一种较好的减肥美容食品。美国等西方发达国家的科学家一致公认：

蘑菇是自然界中最完美的食物，它不仅拥有肉类、蔬菜类中的各种营养成分，而且具有多种水果中的营养品质。

蘑菇中的维生素D含量比大豆高20倍，是海带的8倍。而维生素D能帮助人体吸收钙，有益于骨骼的健康。维生素D的天然来源不多，其中牛奶和某些鱼类含有维生素D，所以蘑菇无疑是天然食物中维生素D的重要来源之一。人们在补钙的同时，增加维生素D的摄入能促进钙的吸收利用，因此，蘑菇带来的大量维生素D无疑是一个上佳的选择。科学地食用味美多汁的蘑菇有益于骨骼健康。科学家研究表明：蘑菇中含有人体所需丰富的生物钙，比动物钙更强大。

现代人所追求的健康饮食方式和绿色、健康、原生态的食品越发受到人们的喜爱。蘑菇既是绿色食品，又是极具营养价值的，必定会成为人们餐桌上一道重要的美食，中国餐饮将会迎来蘑菇菌类时代。

毕麦体会到，菌类食品是新兴的、独特的、具有强盛生命力和神奇保健功效的健康养生食品，他的产业重心又转向做"地球人的美食"——绿王养生食品。2005年10月，重庆市武陵山珍绿王食品开发有限公司正式挂牌，这是一家集生产加工、经销批发的私营独资企业，该公司专门从事食用菌加工生产、深度开发，并提供优质、健康、营养的绿王食品。公司经国家相关部门批准注册成立并拥有生产基地近万亩，有现代化加工厂、专卖店和完善规范的运行机制，以雄厚的实力、合理的价格、优良的服务与多家企业建立了长期的合作关系。

武陵山珍绿王食品是在武陵山珍日臻成熟、做大、做强、做精、做特之时应运而生的。她具有浓郁的民族特色，是以生产纯天然绿色、健康、养生的食用菌类、野生菜等食品为主的绿色森林食品龙头企业。武陵山珍绿王食品以为人类健康奉献森林美食为企业理念，以打造中国绿色食品之王和中国绿色食品王国为终极目标，以生产绿色、健康、安全、养生保健食品为宗旨，以武陵山珍皇帝宴、家庭宴、家宴煲、养生煲、山珍月饼、养生哥们等养生系列礼品为特色，以"立足重庆、面向全国、走向世界"为发展战略，做人类的养生保健专家，为地球村村民提供真诚、周到的服务！

武陵山珍依靠养生保健的野生菌菜和东方魔汤、东方魔酒、东方魔饮、东方魔水、东方魔宴等系列绿色食品，为地球人送来了最喜爱、最珍贵、最具吸引力的森林美食！同时，也实现了"跳出山珍做养生"的第二次跳跃。

跳出养生做全球

后来，毕麦进一步认识到：山珍也好，养生也好，其实质还是一种文化、一种养生文化。几千年来，中国养生文化一直被神秘化、政治化、贵族化，高高在上而无法落地、生根、开花、结果。文化不仅仅停留在"文"上，关键是要"化"，只有"化"了养生文化受精了才有生命力，才能服务全人类、造福全世界。养生并不只是"养身"，而是"养身"和"养心"的结合。养心是精神层面的、文化层面的。营养美味，吃得再好，心情不好，心态不好，百病照例侵入；心态好、有积极的意念和健康的观念就能改变人体内的水分子结构（科学测试：人体内70%~90%以上的细胞都是水分子组成的细胞），亦能抵御病菌侵害。因此，比较养身而言，养心才是更高的层次、文化的层次。毕麦开始了全方位地注入文化元素的举动，就是让养生文化落地生根开花结果为养生产业。

毕麦的第一个举动：开办了中国第一家养生会馆。继1994年东渡日本萌发独创武陵山珍、开始研究中华养生及1997年发明创造地球人美食东方魔汤武陵山珍养生新菜系和品牌后，又于2009年率先在南山创立6000多平方米的中国养生会馆，成为健康重庆的示范工程之一。毕麦以这个综合性的会馆为示范平台，传播他研究的养生八疗法：食疗、话疗、药疗、火疗、针疗、足疗、水疗、体疗；实施健康重庆每天养生五个一工程：一荤、一素、一菇、一奶、一笑；打造中华养生产业，探索中国养生经济，弘扬中华养生文化。

毕麦的第二个举动：南山结拜三兄弟，火锅节上显身手。古有桃园三结义，今有南山三兄弟，这是当今重庆企业界传出的一段佳话。面对重庆市将南山作为养生示范工程并聚集几十家甚至上百家饮食业同行的局面，毕麦一甩"同行是对头、是对手"的陈腐概念，他要改"对头、对手"为兄弟朋友，便主动登门拜访被称为"重庆火锅三巨头"的另外二位老板。三人谈得机缘意合，真乃"英雄所见略同"。于是，便约定在2009年9月9日9时整，在南山正式举行了结拜兄弟的仪式，同声宣誓：同心同德，互相帮助，取长补短，抱团发展！

2009年11月3日在重庆举办的火锅节上，有五十多个老板参加的"老板炒料"的抽签中，这三兄弟竟然抽到了连续的"34"、"35"和"36"号，让他们连称"三兄弟抱团"绝对是"缘分的安排"。"武陵山珍"的毕麦、"巴将军"的王人庆以及"奇火锅"的余勇三兄弟在这一天抱团打造的"百米养生宴"上，"绿色养生武陵山珍"、"黑色食品巴将军"和"红色奇火锅"像三首悠扬的歌曲缓缓流出，滋润着市民的心田。毕麦打出的第一张牌就是阐述养生理念，让与会者别开生面地了解"养生文化"的精髓外，还目睹了"寿比南山大型民族歌舞文艺会演"。随着夜幕的降临，文艺会演拉开序幕，十多位身着苗家和土家族服装的演员在台上尽情放歌，快乐跳舞，展示了一番身心愉悦的"养心"文化境界。

"巴将军"的老总王人庆给人留下了深刻的印象。他在把"微笑服务"

诠释的同时，还亲自教市民配料，受到了大家的好评。在第一天的"百米养生宴"展示上，王人庆丝毫没有一点老总的架子，和员工们一起为消费者跑这跑那。如果不是身边人提醒，很多人都不知道他是颇有身份的"王董事长"。对于自己的举动，王总表示是"抱团参加"的动力，"实际上我的老家江浙一带早有这个创意，人家采用了这种形式把一个小小的打火机做成了世界第一，而我们现在也可以复制这一切，把'养生经济'做到全世界的各个角落。"他说，"我的'黑色食品'在本次火锅节上受到了大家的欢迎，从这个发展态势来看，明年我在璧山的1万亩黑色食品种植基地就有了派场。"

"奇火锅"因为"奇"引来了无数市民的"围观"。"奇火锅"老总余勇对于自己"吃了不上火火锅"的核心技术毫不保留。他向大家传授："火锅是重庆的特色经济，红色的火锅才能改变命运和生命质量，"余勇越说越来劲，"'中国红，火锅红'我们要用火锅迎接客人，也要用火锅送走客人！"在他看来，火锅绝对具有"养生文化"的内涵，"他是水作底料，上面放油，这是最环保的，也是最干净的！"余勇表示，自己炒的料要拿回去好好保存起来，"我要去买个大大的冰箱把料放在里面，然后放在'全球火锅之都'的博物馆里，让所有来这里吃火锅的人都知道，火锅是最伟大的烹饪方式！"

这三兄弟的精彩演示，都是毕麦导演的一幕一幕的重头戏。

毕麦的第三个举动：打造"寿比南山养生经济生态园区"。毕麦深知，打造养生生态园区是个浩大的工程，要靠政府的力量、企业的力量、广大民众的力量的合力，方可逐步推进。美国社会学家爱默森说过："一个人是一捆关系，一群人是一团根蒂，他们开出来的花，结出来的果实，就是这个世界。"道出了"只有把点点星光汇聚在一起才能形成灿烂星空"的道理。毕麦深谙其理，于2009年9月倡导并领头成立了重庆市中小企业发展研究会，继而提出具体构想和六点建议，决心团结一切可以团结的力量，调动社会各界人士的积极性，来推动这个中国美食之都形象示范工程的实施。

毕麦的"三级跳"是他在养生理念上的三次飞跃。他的企业服务对象由大众食客而至中高档人群，而他的理念却由吃饭至养生再至全球。养生理念的引领，将会使他们的武陵山珍团队，借助文化力量之帆，飞得更高，走得更快。其实武陵山珍弘扬的养生文化、打造的养生产业、探索的养生经济是一个样板和模式，虽然是养生产业、养生经济的星星之火，但它揭示的是当今世界环境污染、地球家园被人为严重破坏、食品越来越不安全、各种疾病及自然灾害报复人类的方式与手段越来越多的现状。低碳经济是西方强国制定的游戏规则，是"输血型经济"、"防守型经济"，不能从根本和源头解决问题、化解危机。毕麦的学习、研究、探索、实践证明：只有中国的养生文化、养生产业、养生经济才能阻止人类为了追求金钱财富而丧失道德底线，阻止疯狂透支地球资源、透支自身健康生命、透支未来，用"造血型经济"、"进攻型经济"、"养生经济"替代低碳经济，让全世界全人类逐渐清楚明白保护宇宙、地球的意义，给予地球人这个生命共同体，不靠神仙皇帝，而靠我们人类自己具有养生文化的理念、养生产业的行为、养生经济的结果。地球人只有自身觉悟、醒悟、开悟后才能保卫好地球家园，宇宙、地球、自然界万物的生命共同体才能保障人类健康的生命青春常在。

第六章

养生文化新概念

文化，这个连没有文化的人都经常挂在嘴上的词，其涵盖的内容实在太广。广义地说，文化是指人类在社会历史发展过程中所创造的物质和精神财富的总和。狭义地讲，文化专指某种不同的文化形式。不论何种形式的文化，其实质是万变不离其宗。"文化元素亦如血液溶于各个整体与个体的体内"、"富而思进，富而崇文"、"文化要作为战略来促进经济繁荣、社会文明"，整个世界和中国，文人很多，争拿文凭的太多，真正有文化的人却太少。能够将自己"化"掉溶化他人、影响大众、造福人类的文化人更是少之甚少！这些都是毕麦对文化理念、作用、战略的最新认知。毕麦结合武陵山珍养生产业的实践，也由此形成了养生文化的新概念。

美国比尔·盖茨有句名言："愚者赚今天，智者赚明天。""明"字，日月同辉；"文明"，文化的明天。明天，旭日冉冉升起，明天更文明更美好。养生文化，有着赚明天的实力与魅力！

定位养生文化

中华传统文化，是源远流长的母亲河，你从河中提水一桶两桶她不嫌少，千桶万桶也不嫌多。她就是这样默默地孕育着生生万物，哺育着子子孙孙。养生文化是这条母亲大河的支流，一样有着母亲般的胸襟，滋养着人类一代一代生生息息的生命。究竟什么是养生文化？在毕麦的心目中，中国传统文化里大多都有养生文化的精华，周易玄学、中华医学、中华武术、中国料理、茶道、道教……无不都在指导着人的生命的健康；还有各地各民族的地域文化，也都有着浓郁的健身养神的特色；现代饮食文化，更是日益明显地增添诸多赏心悦目、可口保健的元素。因此可以说，传统文化、地域文化、现代饮食文化在"养生"这一层面上的融贯结合，就形成了以"养生"为最终宗旨的养生文化。毕麦兄妹自从1995年春天起步涉足武陵山珍餐饮业，其间几经大起大落，从艰辛曲折的实践中亲身体味到养生文化的精髓，坚定了养生文化发展的方向。他们经历了"跳出餐饮做山珍"、"跳出山珍做养生"、"跳出养生做全球"这样跨越式的"三级跳"，实现了理念上的三次飞跃式的更新，才开启了造福全人类的生命系统工程。

1994年日本归来，毕麦构想出将中国养生文化升级发展养生产业战略。2002年，毕麦在全国率先提出了"养生经济学"，成为倡导中国养生经济第一人。毕麦称，养生经济就是保护环境、珍爱地球、珍惜生命，发展经济不能对我们生存的生命环境造成污染和侵害，是科学发展健康经济。养生经济是全世界、全人类的一个系统工程，需要全社会达成共识和行动。毕麦说："中国养生文化几乎与中华五千年文明同步，然而中华养生文化几千年来却停留在文化与精神层面，一直成为文人的游戏、富贵者的专利。1840年后，中国养生文化流失海外，日本、韩国、新加坡、马来西亚等养生文化迅猛发展，中国养生文化呈现出墙内开花墙外香、远香近臭的局面，我们老祖宗留下的精神文化遗产出现严重断层！"

经过十三年的探索与实践，到了2009年前后，毕麦进一步认识到：山珍也好，养生也好，其实质还是一种文化，一种养生文化。养生并不只是"养身"，而是"养身"和"养心"的结合，是天、地、人万象万事万物万人的和谐，宇宙与自然、与人的和谐，和谐家庭、和谐社会、和谐世界大结合。"养身"是针对人类而言，而养生是宇宙、自然、人类的一个庞大的系统，养生文化是在这个系统中具有正气场、正磁场、正能量的"神经系统"。养心是精神层面的，文化层面的。营养美味，吃得再好，心情不好，心态不好，百病照例侵入；心态好，有积极的意念和健康的观念就能改变人体内的水分子结构（科学测试：人体内70%以上的细胞都是水分子组成的细胞），亦能抵御病菌侵害。因此，比较养生而言，养性、养心才是更高的层次，养身其实是最低的文化层次。于此毕麦开始了全方位的注入文化元素的举动。

养生文化"三步曲"

毕麦身体力行。武陵山珍15年的养生实践一路走来，在他心里已经绘制出一幅宏伟的蓝图。在这幅蓝图上，武陵山珍人要画出最新最美的养生图画，奏出美妙动人的养生文化乐章。而其实施的养生产业计划，将以"三步曲"的步骤来完成。

第一步：建立中国养生会馆

2008年5月，毕麦投资一千多万元、建筑面积达6000多平方米的中国养生会馆揭幕，八方宾朋经过高大的长寿门、幸福门，美丽的养生顾问引导人们穿越宽敞明亮的大厅，72岁土家歌王刘永斌率领的土家族合唱队唱起悠扬的歌声，人们因这里一派独特的文化氛围而眼前一亮。会馆主要经营山珍美食、养生餐饮、迷你酒吧、会议培训、文体活动等，并配置牌艺、足浴、养生俱乐部等项目，一下子提升了重庆寿比南山街的美誉度和品位形象。

养生会馆是集中国传统文化、地域民族文化、饮食文化于一体的养生文化示范工程，形象而集中地展示出七大亮点：

其一是功能完善、门类齐全。定位是专门为成功人士服务的顶级会所，专设名人养生俱乐部。特别是在客人用餐前，店里的服务员会主动给客人介绍用餐的三步曲，一是品汤，二是品野生菌，三是品山珍酒。服务员在上菜之前还会主动介绍野生菌菜品对人体的主要作用，每天免费为顾客唱土家山歌。

其二是突出个性服务和后续服务，邀请全国资深养生专家、保健专家现场开展养生保健讲座，向顾客传授养生理念；并与重庆各大医院联合建立贵宾医疗保健系统，让前来休闲度假的VIP客人享受到在全重庆范围内各大医院能享受的高级私人保健医生级别的养生服务。

其三是打造重庆休闲养生高地。国家级森林公园、著名风景区南山森林茂密，是重庆名副其实的"肺叶"和天然氧吧。武陵山珍南山中国养生会馆坐落于此，满足了高端养生项目对环境的高要求，是重庆休养养生第一高地。抗日战争期间，五个驻华大使馆落户南山，蒋介石、宋美龄曾在此居住八年。

其四是以塑造中国新型的养生休闲方式为己任，实现武陵山珍打造中国第一养生品牌的目标，容"吃、喝、玩、乐、游、购、赏、养、住"为一体，吸引中外游客体验养生。

其五是配合中国养生会馆的高规格，会馆全体管理人员和员工团队将接受正规军事化的心理承受能力培训和养生知识、技能培训。在引进高端人才上，南山养生会馆将引进四个国际特级餐饮管理大师、四个保健养生大师坐镇，直接参与管理和经营，甚至渗透到为顾客配菜、健康咨询、体检等个性细节服务，以求精准、独到、权威。

其六是一旦条件成熟，南山中国养生会馆将举办各级养生论坛，传授源远流长的东方养生文化和经验，让人们养成科学的、符合自然规律的养生观念，做21世纪的健康使者。

其七是出版一本高品质的中国养生书，专门介绍古今中外的养生理论、实践和经验，同时邀请百岁老人做顾问，指点养生迷津，解剖长寿之道。

第二步：合力打造寿比南山养生街

打造南山养生街，是重庆市南岸区的重点发展项目，也是2005年建设部评选的中国商业地产十大特色项目。该项目地处重庆南山腹地黄桷垭，到重庆市中心车程约20分钟。在这里，丰富的自然植被资源营造的天然大氧吧为现代人健康生活提供了良好的自然环境；抗战博物馆、南山美国空军坟、老龙洞、老君洞、涂山寺、陪都文化等历史文化遗迹为南山的文化旅游发展提供了深厚的文化基础；中国名菜泉水鸡、桂花酒、老厂陆派火锅等餐饮文化也已经深入人心，深受本地以及外地消费者的喜爱。

养生街就是要以现代养生理念打造重庆首条养生美食休闲街，它将引领重庆养生休闲娱乐餐饮消费潮流，这是当地政府构建"健康重庆"的重要措施。南山养生街将以养生为主线，统筹南山历史文化、宗教文化、抗战文化、陪都文化和旅游文化五种文化，使南山旅游文化发生新的蜕变，催生全新的养生产业和养生经济。

第三步：积极筹划中华养生园

寿比南山养生街的形成，已经展示了重庆南山百亿元养生经济生态园区的规模，也为筹划中华养生园奠定了坚实的基础。

以"南山百亿元养生经济生态园区"为主体，再附以已经开启并正在完善的占地200亩并集生态养生公园、6600亩生态养生鱼基地，建造成一个集旅游、学习、美食、健身、休闲于一体的"中华养生园"。在这里，人们养眼、养颜、养耳、养心、养胃、养体，从环境养生、美食养生、居住养生、老年养生、学习养生等全方位的养生体验，得到养生理念的升华，从而拥有一种健康的养生生活方式。让养生与天地同行，与日月同辉，与人类同步，天地人合一。

养生文化的全球战略

文化作为历史文明的积淀，作为社会发展方向的引领，解决的是人类"从哪里来、到哪里去"的问题。具体地说，文化的价值和作用是人、家、国的精神核心，而其作用主要体现在三个方面：（1）文化促进了人类社会的发展；（2）文化促进了人体生物进化；（3）文化本身成为人类环境中的一种进步的力量。它无论是在范围上、影响上都变得和环境一样重要，而且自己也处于动态进化过程中。亦如英国作家毛姆所说："文化的价值在于它对人类品性的影响。除非文化能使品性变为高尚、有力。文化的作用在于裨益人生，它的目标不是美，而是善。"因此，我们要谈的文化战略目标乃为"裨益人生"，"促进德善"，也就是毕麦所倡导养生文化里的"养性"和"养心"与"养身"相结合，与天道和，与地道和，与人道和，从而达到天时地利人和。

当今，中华民族正在经历一场伟大的历史复兴，是出于中华儿女对中华文化的文化自觉、文化自信、文化自强的坚定信念。中华文化之所以有无比的生命力，世界文明古国唯一长存的只有中国，这都是因为中国文化里有着"和"与"善"的核心元素。中国文化从本质上就是区别于西方文化的，西方文化特别是"美国中心观"的文化观，是一个富于侵略性的文化观念。西方大航海时代500年以来，西方文化在全世界的扩张，无一不伴随着武力征服和侵略。中国文化是"和平竞争文化"、"多元融合文化"、"和谐家庭、和谐社会、和谐世界文化"。我们珍惜这种文化生长的土地，爱惜自己的家园，形成"爱国主义为核心的民族文化精神"，这是我们养生文化战略的基点。

基于这个出发点，毕麦将中国传统文化、养生文化和民族特色文化融为一体，通过武陵山珍食品直接送到每个人胃里，再化为血液灌输全身，产生一种顽强的生命力和人人向往的健康长寿效应。具体到个人、家庭（或者单位团体）、国家，都应制定自己的文化战略。从个人角度，每个人都应制订自己的养生规划，毕麦总结的《养生八疗法》和《养生124689字密码》，可谓科学指南；从家庭或团体角度，以文化思想、道德规范引领进步和发展，毕麦为武陵山珍制订的企业理念(为人类健康奉献森林养生美食)、经营宗旨(奉献健康养生美食，给您一份关爱，送您一份健康)、四好方法（选好人，用好人，育好人，带好人）、0~9管理守则以及武陵山珍员工之歌、武陵山珍企业之歌，等等，无不注入深邃的文化元素，是值得借鉴学习的经典；从国家的角度，我们就是要以各种文化形式为载体，推广中国有特色的文化成果和成功经验，通过养生文化的传播与渗透，为全世界、全人类送去健康养生理念、健康养生食品和健康养生的生活方式。

先秦《太公六韬》曰："天下非一人之天下，乃天下之天下也。"意即国家不是一个人的国家，而是所有民众的国家。武陵山珍既是从企业的角度，又是从国家利益的高度，来争先世界饮食业之先锋。亦如《武陵山珍员工之歌》所唱："武陵山珍，我们的家，我们特别能吃苦、能忍耐、能奉献、能竞争，我们要战胜自我追求极限！遵纪守法服从上司是天职，尊重'上帝'团结奋进是美德，争先创优树好形象是心愿，真心为人类健康奉献森林美食是理念！我们的事业是伟大的事业，我们的目标一定能实现，能实现！"相信借助科技、文化之帆，武陵山珍会乘风破浪，一往无前，驶向光辉的彼岸。

第七章

铸就养生产业千年品牌

美国"无往而不胜"的巴顿将军说过:"战争的胜利永远是进攻,进攻,再进攻!"企业的发展却是竞争,竞争,再竞争!竞争,就意味着你比别人跑得快。市场经济的显著特征就是竞争。中国养生文化几千年来一直被神秘化、政治化、贵族化而无法落地生根、开花结果。毕麦让养生文化之蛋受精后产生强大生命力,落地生根出中国乃至世界又一新兴产业——养生产业,这是21世纪拯救人类、造福世界的新产业、新机遇、新市场,涉及各行各业、各个领域。武陵山珍养生产业一条龙仅是其中之一的星星之火,但大有燎原之势!

走出千年品牌之路

武陵山珍董事长毕麦提出的"铸就养生产业千年品牌"应该是个概数,是永久不败、无限生命力的代名词。形成品牌的三个要素是产品、质量、服务。武陵山珍的产品是产在武陵山区的特产，是先有"产"再经研制而后有"品"味了；在质量上，它不仅经国家、国际质量检验认证，获得了诸多金奖，更重要的是赢得了消费者的高度赞誉；在服务上，公司不仅有一套完整严密的规范服务，同时也有免费培训、义务养生指导等品牌延伸性超值服务；加上现已经申请、核准注册、受法律保护，为这个千年品牌打下了坚实的基础。

武陵山珍在几年间几度起落，历经磨难，终于在崇尚麻辣的重庆"红火锅"市场中站稳了脚跟，创立了"绿色火锅"森林美食，在火锅业界可谓一枝独秀。因此，有专家认为，以"东方魔汤"为代表的武陵山珍，是最有希望进入国际餐饮市场的中国品牌。国际养生保健学会和中外50多位著名养生保健学家衷心希望中国武陵山珍为人类的养生保健贡献力量。

2002年11月，武陵山珍组团参加了在三亚举行的首届世界养生科学大会。最后，武陵山珍以其独特的魅力荣获了首届养生科学大会组委会颁发的"优秀养生保健科技成果奖"，成为世界餐饮界唯一一家获此殊荣的企业，并且引起了社会和有关专家对武陵山珍的关注和研究。2003年，是武陵山珍接待外国投资者最多的一年，日本、韩国、新加坡和马来西亚的餐饮同行纷纷来重庆考察。马来西亚的一位华商，相当认同武陵山珍的经营理念，不仅表示要尽快把武陵山珍开到马来西亚去，而且还有意同武陵山珍合作开发野生菌产业链。

品牌已经是一个几乎人人都谈论的话题。究竟什么是品牌？品牌的价值究竟在哪？如何营造品牌？武陵山珍的品牌如何定位？千年品牌的战略意义？品牌绝不是一个单独存在于市场之中的东西，它是知名度与美誉度的最好结合，是在许多市场之外的东西的基础上建立起来的一种信念，是一种文化的概念。这种信念和文化概念一旦形成，最终会在潜在消费群体中产生类似迷信般的力量。这正是品牌无限生命力所在，也正是武陵山珍人所追求的品牌效应。

品牌概念

美国市场营销协会（AMA）对品牌下了这样的一个定义："品牌是一种名称、名词、标记、符号或设计，或是它们的组合，其目的是识别某个销售者或某群销售者的产品或劳务，并使之同竞争对手的产品和劳务区别开来。"形成品牌，至少要具备三个方面的东西，缺一不可：一是产品。顾名思义，品牌是先有品，后有牌。不论是有形化产品还是无形化产品，必须真实存在，并且符合人们正常思维所遵从的理念。作为一个能成为品牌的产品，必须能够满足消费者在某一方面的需求，而这种需求是其他类产品所不能替代的，是真实的，有周期性的。通常，能够满足消费者精神上某种需求的产品更具生命力。二是质量。一旦产品进入了市场，决定其发展第一阶段的关键就是产品的质量。严格控制产品的质量，不让质量成为可被竞争对手利用的因素，从而在消费者心目中保持一种一贯性，坚定消费者的信任感。有质量保证的产品才有可能形成品牌。三是服务。这或许是一个品牌中最具理念的东西。市场的有序化决定了最终的市场必定是一个规范的市场，最终具有竞争力的产品必定是有质量保证的产品。要想获得额外的竞争能力，只有拼服务。谁能提供更优质的服务，谁能不断发现消费者所需要的服务点，谁能把服务持久化、规范化，谁就拥有晋升品牌的可能。千万要注意——服务的意义在于"超值"而不是必须。产品所必须附加的服务是不具备超值性的。同样，同行业、同类产品都提供的服务也不具备超值性。超值的服务必须是企业主动提供的、在消费者的期望之外的服务。武陵山珍实施百年梦想、千年品牌战略，打造中国养生第一品牌，在产品、质量、服务这三方面一开始就视品牌如生命，先是成立"重庆市武陵山珍经济技术开发有限公司"，同年又在重庆江北区的观音桥开设了第一家专门以经营"武陵山珍"特色菜系为主的餐馆。1999年，第一次创业失败；2001年，再次创业，重振武陵山珍；其间花重资打假，多次苦战"维权保卫战"，直到摸索出一套适合于自己的管理模式，制定了0~9的十大管理规则(即：一个中心，两个基本点，三考，四化，五大理念，六比，七大意识，八大优势，九步曲，再加"地球是一个圆")。这一艰辛曲折的历程，实际就是武陵山珍品牌的确立、维护和完善的过程。

广告教皇大卫·奥格威曾给品牌下过定义："品牌是一种错综复杂的象征——它是产品属性、名称、包装、价格、历史声誉、广告方式的无形总和，品牌同时也因消费者对其使用的印象以及自身的经验而有所界定。"综上所述，市场营销角度的品牌应具备以下几个要素：第一，经申请、核准注册、受法律保护的商标；第二，有自己的产品（生产或代理）；第三，产品能与竞争对手的产品区别开来；第四，产品与消费者产生联系。因此，从市场营销的角度而言，品牌就是具备经申请、核准注册、受法律保护的商标，且具备能让消费者有效地识别、区分竞争对手的产品与消费者所发生的一切关系，而这种关系必须通过市场来检验。在消费者脑海中对一个品牌的认知会形成一个品牌空间。

品牌的定位

武陵山珍的百年梦想、千年品牌、中国养生第一品牌最终定位是在养生文化的概念中确立的。到了2009年，武陵山珍经过"三级跳"，正式确立了以养生文化引领产业进步的理念，为企业选定了通向成功的方向。对于一个有意于经营品牌的企业而言，能否创造一个吸引潜在顾客的品牌形象是制胜的关键。

人的生命是有限的，产品的光辉会逐渐消退，但品牌的魅力永存。品牌永恒的力量正是来自于其摄人心神的形象：或高贵典雅或热情奔放或神秘鬼魅或温情脉脉……这些个性化的形象使之区别于同类产品，在消费者心目中留下了难以磨灭的印象，具有经久不衰的魅力。

品牌形象和品牌实力一起构成品牌的基石，是品牌的基础，是企业整体形象的根本。品牌实力决定和影响着品牌形象，仅有良好的形象而没有雄厚的实力，无法树立起坚实的品牌；同时，品牌形象表现品牌实力，仅有雄厚的实力而没有良好的形象同样不能构造品牌大厦。二者密切结合才能满足消费者物质和心理的需求，创造出一流的企业形象。

品牌形象可分为内在形象和外在形象，内在形象主要包括产品形象及文化形象；外在形象则包括品牌标识系统形象与品牌在市场、消费者中表现的信誉。产品形象是品牌形象的基础，是和品牌的功能性特征相联系的形象。文化形象是指社会公众、用户对品牌所体现的品牌文化或企业整体文化的认知和评价，企业文化是企业经营理念、价值观、道德规范、行为准则等企业行为的集中体现，也体现一个企业的精神风貌，对其消费群和员工产生着潜移默化的熏陶作用。品牌标识系统是指消费者及社会公众对品牌标识系统的认知与评价。品牌标识系统包括品牌名、商标图案、标志字、标准色以及包装装潢等产品和品牌的外观。社会公众对品牌的最初评价来自于其视觉形象，是精致的还是粗糙的，是温暖明朗的还是高贵神秘的……通过品牌标识系统把品牌形象传递给消费者是最直接和快速的途径，一个品牌只有先抓住消费者的视线，才可能进一步抓住他们的钱包和心，也才能在市场上赢得消费者的信誉。

拥有百年辉煌历史的麦当劳的品牌形象是：更多美味、更多欢笑就在麦当劳。坚持统一的品牌形象是国际知名品牌成功的重要原则之一。无论什么时期，麦当劳始终贯彻"美味的、欢乐的"这条主线，从而在消费者心目中树立了鲜明的品牌形象。与麦当劳相比，武陵山珍如今即将会继续打造的形象是：为人类健康奉献养生美食，始终贯彻的一条主线是"健康养生"，这可是最受人类喜爱的永恒形象。

"谁拥有品牌，谁就拥有未来。"武陵山珍集团公司董事长毕麦早就看清了这一点。他制订了武陵山珍的"千年品牌"战略。中华五千年文明铸就了世界五千年文化品牌，武陵山珍铸造千年品牌也不是神话，应该是最有前瞻性的规划，也因此引领全行业掀起声势浩大、你追我赶的打造品牌之高潮，锲而不舍而又是轰轰烈烈地狠抓品牌，以品牌战略创造峥嵘奇迹，并取得了骄人的成果。可贵的是，他不走别人的旧辙，独辟蹊径，以养生经济、养生理念、养生文化的元素溶于品牌之中，塑造出一个具有战略高度的武陵山珍品牌，这或许会在不同企业领袖心目中，呈现和书写出不一般的感悟与诠释，也会给处于不同心境的企业领袖带来截然相异的理念；但却凸现出他作为企业领袖的远见卓识和励精图治之举，抓住了时代主流，捕捉了最高人气，营造良好的氛围，发挥和创造品牌战略的魅力。

十年前，哈佛商学院的汉斯教授曾预言："115年前的竞争是价格的竞争，今天是质量与品牌的竞争，而明天将是智慧与养生的竞争。"这预言委婉而又入木三分，言简意赅，导师般的口气，寥寥数语剖析得入情入理，验证了现代经济发展文明进步的必然趋势。毕麦和他所带领的武陵山珍团队，可以说拿到了通往国际市场"绿色护照"——武陵山珍品牌，乘上养生产业、养生经济的高速列车，奔上了追赶麦当劳的金光大道。

打造"养生产业一条龙"

有了追赶麦当劳的目标，道路越走越宽广。毕麦的信条是：不为失败找借口，只为成功找方法。因为方法总比困难多，找方法必胜必赢，找借口必输必败。

武陵山珍以为人类健康奉献森林美食为己任，已是中国食用菌餐饮的龙头企业；毕麦是野生菌菜系的发明创始人，他的发明和研究成果，不仅填补了中国乃至世界野生菌菜系的空白，而且创立了中国养生保健知名餐饮品牌。企业发展要走高速路，这是形势所需发展的必然。拓宽企业发展路径，毕麦表现出了从未有过的从容与自信：他早已筹划出武陵山珍"立足重庆、面向全国、走向世界"的"养生产业一条龙"发展之路。

以餐饮为龙头　走向全世界

以餐饮为龙头，充分利用养生健康资源打造并推出完善的高、中、低不同层次的餐饮品牌，带动养生食品、高科技产品的销售。

毕麦针对市场需求量大的特点，以1997年研制成功的"东方魔汤"为核心技术，开发了养生系列的野生菌菜森林美食和土家苗寨特色菜有机组合而成的新菜系。十年来，经过不断自主创新，逐步打造成新兴的、独特的、且具有强盛生命力的中国知名餐饮和世界新菜系，已经成为不分地域、种族、信仰、肤色、性别、年龄和职业的"地球人"美食。它以鲜香的味道、丰富的营养、独特的养生保健作用堪称绿色之"极品"。

十五年过去了，武陵山珍已经实现"立足重庆"的目标，成功进驻四川、云南、湖北、广西、河南、新疆等省市，于2008年已完成"面向全国"的第二步企业目标，从而转入第三次兴业的发展阶段，实现"走向世界"的终极目标。处在这个驶向世界的关口，武陵山珍所体现出来的更多的是对整个餐饮业的高度浓缩和概括，换句话说，武陵山珍必然要以中国的、地域的、产品本身的特色走向世界。

著名经济学家、中国大趋势预言家、金融投资家、中国改革十大风云人物、北京南洋林德投资顾问有限公司总裁温元凯到武陵山珍就餐后说，他小时吃过菌子，在40年后的今天又有幸来到武陵山珍品尝野生菌菜，并预言山珍美食是全球人类的最大需求和发展趋势，这个"龙头"会像中国龙的龙头一样，将带动中国饮食业的腾飞！

养生食品为龙身　造福全人类

以绿色、养生食品为龙身，在全国发展专卖店，造就更多致富、就业机会，提供更多的致富项目，创新商业模式，形成武陵山珍自己的市场网络、物流配送网络。

长期以来，凡是品尝过武陵山珍东方魔汤的食客都渴望有朝一日能将"武陵山珍"带回家。于是，毕麦通过十年的潜心研究攻关，实现了"昔日皇上贡宴，今朝百姓美餐"这一梦想，也使"老人吃山珍，长寿似神仙。小孩吃山珍，健康好聪明。男人吃山珍，雄壮有精神。女人吃山珍，健美又青春"的歌谣变成现实。

重庆武陵山珍公司为了做大、做强、做精、做特，以生产纯天然野生菌类食品为主的绿色养生保健食品——绿王养生食品应运而生。经过多年的反复研制，以东方魔汤皇帝宴、家庭宴、家宴煲、养生煲、酒店专供产品等为主打产品，首批产品通过武陵山珍全国近百家直营店、连锁店推向市场，产品一上市就受到了世人的关注和青睐，第一批产品已远销日本等国。

为了进一步将绿王食品推向市场，让更多的顾客能在家中享受到养生保健的森林美食，武陵山珍绿王食品公司已在重庆主城区及全国各地设立了养生礼品专卖店。

为了建立更加完善的销售网络，除了在家乐福、沃尔玛、新世纪等一类超市建立分销点外，毕麦还计划在各个区域选择一批规模效益较理想的中小型超市作为分销点。信息传开，重庆各大超市纷纷前来考察和咨询，在短短的一个月时间里接待了上百人，绿王公司市场部对已前来达成初步合作意向的超市经过实地考察，本着资源共享、优势互补、互利互惠的原则已与60家超市签订了绿王产品代理协议。

绿王食品如此大规模地进军重庆超市，占领重庆市场，旨在实现立足重庆、面向全国、走向世界这一伟大目标，把绿王食品打造成为绿色食品之王。

十年磨一剑。身为中国食用菌协会副会长、武陵山珍集团公司董事长的毕麦宣称，为了能让营养美味的东方魔汤浓缩成一包包便于携带、易于保存的干性汤包，他不惜放下案头的重要工作，告假拜访各行业的专家教授，又请求由成都调回重庆，直至辞去公职，潜心试验长达数年，终于研制成功。

2005年10月，重庆市武陵山珍绿王食品开发有限公司正式挂牌，继而在家乡石柱县兴建了绿王食品基地和工业园区，使生产武陵山珍家庭宴等系列产品的梦想已经实现。毕麦兴奋地说："武陵山珍绿王食品公司开发的养生礼品皇帝宴、家庭宴、家宴煲、养生月饼、养生哥们等系列产品，不仅仅是武陵山珍延伸的产业链，还在于我们要统筹城乡致富，打造中国食品王国，开发以绿色养生食品为龙头的大产业。我们的终极目标是让健康长寿的武陵山珍系列养生礼品普及开来，进入全中国、全世界，造福地球人，全面提高中国人乃至全人类的体质和寿命。"

以高科技为龙尾　卖高端产品

以东方魔汤、东方魔酒、东方魔饮、东方魔水以及山珍口服液、食用菌治癌药物等生物高科技、高端产品为龙尾，实现"养生一条龙"腾飞。

在稳固龙头、丰满龙身的过程中，武陵山珍正在全力打造龙尾，以期实现中华养生一条龙的腾飞与发展。2005年2月，由数种食用菌提纯制成的"山珍精子"成功面市；经过一番努力，东方魔汤和东方魔酒已经初见成效。目前，武陵山珍的东方魔酒主要有：

山珍龙王酒、帝王酒、魔王酒：选用灵芝、松茸、羊肚菌、虫草等十余种野生名贵菌与深山老蛇酿制而成，具有清热理气、益肾健脑、滋阴补阳、治病防癌、养生长寿之功效，被中外养生专家誉为天下第一养生保健美酒。

东方魔酒系列酒：38度，可自由随意用矿泉水、饮料勾兑适合自己的酒度，男女老少皆宜。

羊肚菌酒：滋阴壮阳、理气化痰、保健美容、益肠利胃、性平味甘、调节生理机能、提高免疫力、抗衰老、防癌。

松茸酒：松茸是第二次世界大战日本核爆区唯一生存下来的植物，具有滋阴壮阳、驱虫止痛、保健美容、抗衰老、抗核辐射、防癌的功效。

借鉴汽车组装生产线智慧

随着"武陵山珍养生一条龙"产业链的形成，武陵山珍采用"科研开发与加工生产"两条腿走路。公司销售的所有产品，皆是先经科研所研究开发，试制成功由专家论证后，再批量加工生产。根据产品产地的具体情况，采取因地制宜的"汽车组装生产线"的模式生产。2005年8月，公司与石柱县人民政府签署了"品牌农业合作协议"，充分整合武陵山区乃至全国的野生菌、野菜资源优势，专门生产武陵山珍系列绿色生态产品，构筑武陵山珍绿色生态食品工业园，打造中国最大的绿色食品王国。

2005年10月，重庆市武陵山珍绿王食品开发有限公司正式挂牌，该公司专门从事食用菌深度开发、加工生产，从而提供优质、健康、营养的绿王食品。武陵山珍绿王食品是随着"一条龙"产业链做大、做强、做精、做特之时应运而生的。它以生产纯天然野生菌类食品为主的绿色养生保健食品，具有浓烈的民族特色、山珍特色。经过多年的反复研制，解决了保存和携带等难题后，生产了以东方魔汤家庭宴为主打产品的系列产品。

武陵山珍总公司将会不断完善和推广武陵山珍绿王食品开发有限公司的经验，推行食用菌原料产地"汽车组装生产线"的生产模式来加工生产，再创小蘑菇大市场，养生产业规模化、科学化、产业化、全球化的新路。

第八章

养生产业的生命工程

将养生文化变产业当成系统工程来做，无疑是中国企业又一次全面的创新。而且，这个工程并非都是所有人看得清晰、得到认可的工程，这个整体的、系统的生命系统工程，一是理念上要认识生命是科学，是第一生产力；二是产业上要与经济、市场、世界对接，形成一个共同体的环境；三是在生活方式上要"道法自然"，人人都要献出一点爱，人人都要为生命系统工程做点努力，形成"人联网"，将人类的养生产业推进到一个划时代的更新更高的层面。21世纪乃至22世纪一定是养生经济的世纪，这是全世界、全人类唯一的选择。

攻破第一道难题——为小蘑菇找到了大市场

自从1995年5月毕麦兄妹推出的山珍菜遭遇顾客的冷落后，他们清楚地意识到，仅仅是把蘑菇、木耳等山珍推上餐桌是谁都可以做得到的事，但要把野生菌类菜送上餐桌可不那么简单。首先遇到的难题是：上百种野生菌绝大部分是不能直接食用的，而且很多种类也不能同锅同煮，否则会导致中毒而非同小可。我们能不能从野生菌提炼有效物质制成重庆火锅的底料呢？这样又可以与火锅结合起来。他查阅了大量资料，通阅了重庆师范大学生物系教授周开孝的《乳酸菌》、《常用饮料的调味品生产技术》等著作，特别是《乳酸菌》书中叙述了乳酸菌类微生物的形态、结构、营养、生理、代谢和分裂，以及它们在乳酸生产、乳制品加工、青贮饲料与检测氨基酸等方面的应用，毕麦对它们虽不全懂，但尤感兴趣。

毕麦又看了卯晓岚教授的《中国大型真菌》专著。这部著作以图文并茂的形式，较全面系统地介绍各类大型真菌1701种，隶属于21目，72科，298属。其中包括了多年来在我国发现的很多记录种和部分新种及特有种。除对每种都进行了形态特征、生态习性、地理分布和产地的记述外，还对食用、药用、有毒、木腐、菌根等具有经济用途的种做了标注。每种均有形态或生境彩图，共计2700余幅。卯晓岚教授的科研活动让毕麦敬佩不已，卯教授长期从事真菌分类及其物种资源研究，是当今中国最著名的菌物分类专家，他的足迹踏遍祖国的大江南北31个省市，包括台湾、香港都留下了他考察收集标本的足迹和汗水。他曾参加我国著名的天山、喜马拉雅登山科学考察和海南、西沙、天涯海角等考察，历经艰险，收集了数以万计的真菌标本。他四次承担国家基金项目，两次负责中科院重大支持课题，编写了30余部学术著作，发表有关真菌物种多样性、资源、生态、地理分布等研究文章60多篇。

毕麦通过多方打听和联络，登门拜访了周开孝教授和卯晓岚教授，向他们讲述了自己的想法。两位教授肯定了毕麦的想法，并被毕麦的诚心和锲而不舍的精神所感动。毕麦得到了养生专家洪昭光、食用菌专家卯晓岚、成功学大师陈安之、老中医黄兆福、国学大师翟鸿燊、诺贝尔奖的提名人李农合等专家的支持与关爱。由毕麦亲自采集野生菌、亲手烧制并亲口尝试，经过动物试验和人体试验，两年后终于试制出一种摒弃了传统重庆火锅麻辣特点可以喝汤的火锅底料东方魔汤，不仅彻底打破了几千年来古今中外沿袭流传不变的多种蘑菇不能同锅同煮同食之神话与误区，为几十种小蘑菇相爱相聚找到了大舞台、大市场，而且科学配制复合了多种可食用蘑菇强大的功能、功效、营养、能量。这是全世界蘑菇行业的一次伟大突破与创新，也是为人类奉献森林美食的一个伟大的发现与贡献！这种以几十种食用野生菌菜为原料，经过科学提炼、精心熬制出来的底料，破解了野生菌食用的推广难关，还保存了野生菌菜的营养价值和原始的鲜味及香味；有效地解决了野生菌同锅同煮的难题，又创造了重庆火锅继"红火锅"、"武火锅"之后的"绿火锅"、"文火锅"。它丰富的营养、独特的保健、神奇的功效堪称绿色食物之"极品"，具有提高人体免疫力、抑制肿瘤细胞、开启人体功能系统等三大功能及美容减肥、益智健脑、治病防癌、延年益寿等四大作用，因此被中外养生科学家誉为"东方魔汤"，被专家誉为中国第九大菜系——养生菜系。

攻克第二道难题——满足365天顾客需求

在解决了多种食用野生菌同锅同煮同食之难题后，紧接的就是如何保障顾客每天吃上安全健康的各种菌类，成为真正的养生菜系。野生菌的采集具有明显的时令特征，有的要在春季，大多数却要在每年七、八、九、十几个月。为此，在科研所专家的指导下，毕麦成功研制出了获得国家发明专利的东方魔汤包，它不仅可以恢复盐渍、干品、冷藏多种蘑菇的鲜香本来面目，而口味口感非常鲜美可口，让顾客及时吃到天然的原汁原味的菌类菜品。并对各种菌类的功能作用进行分类整理，由养生顾问向每位顾客餐前介绍宣传，让顾客吃得安心、放心，品尝到大自然最完美、最健康、最养生、最和谐的食品。

攻克第三道难题——把武陵山珍带回家

在家中养生是养生大众化、科学化、家庭化、市场化、全球化最为关键的问题。为将绿王食品公司打造成中国绿色食品王国和中国绿色食品之王，在武陵山珍日臻成熟、做大、做强、做精、做特的同时，公司科研所不懈求索、奋进，总结多年实践经验，依托核心技术——由几十种野生菌提炼的东方魔汤菌包，自主创新研制武陵山珍家庭宴系列产品和东方魔酒系列产品，是全球首创的、独一无二的养生保健馈赠佳品。把在餐厅享用的佳肴，制成了可以携带的家宴礼品包，形成武陵山珍系列养生礼品，傻瓜式烹饪、煲汤，让地球人家中养生简单、方便、实惠、有效、共赢。2009年被重庆市政府指定为接待品牌礼品，先后荣获"国际美食质量金奖"、"国际养生保健产品金奖"、"国际食用菌大赛金奖"、"首届驻华外交官烹饪大赛金奖"、"首届世界养生科学会优秀养生科技成果奖"等五项国际金奖。

武陵山珍这一路走来，充分体现了科学发展观人与自然的和谐共荣，在全世界、全人类、全宇宙这个生命共同体中，生命才是第一生产力，这是一个突破性的核心理念，让生命与科技平衡辩证统一、相互依存、互不否定、尊重科学、珍惜生命。正是这种理念的引领，武陵山珍以科研先行先试，攻破了每一道难题，都使生产力有了一次"核变式"的爆发，企业有了一次次跳跃式的发展。

攻克第四道难题——建立示范养生产业基地

2008年1月21日，武陵山珍集团公司联合西南大学和重庆水产研究所创建养生鱼、养生产业示范基地。在石柱县桥头镇开发三美湖六千亩水域面积，流转、征用土地打造重庆第一家三美养生休闲旅游风景区，建设重庆生态农业城乡统筹示范基地，塑造重庆第一家三美水上乐园，将养身、养性、养心融为一体即为养生，让"三美"变成名符其实的"山美水美人更美"的养生产业示范基地。

攻克第五道难题——创建中国养生会馆

毕麦用十多年研究中华养生文化、养生产业、养生经济的成果，在重庆寿比南山创建中国养生会馆，将"养生八疗法"——食疗、话疗、药疗、火疗、针疗、足疗、水疗、体疗，每天健康"五个一工程"——一荤一素一菇一奶一笑，"养生密码"124689——一通、二平衡、四道法自然、六天道地道人道、八保养生命回归自然、九生命才是第一生产力，养生道法——老子的大道至简、大爱无疆、道法自然等养生文化、养生产业的核心理念进行弘扬和传播，并通过民间中国养生大家学的非营利大中小型养生讲座传承中国养生文化，激励更多的人积极参与打造养生产业、探索养生经济，践行科学发展观，构建和谐社会、幸福家园、快乐人生。

中国养生会馆就是将中国养生文化落地、生根、开花、结果，让大家体验养生文化"化"之后的养生产业给社会、经济、家庭等方面带来看得见、摸得着的成效成果，影响和引导有识之士关注养生产业、探索养生经济。

攻克第六道难题——构建正能量的"人联网"

自世界诞生"互联网"之后，地球变小成为地球村，网络经济催生全球经济一体化高速发展，"物联网"时代已经来临，世界经济进入"核时代"。毕麦预言"物联网"时代之后一定会是具有正气场、正磁场、正能量的"人联网"时代的回归，人类只有遵循宇宙、自然的规律、轨迹、法则才是真正的大道、正道。道找不准、找不正，就没有道路、道法、道理、道德。

武陵山珍董事长毕麦深知：生命系统工程是"人"的工程，其出发点和归着点都在人身上。他说："美国人发明了互联网，中国人发明了物联网，现在正在推广，我向比尔盖茨学习，把我们中国养生经济、养生产业、养生文化装入人脑里，就成了人联网了。未来人联网比互联网厉害，比物联网厉害，人始终是第一位的，我们装入这个软件，对你们自己，对你们的亲人，对你们的朋友，都是有很大的好处的。"应该说，建立"人联网"是项久远而浩大的工程，但毕麦胸有蓝图，行有四步曲。

第一步：身教重于言教，从我做起。2009年，是十年计划的第二个年头，毕麦将其定位为"改革发展年"，不仅是机构变革化零为整、三权下放，更是在理念上进行了创新和发展。也就是在这一年，他确立了"生命系统工程"的理念，提出了建立"人联网"的计划。他身先士卒，从我做起：2011年5月4日，他应邀到重庆市西南大学31楼为工商管理MBA硕士、研究生班授课。5月份、6月份，还分别在重庆邮电大学和重庆市企业管理学校开展"文化制胜——有梦想才能成功"的现场演讲，讲到"有文凭不一定有文化，有文凭不一定有水平"、"生命才是第一生产力、保养生命回归自然、天道地道人道、道法自然、平衡、通"等，都取得圆满的成功，也为大学生提供带薪实习平台。此后，他还不断地为学校、企业、团体做讲演，与听众们真情互动，循序渐进地扩大着他那"人联网"的网域，搭起大舞台让民间养生达人唱戏，创建中国养生大家学、免费传播中国养生文化、养生产业、养生经济。

第二步：员工都是养生顾问。2001年2月，从武陵山珍第二次创业开始，他们就改员工为家人，改服务员为养生顾问。毕麦说："我的员工不仅要学会工作，还要学会学习。"因此，他每年要斥资百万，让企业的高管到清华、北大去学习，目的是要造就一批百万富翁，培养一批有卓见有文化的"家人"。他们的养生顾问上每一道菜都会以简洁的语言讲出这道菜的营养成分，席间还会不失时机地介绍养生知识，又会表演赏心悦目的歌舞。不经意间，武陵山珍的"家人"与客人之间就有了情感的融洽与交流。试想，他们连同连锁加盟店的"家人"上万人，接触客人一年下来也有几千万，联成的网络十分可观。

第三步：名人的传播效应。名人的影响力和他们的传播效应，用"以一当百"来形容并不算夸张。武陵山珍邀请并接待过时任国务委员的陈俊生、时任国防部长的迟浩田上将等中央、省（市）领导，还有著名歌唱家彭丽媛、中国台湾著名词作家庄奴、毛主席的保健医生徐涛、护士长吴旭君女士以及美、日、法、澳、德等80多个国家和地区的外宾；毕麦兄妹在会间亲自掌勺，精心烹制菌类菜肴请与会代表品尝。最后，武陵山珍以其独特的魅力荣获了首届养生科学大会组委会颁发的"优秀养生保健科技成果奖"，成为世界餐饮界唯一一家获此殊荣的企业。

第四步：传媒人的"网速"。花香引蜂蝶。武陵山珍是饮食业界的一枝奇葩，引来了蜂拥而至的媒体人。自从1997年4月29日武陵山珍经济技术开发有限公司成立及山珍菌类菜正式面市以来，几乎每一项创新的理念、革新的模式、管理的方法、产品的研制等，都成了传媒界的热点新闻，人民网、重庆日报、CCTV-2、CCTV-7、重庆电视台、重庆晚报、健康人报等多家媒体的记者都先后专访毕麦，发表了《财富演义》、《中国养生经济第一人》、《武陵山珍"一条龙"发展之路》、《山珍豪情》、《东方魔汤——中国式美食征服全球的法宝》等一系列报导文章和访谈记录。其传播速度之快，范围之广，远远超出了人际间的联络，无疑也加快了毕麦的"人联网"的网速。

武陵山珍养生产业的生命系统工程，显然是通过科学研制产品、建立共同体的生产基地、形成"人联网"来推广子系统工程而予以实施。在现代系统论和协同学的理论中，经常把子系统的复杂运动分成两类：一类是无序的独立运动，一类是有序的关联运动。当独立运动时，系统处于无序状态部分能量相互抵消，出现1+1<2的负系统效应；另一类是有序的关联运动，当关联运动起主导作用时，子系统就由相互制约的混乱状态趋向协同同步的组织状态，从而产生1+1=11和1+11>11的正系统效应。这就是古希腊先哲亚里士多德"整体大于各部分之和"理论的现代注解。毕麦正是将这一原理，运用于养生产业的生命系统工程之中。

第三篇 ／ 员工心中的武陵山珍

2009 年毕麦率领武陵山珍 30 名员工，参加大型电视连续剧《解放大西南》中刘伯承、邓小平当年吃武陵山珍跳土家族摆手舞的场景拍摄，图为部分员工与毕麦合影。

① 重庆寿比南山武陵山珍
　中国养生会馆大门
② 武陵山珍直营店豪包美
　人美大圆桌
③ 武陵山珍成都总店门头

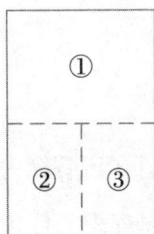

① 6600 平方米中国养生会馆大厅
② 武陵山珍直营店门头景观
③ 武陵山珍加盟店门头风格

武陵山珍的53大优势

武陵山珍集团首席执行官　吴道安

来自武陵山区土家苗寨的少数民族企业武陵山珍集团，在东方魔汤武陵山珍发明创始人、董事长毕麦的带领下，经过15年的艰苦创业，打造了一支具有"四特精神"（特别能吃苦、特别能忍耐、特别能奉献、特别能竞争）的员工团队，战胜了一个又一个的困难，攻克了一个又一个的难关，化解了一个又一个的问题，培养了一批又一批的人才，树立了一个又一个的丰碑，荣获了一个又一个的荣誉，创造了一个又一个的奇迹，塑造了武陵山珍的53大优势。

三大文化优势

1. 文化掌控企业，文化市场制胜。武陵山珍拥有山珍文化、民族文化、养生文化，在全国餐饮中独树一帜。

2. 有国家非物质文化遗产啰儿调继承人刘永斌老师。

3. 武陵山珍啰儿啰民族艺术团传播武陵山珍民族文化、山珍文化、养生文化。

四大产品优势

4. 经过董事长16年研究，制订了以餐饮为龙头、产品为龙身、东方魔酒为龙尾的养生产业一条龙发展，是朝阳产业。

5. 公司养生系列礼品为国内外首创，产品档次、价格定位能满足不同需求的顾客。

6. 产品销售模式使公司和员工得到双赢，提高员工的积极性，为员工搭建了奋斗的平台。

7. 武陵山珍是中国食用菌行业的领头羊，养生礼品更是其他食用菌行业独一无二的产品，竞争力强。

五大政策优势

8. 处在成渝经济圈中，有诸多新的机遇，有着良好的发展前景。

9. 有国家对少数民族企业的政策支持。

10. 有国家对西部大开发的政策支持。

11. 有国家对民营中小企业的政策支持。

12. 有国家对中国餐饮百强、商贸流通百强企业等的奖励优惠政策。

六大宣传优势

13. 媒体宣传重庆餐饮知名度、美誉度第一，广告宣传投入重庆第一，保持重庆媒体主动找企业合作且全餐券合作模式。

14. 广告投入大，天上轰炸、地面进攻、厅内沟通三种行销方式好，提升了企业知名度、美誉度。

15. 积极参与各项社会公益活动，有着良好的社会形象。

16. 有自己的月报、网站、加盟手册等宣传平台。

17. 接待了国内外众多名人、名家，并借他人之口进行宣传。

18. 维权工作取得一定成功，既维护品牌形象，也起到宣传效果。

七大人才优势

19. 公司董事长毕麦是市政协委员、健康重庆十大影响力人物，荣获中国饭店协会"全国饭店业优秀企业家"、重庆首届民营经济十大风云人物支持库区奖、中央电视台重庆火锅超人大赛"火锅超人"、重庆第六届优秀青年企业家等称号，在重庆乃至全国有较大的影响力。

20. 拥有国家高级营养师、配菜师、国家管理师、策划师、十大火锅调味师、大学客座教授、讲师等专业队伍。

21. 将服务员更名为养生顾问，墩子等后厨岗位更名为养生技工，开创了中国乃至世界餐饮之先河。

22. 注重人才培养训练，带领中高级人才参加北大、清华EMBA班学习，并与重庆相关大中专院校建立捆绑式校企合作模式，并向各级专家学习，打造学习型团队。

23. 企业起启三年之内美国上市工程，武陵山珍吸引国际人才和中高级管理人才储备有来源。

24. 公司领导团队为人正派有远见、工作经验丰富，企业内部员工团队忠诚、踏实、勤奋，有战斗力，行销能力强，为企业的发展保驾护航。

25. 企业发展走上大道、正道，符合天道、地道、人道，有一批忠诚、勤奋的骨干老员工。

七大环境优势

26. 有较统一的民族店招牌和装修风格。

27. 有较统一的靓丽民族服装。

28. 有多功能全国首创的中国养生会馆。

29. 公司在重庆两江新区等有较多优势机遇和北京、上海、成都、重庆直营优势。

30. 公司与相关部门、行业单位有良好的人脉关系。

31. 公司拥有自己产权的办公楼和直营店。

32. 公司办公地址位于总商会大厦十楼，交通便捷，办事方便。

八大品牌优势

33. 武陵山珍品牌名由原国务委员陈俊生题写。

34. 是中国第一家百种野生菌菜森林美食和土家苗寨特色菜有机组合而成的中国养生新菜系，是中国第一养生品牌。经著名生物学家、食用菌专家周开孝教授研究表明：常吃武陵山珍具有提高人体免疫力、抑制肿瘤细胞、开启人体功能系统三大功能和益智健脑、美容减肥、治病防癌、延年益寿四大作用。

35. 经过14年的发展，荣获众多荣誉：首届世界养生科学大会"优秀养生保健科技成果奖"、"国际美食质量金奖"、"国际养生保健产品金奖"、"国际食用菌烹饪大赛团体金奖"、首届驻华外交官烹饪大赛获金奖、2007~2010年连续四年荣获全国餐饮百强企业、重庆商贸流通百强企业。武陵山珍企业先后还荣获了"中国名餐饮"、"重庆名火锅"、"中国名火锅宴"、"全国食用菌餐饮名店"、"全国食品安全示范单位"、重庆餐饮大赛"绿色营养奖第一名"、"全国绿色餐饮企业"、"全国餐饮连锁优秀品牌企业"、重庆市十大就业明星企业、重庆十大餐饮品牌企业、重庆百姓生活影响力标榜"最佳创新菜品"和"最佳扩张力连锁品牌"等众多殊荣。"土家都粑块"、"香烤荞麦粑"和"苗家菜豆花"也分别被评为"中国名点"、"最佳中华小吃"。

36. 武陵山珍是中国饭店协会常务理事单位、中国食用菌协会副会长单位、中国烹饪协会会员单位、重庆中小企业发展研究会会长单位、重庆市食用菌协会副会长单位、重庆餐饮商会副会长单位、重庆火锅协会副会长单位和国际餐饮协会理事单位、国际餐饮协会四星级企业、全国餐饮业优秀企业、中国饭店协会优秀会员单位。

37. 东方魔汤商标是重庆著名商标，东方魔汤是中国专利产品，在全国的知名度和美誉度高。目前已完成东方魔汤商标在韩国、马来西亚、新加坡、美国、中国香港等国家和地区的注册工作及武陵山珍类商标的注册，另有"足媚"等注册商标。

38. 拥有"东方魔汤"等国家多项专利技术，是品牌持续发展的保证。

39. 已在全国开办直营店25家、连锁店125家，分布在全国23个省（自治区、直辖市）。

40. 公司下辖绿王食品经济技术开发有限公司、东方魔汤公司及成都分公司。

十三大管理优势

41. 有较先进科学的人才理念、投资理念、经营理念、营销理念、服务理念。

42. 有较好的菜品质量、服务质量、卫生质量、环境质量、管理质量。

43. 企业有好的文化模式、商业模式、盈利模式。

44. 有全新的发展理念，是中国第一家提出养生经济概念的餐饮和中国第一养生品牌。

45. 有科学调控、监督管理机制，员工发展、晋升空间大，平台大。

46. 经常开展一系列学习训练，提升员工经营管理能力和综合素质，增加员工的集体荣誉感和归属感。

47. 参加国内外美食节、技能技术比赛等大型活动，积累了丰富的经验。

48. 工会、党委、团委、妇联等社团组织健全并经常开展活动，丰富了员工的业余生活，提升了员工工作激情。

49. 内部整合资源，与奇火锅、巴将军"南山三兄弟"等众多中小企业抱团发展，共享共赢。

50. 有晨会、周会、月总结会等较好的会议制度。

51. 有方便快捷实用的网络视频管理。

52. 有规范的物流配送机制，正在向一体化配送、物流公司化发展，有自己的生产基地及加工基地，食品安全有保障，国家的政策、管理对企业的冲击不大。

53. 有自己的财务管理方式，更具专业性和科学性，也更符合企业实际情况。

"345677813"是武陵山珍53大优势排列组合密码，是武陵山珍员工团队追随董事长毕麦15年学习追赶麦当劳的成果，更是武陵山珍百年梦想的真实写照！不愧为武陵山珍立足重庆、面向全国、走向世界强大的正气场、正磁场、正能量。

武陵山珍总店精神

武陵山珍集团副总裁　黄　英

　　一直以来，我的心中都有太多的感动，这种感动来自总店的员工们。其实早就想写出点总店精神的真正含义，而每次提起笔时却又不知如何下笔，直到编辑部王老师安排我写一篇稿子时，我才猛然发现我的内心早已被幸福填得满满的，溢出的是绵绵的情意和我的总店情结。

　　总店是一个真正的家。我们在这个家里快乐地生活着，前厅的员工们用热情周到的服务、甜美的微笑、恰到好处的语言、端庄得体的仪容、规范标准的操作流程，为总店留下了许多忠诚的客户。来自土家族的姑娘们有大山的淳朴和纯真，她们用原生态的歌声和土家摆手舞，给用餐的客人们送去愉悦的心情，传播着我们的土家文化。总店的前厅，处处跳跃的是欢乐的音符！后厨的技术骨干们认真学习严格规范的操作流程，把好原材料的进货渠道和菜品出品质量关，根据季节的不同变换不同的时令菜式，满足客人的不同需求，得到了客人们的一致好评！总店的后厨锅碗瓢盆奏出的是和谐的乐章。

　　同事们团结互助，从早上做清洁卫生，餐中接待，到餐后收尾，你帮我，我帮你，做好本职工作，体现了良好的工作氛围；每次公司组织的大型活动，大家都积极参加，集思广益。当然，回报我们的是集体奖的集体荣誉感，增强了我们团队的凝聚力；每次培训课大家都必须认真地学习，用于实践，是精神的"营养素"，提高了大家的思考意识、工作技能技巧，加强了团队的作战力；每当身边的同事出现困难时，我们会在第一时间伸出援助之手，比如拯救患白血病的李星、帮助受伤同事肖明红和冉光华等员工，大家为5·12汶川大地震捐款捐物、慷慨解囊。我们是一向具有大爱精神的团队！

300平方米的总店赋予我们的是一种责任。小小的店堂要做武陵山珍的标准和旗帜，除了认真做好每一件事外，为企业创造每平方米最高的价值，我们更深知自己所处的危机。工作中开源节流、节能降耗，做好成本控制。把客户当成自己的亲朋好友真诚相待，是我们的工作重点。抓好菜品、服务、管理三个质量，是我们的关键。我们全体员工都把自己当成企业的一分子，是总店真正的主人。

当然，工作中同事间难免会出现一些争执和矛盾，这只是生活中的小插曲，大家都能相互理解和化解，以和为贵，调整好心态，换位思考，互谅互助，从而增进友谊。总店就是这样的一个团队，每个人都是认真做事、诚实做人。总店勇争第一、永不言败、勇往直前的精气神，战胜自我、追求极限的团队军魂激励着一代又一代员工，培养了一批又一批的人才，创造了一个又一个的奇迹。

武陵山珍的激情与梦想

中国养生会馆总经理　黄娅琼

2007年，我带着梦想和激情来到武陵山珍。才出社会的我什么都不懂，唯一能安慰我自己的就是心中那一团团的火。20岁，一个爱做梦的年纪；20岁，有着一股不认输的韧劲；20岁，也是一个懵懵懂懂什么都敢干的年纪。

经过一段时间的培训，我开始慢慢地了解武陵山珍这个具有特色企业文化的一个企业。当我开始对餐饮工作产生兴趣的时候，我的妈妈却对我很失望，说一个大学生却去做这没有前途的服务工作，钱没有多少，一天还要累死累活，一度劝我放弃这个工作再找其他的工作。我却不这样想，虽然我抱负很高，但也要一步一步实现，从最底层的接待服务员做起，一步一个脚印。由于我没有任何的抱怨，反而把我做的任何一个职位当做给自己的锻炼，当做丰富人生的阅历，这也为我以后的升迁打下了一个很好的基础。

在武陵山珍做事的大都是女生，大家彼此都有照应，对我这个新来的也是很关心的，让我感觉自己不是一个人在做事情，而是处在一个整体的团队中，能让我感觉到家人般的关爱。在我做迎宾的空闲时间我也做点服务员的工作，在忙的时候帮姐妹们做点迎宾以外的工作，起先很多大姐级的老服务员还不理解我为什么这样，说你帮着做事情又没有工资，做错了还要受到批评，完全是费力不讨好的。我肯定不会这样想的，我就是要尽量充实自己，让自己不光是个迎宾，还要成为一个什么都懂的高级迎宾！就是这个时候我开始慢慢了解了武陵山珍。从迎宾到服务员，从扫地到摆台，从收银到后台，只要是我能接触的，我都对自己严格要求，认认真真地把各个环节弄懂，不仅要弄懂更要精通，让自己成为一个时时刻刻都能胜任任何工作的人才。

一次偶然机会，我做了服务员的工作。这是我做迎宾服务员的第一次，我没有心跳，也不担心工作会搞砸，我就是有那样的自信，认为自己能做好。我要把服务员的工作做得和迎宾工作一样很出色，一样漂亮。不出所料，我平稳地度过我做服务员的第一天，工作顺顺利利而且得到了很多老服务员的肯定，也得到了管理层的肯定。他们的肯定又无形地给了我以后更大的进步动力。在服务员这个岗位上我做得越来越好，并连续好几个月得到了本店最优秀员工的称号。每次拿着这些奖励我都知道这是我应该拿的，因为我的付出就应该收到这样的回报，不是我自负，这是对自己有足够信心！

很快我就从服务员做到了领班，又从领班做到了主管。我知道我不再是个普通的服务员了，走向了管理岗位的我对自己的要求更严了，因为一个小小的疏忽对店的生意可能就是很大的损失，我肩上的担子更重了。责任意味着要付出更大的努力。因为我对店中每一个环节都很熟悉，这对我的管理工作都带来很多优势，让管理工作进行的游刃有余，几乎没有出过什么岔子。加上平时上级领导对我的帮助，让我的才能得到了很大的发挥，让自己的优势得到了最大的展现。

2009年我晋升经理来到中国养生会馆，开始打理一个很大的店，不能再有只是打工者的想法，因为我肩负的是一个大店的责任。开始时我遇到了很多难题，养生会馆在南山，由于我们的宣传不是很到位，在开始的几个月，我们的生意处在低谷。这段时间领导经常找到我们店的管理层，和我们贴心地谈话，给我们找出工作上的不足和欠妥之处，而我们也不负众望，虚心地接受建议，勇敢地接受批评，认真地做好工作，细心地做好宣传，使我们的生意逐渐好转，让我们的服务水平进一步提高，而一次又一次的高质量服务又成了我们最好的宣传，让更多的人了解了我们养生会馆。

看着我们的营业额，管理层的几个姐妹都哭过，以前是因为营业额太少而哭，但现在是因为取得好成绩而感动。我们的付出终于有了收获，我们的劳动得到了的肯定，回想多少个夜晚，别人已经休息，我们还在忙碌；回想多少个夜晚，别人已经入睡，我们还在为怎样吸引客人而彻夜探讨。我们可是正值青春的女孩啊！我们无悔地将自己宝贵的青春献给了武陵山珍，因为武陵山珍就是我们青春的梦想；我们无悔地将自己应该保养皮肤的时间挤出来给了武陵山珍，因为武陵山珍就是我们自己的面子；我们无悔地将自己应该和男朋友恋爱的时间挤出来给了武陵山珍，因为武陵山珍就是我们的爱人；我们无悔地将自己和家人在一起的时间挤出来给了武陵山珍，因为武陵山珍就是我们的家！

2011年我接过养生会馆负责人的担子，工作最大的改变就是觉得要开的会多了，要面对的重要客人多了。养生会馆的生意现在走上了正轨，可是怎样在现在竞争如此激烈的环境中吸引更多的顾客，怎样进一步提高我们自身的服务质量，怎样管理好新时代"80后""90后"的员工，都是一个又一个的难题。这时候的我不再是刚出道的那个稚气未脱的小女孩了，经过几年来的洗礼，我已是一个稳重和成熟的大女孩了。武陵山珍信任我给了我这样大的一副担子，我却没有一点点的惧怕，而是相信自己只要一步一个脚印，肯定能达到成功的彼岸；相信自己只要是认真地付出了就肯定有收获。

回想一下这几年成长的点点滴滴，我发现自己真的长大了。我在武陵山珍这个大家庭中长大了，虽然每一步都走得那样不容易，但却是走的一步一个脚印。在这里，自己付出的一点一滴都得到了回报。此时此刻，我不禁感慨万千，这难道不是自己经营的人生吗？付出多少得到多少，踏踏实实走好了每一步，让自己的才能得到了最大的展示！

很多刚出道的大学生都有诸多的抱怨，抱怨没有给他们太多的机会，可是亲爱的朋友们，难道机会是路边的公共汽车也等着你吗？抱怨只是给懒惰的人一个自己安慰自己的理由而已，唉声叹气永远只是留给那些不求进步，也不想进步的人的。而成功永远属于那些敢于挑战，敢于突破，有正确方向、目标、方法的人！

从家庭主妇到总经理

武陵山珍机场店总经理　刘红梅

每个女人都应该有一份属于自己的工作，这样才能活得更充实。

2005年8月进入武陵山珍龙湖总店工作前，我只是一个地地道道的家庭主妇，相夫教子，偶尔也搓搓麻将。时间久了，觉得这样消磨时间也不是办法，但一个只有初中文化的自己又能做什么呢？

偶然进入武陵山珍后，我做杂工，就是洗碗，工资也只有几百元。既然自己选择了，就没有什么可委屈的，我坚持了下来。

学习是改变自己的最好方法。重新走上岗位的我，用三个月时间自学做小吃，墩子也是自学的。整个厨房各个工种的前前后后，我都学了个遍，并且了如指掌，并一步步走上了管理岗位。

2006年11月，我由前厅经理升为执掌整个店的总经理。我的成功跨越，不是靠关系也不是碰运气，而是用勤劳的双手和对工作孜孜不倦的执著精神换来的。我不仅赢得了员工的信任，更重要的是感动了顾客。

我亲身经历过这样的事情：店里有一种保健酒最高40度，一次客人喝多了，想赖账就闹事说服务员欺骗他。我就出来解围说这种酒的确不高于40度。可客人提了一个无理的要求，要我当即喝下半斤，他才能相信这酒不超过40度。我二话没说就一口喝了下去，客人只得乖乖买单。不打不相识，此后，这位顾客居然成了武陵山珍忠实的顾客和朋友。现在，作为武陵山珍机场店总经理的我，对待员工就像对待自己的女儿一样，用自己的行动和关爱感动每一位员工。我对餐饮工作有浓厚的兴趣，我喜欢餐饮行业，又善于与客人沟通，在这里认识了很多朋友。我们做人要学会感恩，武陵山珍培养了我多年，所谓日久生情，我很喜欢这里的文化，也感谢我在这里的每一位朋友。

七年来，我从一个生养两个小孩的家庭主妇，从一个对工作已经没有什么兴趣和目标的人，经过武陵山珍这所没有围墙、不发文凭的养生大学的体验、锻炼、训练、磨炼、锤炼，让我重新定位了人生目标，学到了文化、技能、经营、管理等方面的知识，懂得了"父母是靠不久的，男人是靠不住的，不靠神仙皇帝，全靠自己"的女人生存成功法则。从家庭主妇到总经理，让我找回了自信、自尊、自爱、自强，找到了大道至简、大爱无疆及胸中有国家，眼中有大家，经营好自家的责任感、使命感、自豪感。

我在武陵山珍的精彩人生

陵山珍泸州片区总经理　曾　艳

"女子无才便是德"，这是孔老夫子说的。中国传统观念中，女子在家得从父，出嫁得从夫，做一个男人后面的默默女人，这就是所谓的幸福。现如今，女富豪、女总理、女劳模等女强人处处皆是。

记得2004年下半年进入武陵山珍的时候，我不懂得什么是事业、什么是自信、什么是自强、什么是女人味，就这样踏入了实习经理的岗位。根本就不知道什么时候应该害怕，什么时候应该争取，什么时候应该学习，什么是客户的需要，什么是员工的希望……迷迷糊糊地进入了餐饮管理。看着没客人来喝汤，员工也懒心无常，心里着急、无奈啊！我总想着退缩，想着女人不要去争这些，好好在家里做个贤妻良母就好，反正老公也不支持理解。正当自己像只无头苍蝇在徘徊不定的时候，公司董事长、领导们向我伸出援助之手，给我分析原因，找出自己的不足之处，派我到兄弟店学习。来到了总店，黄英总经理热情地接待了我，员工真心地关心着我，一下让我感到了家的温暖。记得黄总给我说过，作为管理者，不是有多大的能耐就行，而是要有敏锐的观察力，能洞悉员工的一切，能走进大家，能知才善用，能让团队在和谐中前进，这才是最重要的。在总店生活的那段日子，终于让我明白为什么他们生意好，团队力量强，那是因为黄总的智慧，因为她能当好一个家的家长，能知才善用，能在员工身上找到快乐。我下定了决心，一定要把天立店给改变过来。在各级领导的关心、开导、支持、帮助下，我重新找到了自信。我行，我一定行!

经过一段时间的学习后回到店里，我充满了信心，充满了勇气，用一定要向前冲的力量鼓励着全体员工。我带领着大家制订计划，从头再来。我们首先从学习企业文化开始，了解公司的发展，增长知识面。从我开始，学习技能技巧，规范每一个动作，每一个手势，让客户感觉到我们的变化。再次就是整顿后厨，请教师傅，加强菜品的学习、制作，从色、香、味、形、意义上来进行改正，让客人吃到放心、养生的菜肴。最后，全员一起齐心，厅内给客人展示民歌、摆手舞，户外上门给客人聊天，送礼品，收集客户资料、意见，大家一起进行纠正、弥补。慢慢的就有客人来用餐，并且表扬我们店里的人员热情、细心、周到，就像到家的感觉，让我们终于得到客人的认同! 看着业绩一月比一月好，利润一年比一年高，我心里的那颗石头终于放下了! 在竞争的社会，餐饮行业一直都是起伏不定的，员工流动也大，所以我的危机感一直不断地提醒着自己要用一颗真诚的心去面对身边的每一个人。

"餐饮业的人员都是吃青春饭的"，大家都不由自主的这样想。我要改变这些，怎么去工作? 回想起在总店学习的日子，黄总所关心的每一个员工，都是从小事开始，我会心地笑了。别人在给我样板学习，自己为什么不照着做呢? 记得朋友介绍了一个女孩子小英来上班，见第一面就觉得这孩子胆小、怕事、没多少文化，形象气质就更不用说了，心里别提多为难。但自己想想，挑战的时刻到了，如果通过自己去改变她，能成为我们中间优秀的一员，那我不是成功了? 行动!! 这是我唯一能想到的。慢慢的，我发现这孩子很内向，不爱说话，连简单的一些字都不会写，但很勤快，为什么呢? 通过与她的交流，原来是家庭的原因。她从小是被抱养的，缺少母爱，家庭条件也不好，没读多少书，知识面更窄。我不断地鼓励她，让她抄菜谱、报刊练习识字写字，教她面对同事、客人的时候怎么说话，在生活中带着帮她买穿的、用的，教其怎么打扮，她生病的时候带她上医院免费看病（我爱人是医生）……我用实际的行动感动了她，并和她成为知心朋友。小英逐渐长大了，已具备了服务人员应该具备的条件，更学会了成为一名诚实、肯干的采购。现如今，她已成长为一名合格的养生顾问兼库管。看见现在的她，我心里高兴、欣慰，更自豪！我相信她会越来越好。

记得还是刚来接手天立店的时候，管理层的人员不齐心，都在算计自己心里的那点小账。通过一段时间对大家的了解，我大胆提拔了一些基层员工。其中的小胡给人的印象最深，老实、勤快、爱学习，也是成了家有了孩子的，给人放心的感觉，我马上在心里把她定格为吧员的人选。我看她一点财务基础都没有，就给她相关书籍学习，天天陪她整理菜单、核算菜价、给客人周旋、学习电脑操作……本来提升就让她压力大了，更有一次因疏忽赔钱，使她有了打退堂鼓的想法。我找她不断交流、举例，分析现实生活的残酷，给她家人电话，希望得到支持，等等，做了很多的工作，终于让她坚持了下来。通过人品的了解，公司的考核，她最后成为一名合格的吧员。她也在这个平台上不断地学习、提升、传授，到现在已升格为店里的财务总管了。算算日子，四年了，值！我们俩都这样认为！

在餐饮行业里翻滚了这么些年，我走过来的路也很艰辛，充满了喜怒哀乐。我在公司给我的这个平台上不断学习，不断地展示自己的特长，用真心、真诚来对待每一个人！现在是小片区总经理的我，跟着公司领导也长了不少见识，更增强了胆识，不怕问题和困难挡在面前了，永远都保持着一颗快乐的心态去面对！在武陵山珍的这么多年，让我更加明白，一个女人不仅要爱小家做一个贤妻良母，更要有自己的事业与信仰，而且还要爱大家为人类的健康奉献养生美食，传播中华养生文化。现在的我，有父母的帮助，有老公的理解和疼爱，有女儿的关心，有领导的指引和鞭策，有朋友的鼓励，有员工的支持，我幸福、快乐！更坚信我们的故事会一个接着一个的延续下去，更会给大家带来快乐和幸福！

记住陈安之老师的一句话："为成功而穿着，为胜利而打扮！"女人一样有梦想、有追求、有事业、有信仰、有成功，武陵山珍成就了我的精彩人生！

成长成熟在2010

武陵山珍南片区总经理　崔炳琼

"大树底下好乘凉"。我来到武陵山珍一直在领导的关怀下、同事的支持下健康地成长，当2010年1月我不得不离开大树自己经历风雨独立成长的时候，我有些害怕，就像别人不相信我一样不相信我自己。我不行，我会做不好，我会让最信任我的人失望，我不敢尝试。我看到了不信任、不认同的眼神，这刺痛了我的心，同时又有鼓励的话语在我的背后响起，"你不会是一个认输的人，我相信我的眼睛不会看错你。"就在那样的徘徊下，我挺直腰昂首向前走在2010的大道上，收获成长成熟的成果。

排除万难，增强执行力，征服两个团队

南方花园店团队是一个年轻的团队，特别是前厅平均年龄只有18岁，年轻虽然是活力的象征，可也暴露了不成熟、不稳重的缺点。同时团队大部分来自特别有故事的家庭，性格脾气都极具个性。年轻也会造成对管理执行的坚持不够，往往是三分热度一过就忘了。我经过思考想了两个方法：

（一）换位思考模式，加以引导

怎样才能让团队所有的人都有换位思考的思维呢？我想到了公司的值周官、值日官制度。让主管及以上的管理人员做值周官，执行店长的权利，履行店长的义务。让所有普通员工做值日官，执行主管的权利，履行主管的义务，前厅后厨各一个。在实行这项工作之前我给主管以上管理人员培训店长

的责、权、利，每天每周每月每年的工作目标与方向，以及主要抓住哪些方面的工作。前厅后厨主管给基础员工培训主管的工作内容与职责。所有管理人员和值日官值周官每天晚上开10分钟的总结会和次日工作部署会。次日，朝会、班前会值日官值周官在员工面前总结安排工作。

让大家来承担责任和执行相应的权利。在一个星期下来，我们的部分员工和管理者开始吃不消，受不了，甚至有人说我吃饱了没事做。我明白他们还没有习惯去思考工作，喜欢简单的三点一线，什么都不用想。有的人则是认为自己不可能，没有那个能力，害怕，等等。在经过多次鼓励与批评后，他们发现自己说话脚不抖了，思路清晰了，表达流畅了，换位思考多了，服从意识加强了。只有这样，在自己当值日官值周官的时间里，工作才会不受到阻碍，也提升了执行力。

（二）关键时刻用特别的方式处罚，从内心攻破，提高执行力

其实每个人在做错了事时都从心理有一种错的感觉，同时也知道可能要承担责任。但是批评与处罚的方式不同达到的效果不一样。对不同的员工我采取的批评方式不一样，我会研究员工的个性，组织自己的语言，让员工心服口服。在我看来，批评与处罚的最终目的就是纠正错误让员工进步。其实管理者的想法都是这样，但最关键的是让员工感同身受，所以需要不同的方式。只有从内心攻破，才能真正提高执行力。

用真心、真诚打造团队，不言弃、不放弃、不抛弃，稳定团队

（一）为员工创造附加值

平时我们说得最多的是为顾客创造附加值很重要，而我觉得为员工创造附加值也同样重要。我曾经是一名基础员工，所以我知道我需要什么样的管理团队，我也做过基础管理，所以我明白我需要什么样的负责人。

老板需要的是最大化的利润，员工要的是好的待遇、好的成长环境、好的成长平台，能够实现自我价值。在我看来，管理就是服务。负责人为团队提供更好的服务，团队才会更好地为顾客服务，才会获得顾客的满意度，经营自然而然会上去，员工与老板也会随之满意。我为我的管理团队去设立目标、规划未来都是用不同的方式引导，让管理团队去为员工规划未来与目标，同时加以监督和指导。相信每个人都希望自己能被别人认可，成为有用的人，每个人都需要获得成就感。管理团队最需要的真心与真诚。当我们真心去为员工设计蓝图时，他们是能够感受到。

（二）不言弃、不放弃、不抛弃团队的任何一个人

这一条应该是我今年最大的突破。在武陵山珍三年来我经历过太多，有过被放弃的痛苦、不认同的经历。我被认为是个谜，猜不透摸不着。所以我不能让我的员工受到这样的苦和伤害。以前我会认为有些人的能力不行或者刚开始很有信心培养员工而因为他们不听话就想放弃。而今年我从未有过这样的想法。我想如果我认为领导的能力不行，那么我更无能；如果认为下属的能力不行，那是我领导无方。特别是不能去弹劾下属不行，如果他是自己一手提拔的，他不行就证明自己没有眼光；如果是别人提拔的，我认为他不行那证明自己不行，因为为什么他在别人手下行而在自己手下就不行了呢？这都要到深思。即使下属有这样或者那样的问题我们也有责任和义务去帮助他们，不成功还是要找自己的问题，或许是自己的能力问题，或许是人格魅力不够，或许是没有认真对待，或许是真诚度不够。我对管理团队这样要求：不能歧视任何一个员工，更不要放弃任何一个员工。只有这样，心态才能平衡，没有做到领导那个位置就证明自己能力不够；没有让每个员工为自己敞开心扉，就是自己的人格魅力不够，真诚度不够。

营造学习型、研究型环境氛围，形成良性竞争

（一）开展学习分享交流会

从2010标准效益年开始，公司特别注重学习，南方花园店也顺应这样的模式，去公司参加各种培训会，培训后回来进行详细的分享，再组织每个人进行分享，最后要求每人将分享内容形成不少于三百字的感言，并要求管理团队批改，提升语言的组织能力、表达力、思考力、行动力。

（二）请老师为员工做培训

借助兄弟店来店学习的人为大家做培训，达到互相交流学习的目的。也请了《健康重庆》宣传组的于老师为我们培训了工伤急救、内外疾病护理的培训。《绝对成交》的尧老师则给我们培训了自信，同时还送了一本名为《心灯》的心理身体健康教育的书。这些活动让我们的学习氛围更加浓厚，提升团队及个人素质。

（三）将每次学习用到工作与生活中

每次学习的内容不仅仅是书面考试，而且是随时融入工作中。比如学习了怎样与人交流，就给他们出了一个课题《交心了解，设计蓝图》，要求每个人以自己为圆点，画半径了解所有的同事，为同事设目标订未来。

这就是2010年，这就是我精彩人生感悟最多的一年。这一年，风风雨雨，血雨辛酸被体现得淋漓尽致。在这里我特别感谢没有放弃我、抛弃我、关心我、支持我、鼓励我的那些领导、老师、同事，谢谢你们给了我能量与勇气，同时也感谢蔑视、遗弃、批判、误解我的人们，谢谢你们让我坚强，让我独立，让我的心志得到了磨炼，让我自知、自治、自明，让我知道了宽恕、宽容、包容。2010年，我爱你，你是我成长成熟最精彩的一年。

回家的感觉真好

武陵山珍江北店总经理　廖正会

在女儿快一岁的时候，我离开武陵山珍两年多后又重新回到了武陵山珍，重新归零从养生顾问做起，就像一个离家出走的小孩再次回家享受到了一家人一家亲的温馨与幸福！公司领导不仅不计前嫌、不嫌弃我、不抛弃我、不冷落我，反而给我关怀、关爱，重点培养我成长为经营管理人才，要我向优秀的店总经理学习，早日成长成熟为高级管理经理。

回到武陵山珍九龙坡店，前厅的植物葱茂青翠，还是那样充满活力，亭亭玉立的迎宾姑娘在笑容可掬地迎来送往，春风洋溢在她的脸上。大厅内井然有序，员工们像快乐的鱼儿在穿梭，领班和主管们风风火火地忙碌着，后厨师傅在扑面而来的鲜香中有序地工作，奏响出一组组和谐的交响乐，一切都是那样的生动、新鲜、充满活力。我体验着、品味着、感染着……

中秋快到了，街面的食坊有些冷清，电视上说的涨价风波我不懂，也没有兴趣，但我们的店堂却显得十分热闹。我想，这就是我们山珍的魅力所在。回想3月16日，公司通知我去参加资格训练，学习职业道德、技能、管理等一系列知识，让从小读书较少的我拥有了难得的机会，让我可以认真地听，仔细地记，反复地思考。正是因为这次培训，我家先生从最初的反对逐渐开始理解，开始支持。他的这种转变令我感到欣慰，末了他还说了一句："你们老板能再给你一次这样的待遇，是你的福气，还是武陵山珍好啊。"我也明白了武陵山珍有人性的关怀，也许这就是武陵山珍不同于其他地方之处。

说实话，从早上的九点到晚上的九点，在值班的时候甚至会到凌晨，真的很累。回家后女儿都不大理我、亲近我，先生偶有脾气，念及此处，会感到有些委屈，但我想也许下个季度我就可以干经理的活了，两年后也许就是某个店的负责人了，说不准哪一天公司突然告诉我拥有了公司的股份……想着想着就不感到累了，不再委屈了，一天的劳累就烟消云散了。

时间过得很快，从2009年的1月到今天，从女儿的咿咿学语到上幼儿园都能唱歌跳舞了，在这两年半的时间里，当初的想象居然实现了，我现在已经成为了一个店的负责人了。

强大的武陵山珍品牌，赋予了我一切感激和奋进的源泉，我有什么理由不以恳切的情怀去感恩回报呢？唯求此生能为武陵山珍的和谐发展发一分光，散一分热，肝胆相照，患难与共，奋斗不止。我始终坚信：梦想在此飞扬！

我和不少同事都是离开武陵山珍后经历了不少痛苦与磨难，相比较之后觉得武陵山珍这个大家庭、这所社会大学校才是我们人生的舞台，才是最合时、最合适、最合事的精神文化家园。

回到武陵山珍的感受

武陵山珍直营店大学实习生　张　晓

再次回到武陵山珍，心情是复杂的。

我第一次到武陵山珍实习是在南山中国养生会馆当传菜员。在一个月的时间里，我掌握了传菜员应具备的技能，我还参加了养生会馆的周年庆活动，从中了解到了武陵山珍员工的多才多艺。在工作中，看到了同事对自己工作的认真负责。在生活中，大家互助互爱，充满了家庭的温馨。这些都让我对再次到武陵山珍实习充满了期待。但离开武陵山珍已经有整整一年的时间了，再次被安排到武陵山珍实习的我，心里多少有些担心，因为这次实习的时间是一年，害怕自己不能坚持下来，所以特别请求老师将我和同学安排在一个店里实习。但7月4日上午到公司时，事情出现了变动，公司将我和一个同学安排到武陵山珍南坪店实习。开始时我心中多少有些不满，因为对工作环境的不熟悉渐渐演变成了担心。但当我们到达南坪店的时候，这些感受都因同事们的热情接待而演变成了一种感动，让我相信在以后实习的日子里，我会和同事们一起愉快地工作学习，为自己积累实际的工作经验，为以后的工作打下坚实的基础。

在武陵山珍南坪店工作的第一天，我将清洁卫生做好后，参加了冉董、曾总和南坪店负责人召开的工作总结会。在总结会与曾总的谈话中，我知道了正确面对自己的缺点，学习别人的优点和在工作中保持良好的心态的重要性。我会在实习的一年里努力工作，好好学习，为自己的未来而奋斗。当天晚上临时接到通知，店内负责人安排我们将餐具归类摆放整齐。虽然餐具很多，但我们相互协作，很快就将事情做好了。从这件事中，我认识到了团队的力量是强大的。工作的第二天，我们迎来了公司的"六比"检查小组，为此我们将店内的清洁卫生彻底做干净。晚上，南坪店的生意不错。我虽然对服务流程并不了解，但还是为客人认真服务。因为我个人原因给客人带来了一些不必要的麻烦时，我会为此向客人道歉。同事给我提出意见，让我在工作中保持微笑，及时更正错误，认真做好本职工作，这让我体会到在工作中微笑服务的重要性。这里的工作虽然很忙，但很有意义，让我学到了许多在学校学不到的东西。

在以后的工作中，我会发扬武陵山珍的"四特精神"，即特别能吃苦，特别能忍耐，特别能奉献，特别能竞争，努力工作，认真学习，尽快成为一名合格的养生顾问，然后尽快提升自己的能力，提高服务质量，将工作做好、做细、做精，为自己的梦想而奋斗。

我到武陵山珍实习的感想

武陵山珍直营店大学实习生　邓惠方

再次回到武陵山珍实习，感受还是蛮多的。

首先，武陵山珍的企业文化一直感染着我。第一次到武陵山珍公司，第一次到武陵山珍南坪店，第一次独自上台为客人服务，第一次参加其他店的周年庆活动，第一次参加公司举办的军魂训练活动……我的每一个第一次都见证着武陵山珍浓浓的企业文化。在去年实习的一个月时间里，其中对我影响最深的是武陵山珍的"四特精神"。"特别能吃苦"让我在炎热躁动的夏季取得了不错的实习成绩。虽然刚开始时什么都不懂，什么都不会，但通过几天的扎实努力，我通过了店里安排的模拟，顺利上台为客人服务，并在服务中赢得了很多客人的满意。"特别能忍耐"让我明白了做服务行业这句话的重要性，顾客就是上帝，我们工资的有无由顾客决定，工资的多少则由领导决定，所以不管遇到什么情况，都要端正态度，用真诚、朴实的语言去化解矛盾，亲切、热情地服务客人，让客人吃的开心，舒心。"特别能奉献"这句话让我深有感触，人要有奉献精神，不管是在物质方面，还是在精神方面。在这财富欲横流的当下，"奉献"二字似乎在慢慢退出社会的舞台，人们为了追求更好的物质生活，单位与单位之间、同事与同事之间常常钩心斗角，尔虞我诈，生怕泄露了什么。但在武陵山珍，我看到了每个员工都在尽自己的努力奉献自己力所能及的事。像曾总、黄总她们总是毫无顾忌地传授经验，让我们在工作道路上少走弯路。"特别能竞争"这句话是当今社会发展所必需的，是我们赖以生存的必要条件，无论工作、学习都离不开竞争。在武陵山珍这个大家庭里，竞争也十分强烈，每个员工都在证明自己的实力，也只有通过证明自己能行才能赢得领导的认同。

其次，是武陵山珍的团队感染着我。记得我刚踏进武陵山珍就被他们的热情所深深打动。来到南坪店，他们的热情无疑再次打动了我。在一个月的工作生活中，他们也对我们几个实习生格外关心，每次团体活动都会安排我们参加。其中，在打造军魂训练的活动中，我感触颇深，没想到一个简单的报数，竟会让在场的大多数人都泪流满面。我知道这是因为团结，所以每个人的心都紧紧地连在一起；因为感动，所以一个个都泪流满面。虽然一年过去了，但当时的情景至今仍记忆犹新。我喜欢这样的团队，有欢笑，有帮扶，有泪水，有感动，有奖励，有批评，有……每天都在上演着不一样的故事。

最后，因为我自己也是个土家女孩，对民族文化有着深厚的感情，所以我选择再次回到武陵山珍，希望学到更多武陵山珍的土家苗寨文化；同时，联系在学校所学的理论知识，培养自己各方面的能力，为自己的职业生涯定一个方向，实现自己的人生价值。

选择武陵山珍的故事

武陵山珍九龙坡店总经理　曾　宇

当我第一次听说武陵山珍能用几十种野生菌做菜时，感到特别的兴奋，因为这是我们大山里的孩子想都不敢想的。我特别喜欢吃野生菌，我的故乡美丽的长江南岸也生长着许许多多的野生菌，小时候爸爸经常采回来煮着吃，但是不敢一起做来吃，怕中毒。妈妈每逢赶集日，早上天刚蒙蒙亮时就起床上山采菌去了。可别小看妈妈采的那些小小的蘑菇，那可是我的学费钱啊！

2006年2月的最后一天，我离开了工作五年的茶楼，在家里做了一名真正的"闲妻"。所谓"闲妻"，就是闲在家里什么事也不用做的一名妻子。我每天的工作就是给我家先生做饭、洗衣服、看电视。平日里每周日休假一天，感觉自己好累，总想休个长假，可是做"闲妻"才15天，我就按捺不住了。2007年3月17日，我在没有给家人打招呼的情况下，来到武陵山珍龙湖总店A区做了一名服务员，走上了新的工作岗位。我以前的工作经验对于我现在的工作来说一点用处都没有，只是会让自己产生理想和现实差距太远的感觉而已。看到每天要完成的基础清洁卫生工作，我头都大了。我来自于农村，但是干粗活的时间比较多，而进城打工以后，基础工作也做得少，所以让我做清洁，我的速度完全跟不上，而且很缺乏工作技巧。几天下来我的手上出现了一条条的口子，在慢慢地流着血，这条好了，那条又冒出来了。可是我并没有放弃，因为我相信别人能做好，我就也能做好，体力劳动是最好学习的不是吗？特别是每天朝会、班前会上的"特别能吃苦，特别能忍耐，特别能奉献，特别能竞争"，和爸爸从小给我灌输的"要想别人看得起你，你就必须尽最大的努力超越他"不谋而合，时时刻刻都在激励着我前进，让我把每一项工作都完成得异常漂亮。

2006年的第一季度"六比"竞赛，我看到了我所在的团队中每一个成员都努力地为了团队荣誉而战。我被店里推荐去参与模拟，第一次进行比赛式服务，心里特别紧张，但是我始终相信黄英总经理既然相信我做得到，我就一定做得到。就因为这一次亮相，我在武陵山珍成为小小的名人。2006年第二季度"六比"竞赛，公司执行董事王战风又给了我一次学习机会，让我参与外围店的"六比"检查。我是武陵山珍第一个以服务员身份参与"六比"检查的。为了不给我们总店丢脸，我做到了公平、公正、公开，努力地学习各店的成功经验。通过对各种知识的学习，我于2006年7月27日调到解放碑店任前厅领班。前一阶段工作期间，我和总店建立了深厚的感情，我舍不得离开。临走前在晚上聚餐时，我抱着黄英姐哭了，其他兄弟姐妹又抱着我哭了。我平日从来不给管理团队添麻烦，而且经常帮助年龄小的人员端正自己的思想态度，我带给团队的只有快乐，所以团队回报我的是浓厚的情谊。

2006年10月27日，我被提升为杨家坪店前厅主管，2007年8月1日任武陵山珍杨家坪店经理。这段时间是我工作中最艰辛的一段日子。我的顶头上司黄鹏走了，当公司总部营运中心王茜主任告诉我"曾宇，以后九龙坡店就交给你了"时，我压力好大。我要应付消防、工商部门的检查，还要抓好经营管理。我为我的团队付出了真心，我的团队也给予了我丰厚的回报，有了一支稳定的队伍。这是我的团队，我自己打造的团队！2008年12月20日我领着我的团队又进行了一次突破，我升职做副总经理了。以前，我认为我自己能做经理就是我的最高境界了，没想到还可以做副总。当王总打电话通知我时，我心里怦怦乱跳，我真的怀疑啊，但是王董说我有潜力，一定行。2010年2月2日，我又成为"武陵山珍九龙坡店执行总经理"。我从茶楼出来时，我的家人不理解我，我的婆婆甚至说，"经理不做，做一个服务员，脑壳有乒乓啊。"我终于用我自己的意志力战胜了工作中的困难，重新赢回了家人对我的尊重和信任。2010年12月21日，我受命接管南坪店，又一次刷新了我的职业生涯。虽然新的路曲折难行，但是，现在的南坪店不是已经很好了吗？

我的人生总是那样的绚丽多彩、千变万化，不乏大风大浪，可是，我喜欢！我不断地改变我自己，我永远记住了"历史我们无法改变，未来在我们掌控之中，选准路才有出路，改变才有希望，不是我脑袋不聪明，而是我不爱学习，不是我做不到，而是我想不到，不是社会和公司来适应我，而是我去适应社会和公司，一切问题都不是问题，一切问题都是我自己的问题，最大的障碍是自己，最大的敌人是自己，最大的对手也是自己"。我的成长就像灰姑娘历险记，在我人生的31个年头里，我用心去体验生活中的点点滴滴、酸甜苦辣，最大的收获就是：把付出当成是必然，把收获当成是偶然，那么成功也就是自然而然！

我毕生追赶毕麦

武陵山珍绿王公司网络销售中心主任　李　锋

从来没有想过这辈子能去台湾，当飞机在台湾松山机场着陆的时候，我还不敢相信这一切就已在几个月间变成了现实。

2010年9月底，我还在为下一个季度1500元的房租发愁。一直以来坚信自己可以改变命运，靠自己的努力学习去改变家人的生活状况，结果大学毕业两年多了，连自己的生活都成了问题。

我虽满怀理想，却在现实面前无地自容、气馁彷徨。这时候，我想起董事长直接任命副主任的信任，想起公司首席执行官吴道安对我说："你大胆地搞，公司在财力、人力、物力上都会支持你。"信任是一股巨大的力量，当晚我彻夜难眠。

九月是喜庆的节日，在教师节、国庆节前夕，武陵山珍皇帝宴、家庭宴等养生系列礼品，因为其独一无二的专利技术、独具特色的理念设计、独特的美味，吸引了各大企业、银行、事业单位甚至政府单位的纷纷采购。武陵山珍领导当即做出战略部署，发起了由五百余人组成的"百团大战"。在这个大平台上的我，也有了展示才能的机会。

金秋十月是属于坚持和认真的人。"百团大战"中我所在的2团赢得了绿王营销"百团大战"的团队冠军，得到了团队海南双飞五日游的奖励，那是我第一次乘坐飞机，第一次见到容纳百川、汹涌壮观的大海，第一次乘坐游艇钓鱼……我感到了团队的力量，我感到我的业绩还可以更好，还需要努力，更多地为团队作贡献。

当年11月绿王营销总部再次发起"百团会战"，这是一个机会，我只能以行动来证明自己、对团队感恩。

11月25日董事长毕麦亲自挥毫写下"你疯才赢"。这四个大字包含着信任、能量、激励、状态、责任和成功，等等。它一直鞭策着我、改变着我的思想和行动。

2011年4月，2团以26.8万的业绩，荣获"百团会战"的团队季军，得到了团队张家界五日游的奖励。出门在外七年，那是我第一次坐火车卧铺。

4月15日，作为"百团会战"个人销售季军，我开始了台湾环岛八日的旅游。

从付不起房租到看楼盘买房的冲动，六个月之间，给了我太多的感叹和惊喜。武陵山珍稳健地走了15年，武陵山珍是中国养生第一品牌，武陵山珍家庭宴等产品是健康养生的特色礼品，这些年变化了什么？改变了什么？最后才发现改变了、变化了的唯有我们自己。我们在这个平台中褪去了昨天的彷徨和失落，迎来的是团队的喜悦、个人的成长和对未来的希望。

我要感谢武陵山珍董事长毕麦的大胆用人、不抛弃、不放弃；感谢公司首席执行官吴道安一直相信武陵山珍每一位员工和我一样都是人才；发自肺腑地感谢武陵山珍给我这个学习、成长、创收的大平台，并不惜代价组织员工走出去参加陈安之等等业界大师的讲课，固定每周六组织全体员工举行各种丰富多彩的学习分享。正因为这样，每个武陵山珍人特别是年轻人才得以成长的如此迅速。

当然，如此频繁的学习与训练，民营企业搞得和民办大学一样，这在开始的时候我也很不理解，董事长说做了再说，看到结果再说。我不知道董事长讲的是对还是错，但是我深刻地感受到，这些对我有用，我的生活、工作中的很多问题都有了答案，我不再失眠、不再恐惧，相反还以逐渐宽阔的视界和心胸来做好今天、憧憬明天。武陵山珍给了我希望，董事长给了我方向、目标、方法，给了我智慧、勇气和平台。

如果毕麦是用毕生精力来学习和追赶麦当劳，我只能说我将用毕生来学习追随董事长毕麦。

我与武陵山珍一起成长15年

武陵山珍公司财务部总经理　田晓蓉

进入武陵山珍时正当我16岁的生日，也是我第一次有生日蛋糕庆贺生日，让我记忆犹新。从16岁到30岁，我与武陵山珍一起成长。15年，1分耕耘，10分收获，在这里我从一个服务员成长为今天的财务副总，收获了事业、亲情、友情、爱情，实现了我的人生价值！这一切主要是靠公司有这么好的平台，让我得到探索、学习、成长的机会。

责任、严谨、效率一直是我工作的信条。坚持制度，摆正位置，改变态度，把公司的事当成自己的事来做，从全局的角度放宽视野，然后改变自己的工作方法，总结起来是对企业责任多一点、忠诚多一点；对上司服从多一点，建议多一点；对下属鼓励多一点，指责少一点；对自己借口少一点，标准再高一点。

微笑是一种修养，并且是一种很重要的修养。真正懂得微笑的人，总是容易获得比别人更多的机会，总是容易取得成功。做服务员的时候我就力求做到最优秀，是微笑使每位管理人员、同事都喜欢我，使我每天都得到顾客的特别表扬、点名服务。记得有一次见到迟浩田将军，我看到他老人家是那么和蔼可亲，微笑挂满了慈祥的脸庞，从此我认为微笑是对生活的一种阳光态度，跟贫富、地位、处境没有关系。微笑成为我成长中最好的名片。微笑能给自己一种信心，微笑是朋友间最好的语言，是同事间最好的沟通，微笑使我的工作能得到更多人的支持，微笑让我的人生更加美好！

持续的学习力，为我补课，使我的文化素质和管理能力不断提升，使我从一个服务员成长为财务部总经理一路进取。因为小时候家里条件有限，所以我进入武陵山珍工作以来一直没放松学习，至今我30岁前的计划已基本实现。都说近朱者赤，近墨者黑，我很庆幸加入一个爱学习的团队。我个人在做服务员的时候就开始学董事长在西南大学读研究生的教材，那是关于公共关系的课程，这让我或多或少都有些收获。后来做了领班、做收银员的时候，我开始学习会计课程，并取得会计从业资格证；有了这个资格证使我顺利地进入财务部工作，从一个店的出纳到几个店的出纳，再到总公司的出纳、财务主管，一干就是8年。经过8年艰苦奋战，我如愿以偿取得"财务会计"专科文凭，并参加了会计职称学习，此后将理论与实际相结合，专业知识和财务管理能力得到充分积淀。机会都是留给有准备的人的，2008年我被公司提拔为财务部总经理助理，从专业岗位转换到管理岗位，开始有点儿力不从心，可是公司领导一直鼓励我，"没事儿，你一定行的，天塌下来了有高个子顶着"。正是有这样的鞭策，让我在2009年又被提拔为财务部副总经理，主持财务部日常工作。这期间我也一直没放松学习，还利用业余时间学习，取得了"工商管理"本科文凭，并参加经济师职称学习，学到了一些对工作有用的知识。2010年公司把上市的目标纳入未来3年计划，又派我到西南财经大学参加《公司金融与资本运作董事班》学习上市运作的相关知识，建立人脉网络。我的学习从纵向发展为横向学习，更加活学活用，整合资源，使自己更上一个台阶，为公司创造更大的价值！

打造一个学习型的魅力女性团队，优秀是一个吸引一个，积极向上也可以互相影响。我们武陵山珍是一个有学习力的团队，尤其我们财务部在我的号召下，全体成员都去参加学习，没有专科文凭的取得了专科文凭，有的还通过了本科文凭，很多人通过了助理会计师、中级会计师、中级经济师、统计师等专业考试。财务部以女性居多，我们互相影响，提高大家的投资理财能力，做买房、买股票、买基金等投资，力争成为一个理财能手。为了丰富业余生活，提升女性内涵，我鼓励大家学开车、插花、跳舞、彩妆、亲子教育、做魅力女性等课程。在这里，我们工作有进步，生活也很愉快，在这个舞台上尽情展示魅力女性的风采！

好马也需伯乐识，学会感恩，做事重细节，做人拘小节。在这里再次感谢公司领导对我的信任和包容，感谢同样优秀的武陵山珍同仁对我的认可和帮助！特别要感谢的是武陵山珍的创始人毕麦董事长为我提供了一个这么好的平台，教我做人、促我学习、逼我进步；感谢我的上司公司首席执行官吴道安和财务总监张雪乔，因为你们的高标准、严要求才铸就了我今天的辉煌；还要感谢我们财务部的全体同仁，你们不但是优秀的财务管家，也是好参谋、好助手，因为你们的鼎力支持才有我今天能把我的故事写在这本书里与大家分享的机会，谢谢你们！

在大家庭的感想

武陵山珍江北店经理　蒋玉雪

当我写这篇感想的时候，我脑子里突然浮现了来武陵山珍两年多太多太多的回忆，心里也有太多太多的感触，我们武陵山珍这个大家庭的家人很淳朴，很善良，很值得我去尊重。

当年的我风华正茂，有些憧憬，有些稚嫩。中专毕业后，我怀揣着梦想与激情踏入这个社会，分到了一家电子厂上班。在厂里呆了大半年时间的我不幸遇上了2008年的金融风暴，让我感受了社会的现实与残酷，我这个刚入职的新员工被淘汰了。后来我经朋友介绍来到了武陵山珍这个大家庭，店里的员工年龄和我差不多大，很热情，店里的领导也和我们同吃同住，让我觉得很温馨。当我是个新员工时，企业就给了我们很多学习的机会，我的师父也很耐心用心地带我，不管是在生活上还是在工作上都很热心地帮助我。我慢慢地被这个企业里的人感动，我于是开始拼命地去记我们的菜品，拼命地去学我们的业务技能。我在心里想，我也要像我师父一样当一个优秀的员工。在这里上班我从来没有放弃的念头，因为这一秒不放弃，下一秒才会有机会。今天工作累啦，晚上休息了明天一样有力气。我不怕累，不怕苦，也不怕付出，我始终相信付出总有回报。

我们店里的主管给我们训练时告诉了我们一个道理：当做一名员工时，就要以领班的标准严格要求自己；当做一名领班时，要以主管的标准严格要求自己；当做一名主管时，就要以经理的标准严格要求自己。她还给我们讲了她当时当员工时给自己定的目标：两年之内做主管。我把她的话、她的目标深深地记在了心里，因为这也是我的目标。有了目标后，我的方向也明确了。有些事其他人不愿意干的，但我愿意干。我相信多一份努力，就多一份机遇。而领导也给了我很多表现的机会，所以我很快就让我在半年的工作时间里升上了领班。

当上领班之后，因为我从来没有过管理经验，在工作中遇到了很多困难，有些事情处理得不是很好，有的员工心里有情绪导致不配合我的工作，使我自己的心里也很难受。每当这时候我的领导会在第一时间帮助我走出"泥潭"，她们会给我分析我处理事情的方法哪里处理的好，哪里还需要改进，员工有情绪我们作为管理者应该怎样去无情管理友情沟通。我慢慢地找到了管理的一些方法，处理事情时也没有那么急躁，那么胆怯，那么没有头绪。我开始努力地做好一名优秀的领班，起好带头作用，运用好领导交给我的方法。同时，我也深知自己身上的缺点与不足，身边优秀的人太多太多啦，我只有自己不断地学习，不断地进步，不断地去提升，不断地去竞争，不断地去抓住机会才不会再次被社会淘汰。经过学习和努力，我又被领导提升为前厅主管。

当我当上主管后，自己身上的担子突然重了很多，责任也大了很多，我也遇到了一些以前没有遇到过的问题，压力也越来越大，而自己也不会自己调解，所以心中的"压力雪球"在我心里越滚越大。这时我的领导耐心地给我沟通疏解，用她们的温暖融化了我心中的"雪球"，让我看到了春天。我还记得其中一位领导说的一句话：世界上没有跨不过的坎、翻不过的山，只要坚持，胜利永远在山那边等着你。这句话在此后我遇到困难想要退缩的时候一直鼓励着我。

在这里我要感谢我的领导，是你们不断地给我展示自己的平台，才使我有不断学习的机会；我要感谢我的师父，是你耐心地教导我的业务技能，才使我能一步一步脚踏实地地往上走；我要感谢我的同事，是你们热情的帮助我，才使我能跌倒了再爬起来。武陵山珍人是真的很淳朴，很善良，很值得我去爱戴；武陵山珍就是我们的家，在家的感觉真好！

在武陵山珍学习的感受

武陵山珍直营店大学实习生　陈君兰

太阳热情地亲吻着大地，知了声嘶力竭地叫嚣着，又是一个炎热的夏季。去年就是在这个季节，我来到了武陵山珍这个大家庭。当时的我第一次离开学校，来到即将工作的新环境，对一切既陌生又充满好奇。当时，每个人都微笑着说："欢迎你的到来，成为我们大家庭的一员。"这宛如一袭清风吹进心田，很舒服，很感动，很释然。对于初来乍到的我，他们像亲人一样处处呵护着我，让我在这快乐地成长。

我这次又来到这里时，每个人都微笑着说："欢迎你'回娘家'。""娘家"这个词一下子就拨动了我的心弦。他们都记得我，他们像亲人一样，欢迎我回家。我真的很感动，一股暖流从心田上涌，眼泪在眼眶中蓄满，滑落。我能很清楚地感觉到它的温度。回想刚来时在这儿的一个月，这个大家庭让我感触很多。

改变自我　突破自我

当时的我性格本来就比较腼腆，又初到一个陌生的环境，就显得比较拘谨。那时我总是和同来的同学黏在一起，不太敢和其他人大笑大闹。在班前会上，做自我介绍时我都会脸红，声音都会颤抖。但在这个大家庭的细心、真心、耐心地帮助下，我一点一点地改变自己，一点一点地突破自己。渐渐地，我能微笑着给客人问好，能微笑着大方地给客人报五步曲，能很随性地给客人唱山歌，能在周年庆上上台表演节目。我觉得只要我每天突破一点自己，总有一天，我将超越自我，越来越优秀。

团结就是力量

"军魂"打造训练是由整个南片区统一在一起训练的。领导将整个团体随机地分成两个团队进行报数比赛。将毫无默契的人"捆绑"在一起，要想赢得比赛，我们只能团结一心。一次次的报数，看似很简单的动作，却要求我们每一个人都要快，要准。我们凭着我们的团结，凭着我们对彼此的信任，每次报数时都用眼神表达对彼此的肯定。在一次次反复的练习后，我们最终获得了胜利。

坚持就是胜利

阿里巴巴的马云说："今天很残酷，明天更残酷，后天很美好，但大多数人都死在明天晚上，看不见后天的太阳。"要想成功坚持是必然的。周年庆的当天，大家都积极紧张地筹备着，因为有"六比"会议在店里举行，所以就显得格外的忙碌了。我被分在茶水组，一站就是几个小时。在我们的坚持下，"六比"会议和周年庆都成功圆满地结束了。

以上只是我在去年那一个月里的感触中很少的一部分。武陵山珍就像一所人生大学，能教会我们很多。所以我再次选择了武陵山珍。

再次来到这个大家庭，我看到每个人的脸依旧洋溢着的微笑，像花一样，芳香扑鼻，沁人心脾，每一个人都自信满满，都热情洋溢。这种气氛感染着被夏日折腾得疲惫的我，让我也跟着微笑起来，自信起来。

我将在这个大家庭里生活一年，我会以最快的速度融入这个集体中去，把自己当成其中的一员。在这里，我会调整我自己的心态，让一切归零，忘记自己是个学生的身份，以一个职业人的身份在这个大家庭里开始自己的另一种人生。我会摒弃自己的缺点，学习别人的优点，不断提高自己的工作、学习能力。我也会谨记王鹏老师给我们说的"坚决遵守"和"坚决不遵守"，努力实现自己的价值，争取做到今天我以店为荣，明天店以我为荣。

武陵山珍是一个大舞台，很感谢武陵山珍给了我这样一个舞台，希望自己能够在这个舞台上舞出自己精彩的人生，给自己的人生道路上留下美好的记忆，让其成为永恒。

期待我在这里的蜕变。

我再次选择武陵山珍

武陵山珍总店B区总经理　马超容

如果说这是缘分，还不如说这是上天将我安排到武陵山珍这个团队来；如果说这是巧合，还不如说是自己加倍努力的结果。而正因为有了上天的安排，我才有了今天的成就。

2005年，刚出来工作的我误打误撞地进入了武陵山珍这个团队，担任起了服务员的角色。年轻是我最好的资本，我严格要求自己抱着必胜的心态去面对我的工作，在行动上也毫不松懈。在工作中遇到问题不懂就弄到懂为止，在工作中遇到难题决不退缩，硬着头皮努力去解决。俗话说："活到老，学到老。"我每天努力工作学到的东西绝不错过。工作之余，我与同事相处融洽，同时学习各方面的知识来充实自己。在武陵山珍的这段日子，我尝试过各种工作角色，从服务员变成迎宾，从迎宾变成领班。虽然我每天加倍努力的工作，学习新的知识，但并没有得到好的效果，心里单纯的想法也变化了。或许是寻找我的伯乐还没有出现，或许是我应该到外面去闯一闯世界，或许……带着自己单纯的想法我离开了武陵山珍，寻找另一种谋生的出路。

离开了武陵山珍，我另外找了份吧员的工作，选择了出纳课程的培训，就这样平平常常的边上班边培训。随着时间的悄悄流逝，我才发现原来所在的武陵山珍团队比外面的这些团队更加团结、和谐、友好，比外面这些酒店餐饮更正规、更有档次、更有人性化，但是自己离开了还有什么后悔的呢？我真的很佩服缘分这东西，一次偶然的机会让我遇到了罗总。她了解到我在外工作和培训出纳的情况，毅然将我调回了武陵山珍总店B区，并将出纳的重任交付于我，真是"天将降大任于斯人也，必先苦其心志，劳其筋骨，饿其体肤，空乏其身，行拂乱其所为"。就这样我又再次选择了武陵山珍。既然罗总这样相信我，又有这样一个大展实力的舞台，再加上我学习出纳的课程，我比以前更加努力地工作，想方设法将公司的利益放在第一位，因此工作做得更出色。老总的赏识和自己的努力，让我很快就被提升为副总经理。我在心里默默地告诉自己，这是自己付出所得到的成就。既然有了成就，就更应该创造更多的辉煌。

升为副总经理，带领好员工，服从做好领导的安排，是我的工作。因为我是从基层做起的，尝试过各种角色，有更多的经验，店里的大小工作都能轻松解决。总结下我的小经验，可以说，成功者需要三大因素，一是成功者做别人不愿做的事，二是成功者做别人不敢做的事，三是成功者做别人想做而做不到的事。工作需要努力，要努力才是工作的基础与本钱，有能力才能服从并做好上级的安排，有能力才能将自己的团队带领成一个优秀的团队，创造出辉煌的业绩。

走到今天这一步真的是经历了太多的风风雨雨，我在工作中曾经哭过、笑过、害怕过、高兴过……但不管怎样，只要认真对待生活与工作中每一件事，都会有收获的。

武陵山珍这个团队真的是很不简单，这个团队比其他团队更具亲和力，更人性化，更有一种令人佩服的感受。武陵山珍让一个什么都不懂的小女孩成为了事业的强人，让更多的人体验到幸福，也让更多的人享受到健康的权利。

在此，我由衷地感谢武陵山珍，感谢领导对我的栽培与照顾，给了我这样一个学习的机会、展示的平台、光彩的舞台。因为有了武陵山珍，我的人生才发生了改变。我愿与武陵山珍共同成长!

武陵山珍,世界耀眼的星星。

武陵山珍,人民心中的幸福。

武陵山珍,我的第二个家。

我与武陵山珍同心同行

武陵山珍南充店总经理　陈晓玲

武陵山珍在2004年入驻南充市，可以说一进来就不被食客认同，其主要原因是价格差异（与当地消费水平差异很大），给顾客留下一个印象："贵"。即便如此，我们独特的养身健康餐饮、分餐制、一流的服务，仍然吸引了一批消费者，并慢慢地在南充餐饮市场立足下来。不过，这"贵"字让我们这一路走来很艰难。2006年是我们经营最困难的时期，经营陷入利润低谷甚至面临关门的危险。尽管我们走在亏损的边缘，但公司没有放弃南充店，投资方也没有质疑我们南充店的两个团队，我们自己更没有轻言放弃，可以说对各种方法无所不用其及，但改变这种困境最有效的方法，就是调整经营思路和推销方向。于是管理团队对财务报表进行了分析，找准利润点，结果这一方法立竿见影，收到了令我们意想不到的效果。

俗话说："好事多磨。"当经营刚刚缓过来一点的时候，我们的团队出现了前所未有的混乱。2007年可以说是我人生的低谷，当时团队涣散，员工对工作不支持、不配合，辞职的、不辞而别的一个接一个。在这个时候，连我自己都有想要"逃"的感觉。在我最困惑、最迷茫的时候，公司王董"雪中送炭"，解决了我的团队危机。在这之中我最深的体会就是："没有不好的员工，只有不好的管理者。"同时，在我个人的管理经验中，我也深深地感悟到，做任何事情最重要的是方法、责任。对待员工，除了要有母亲的慈爱，还要有父亲的严厉。由此我也认识到，做管理不是单纯的管理员工，还要帮助他们排忧解难，这样团队才能稳定。所以我现在的重点工作除了做好经营管理，就是培养精英人才，打造超级团队。

经过近两年的调整，我们终于走出了低谷，走上正轨，团队也逐渐成熟，我们立即把工作重心转向了"菜品创新，服务创新"。2008年，后厨在菜品创新上有很大突破，我们自主成功地开发了山珍菌包等很多新菜品。我曾用玩笑话说："我们南充店后厨作出的这一重大贡献应载入武陵山珍的发展史册。"

现在的南充店就像初升的朝阳，充满了无限的希望，活力四射，魅力无限。现在的两个团队非常稳定，尤其是前厅这支服务队伍，年龄虽然都偏小，但很青春，让我体会到做妈妈的感觉真好。只是要把握好度，妈妈式的管理还是有效的。我真的感谢他们，是他们的进步成就了我的今天；是公司领导的信任和栽培让我不断成长和进步；是顾客对我们的认同让我们在南充市场站稳了脚。2011年6月10日是南充店的七周年庆典，这次活动让公司领导重新认识了南充店的团队，南充店也掀开了新的一页。我们将紧跟公司的步伐，安装上公司新的软件。公司的鼓励是我们行动的动力，我们把这种鼓励当做是一种鞭策，让我们和公司同心同德、同心同向、同心同行、风雨同舟。

我不是成本是利润

武陵山珍重庆九龙坡店经理　王　丹

我是来自农村的小女孩王丹，是武陵山珍把我从一个不懂餐饮不会管理的服务员，培养成为一名懂行的管理者。让我明白只有不做家庭的成本、企业的成本、社会的成本、国家的成本，创造价值、创造收入、创造利润才不会成为被人瞧不起的人材，才能成为受人尊敬的人才和人财！我才不是成本！我才是收入、利润。

作为一个经营者来讲，最看重的就是收入、利润，每当增加一名员工和添置一件物品，都是成本的体现，但是没有员工就没有人来做事，没有物品就没有优雅的环境和良好的设施设备，因此创造收入和利润是需要成本的。怎样才能用最少的成本创下最多的利润，就是要把合适的人放在合适的位置上，让他的价值有所体现。

我不是成本，是收入、利润！我于2007年2月进入武陵山珍杨家坪店，从事一名最基本的服务员、养生顾问，穿着具有土家特色的服装，唱着土家族的山歌，每天坚持不懈地给客人讲解武陵山珍，传播养生文化，以为顾客服务为荣，让我服务的每桌客人都高兴而来，满意而归。看着他们高兴我的心里就会更加的高兴，更有想把每位客户都服务满意的激情，这样就多了很多的回头客和点名服务。从那一刻开始，我就知道自己不再是累赘的成本。

经过自己的努力，于同年8月担任前厅领班。从来没有做过管理工作的我，踏上了管理的旅程。那时候陈艳是领班，没有任何交接，没有缓冲时间，她就被调到了江北店。一切事情需要我从头开始，文字工作的方面我只能依葫芦画瓢地做，不懂的时候就问曾总。至于外出行销，我更是不懂，而且也没有这个胆，害怕被骂，被赶出来。那时是曾总一路带着我，走过我们周边的每个单位和每条大街小巷。她教会我如何跟客户进行沟通交流，是她逼着我外出行销，是她帮我拎口袋，让我去给客户发宣传资料，更是她带我走上了管理之路，所以在此，我要感谢她！曾总，谢谢你！

2008年11月，武陵山珍东门店诞生了，我很荣幸地被派过去支援了一个月。当时我把外出支援当成是一种学习，一种财富，所以我非常兴奋，每天都很开心，很有活力和激情。也正是因为这种激情被领导看中，又被派往紫薇店担任前厅主管，主要是为了带动员工的激情和工作气氛，我当然是出色地完成了任务。

2009年8月，我又回到了杨家坪店。当时店里已经有了两名主管，可是王董和曾总依然接受了我，让我很感动。有时候我会觉得自己是多余的，是在浪费成本，而为了证明自己不是累赘，不是包袱，不是成本，唯一能做的就是努力工作。只有提升业绩才能创下更多的收入和利润。曾总对我们三名主管进行了分工：一名负责厅内管理，另外两名负责外出行销。我选择了后者，因为管理是防守，行销是进攻；防守只占49%，而进攻占了51%；只有行销是赚钱，其余都是成本，于是我就开始每天坚持外出发宣传资料，拜访老客户和做好节假日定期的短信问候，并赢得了一大批忠实的顾客。看着他们能冲着我来消费，我真的很满足。虽然我不能提供豪华的用餐环境，但我可以让他们感到家的温馨。我们会用我们的优质服务和灿烂的笑容去感动、感化每一位顾客，用我们的真心、用心去换来顾客的放心、舒心。

这一路走来，我成功了。看着团队茁壮成长，我笑了。我终于敢大声对自己说我不是成本，是收入，是利润！

武陵山珍我爱你

武陵山珍绿王公司市场总监　张红霞

时光如梭，转眼间我在武陵山珍工作已近半年。这期间公司的企业文化、团队的互助合作、领导们的严谨专业等，让我学会了很多，理解了很多，成长了很多，成为追随毕麦学习养生道法的首批弟子。

在我们武陵山珍，我深刻体会到帮助员工成功是公司核心的企业文化之一。从我的切身体会来看，它主要包括以下三个方面：

（一）让我们过上富足的生活。

让员工享受较高的销售利润和福利待遇。这种人性化的薪酬制度，让许多员工在短短的几年时间里就拥有了房子、车子、事业；此外，公司实施了股权激励，把优秀的员工培养成了合伙人。

（二）为我们提供成就事业的平台。

作为一个企业的员工，我们真正希望得到的是成就事业的机会，以实现自己的理想、抱负和价值。

公司为我们提供了高速成长的平台，在公司有不到30岁就跟随董事长毕麦南征北战的经理，有不到30岁的部门主任，有30出头就担任一个城市分属机构的负责人，有二十几岁的部长、店总经理，等等。凡是有人品、有能力、有雄心壮志的员工，公司都会给予他一展宏图的机会和平台，让许多员工都圆了自己的梦想。

（三）帮助我们提升能力。

在这个信息爆炸、知识快速更新的时代，公司以终生学习为己任打造学习型团队，致力于提升我们各方面的能力，并为我们创造成长的机会。

首先，公司投入大量的资金、时间、资源用于培训，让我们的观念和思维适应时代的要求。

为了从思维上建立系统专业的技能技巧。毕麦董事长带领我们去学习各大名师的课程：如世界房地产销售大师汤姆·霍普金斯、亚洲销售女神徐鹤宁、中国演讲大师邹中棠、亚洲催眠大师杨安大师等。

为了拓展我们的视野，扩大思维格局，毕董带我们去成都学习对《黄帝内经》深有研究的大师的养生智慧，去北京观摩学习毛主席毛体书法传人——黑子老师现场书写时的严谨和专业，去内蒙古包头参加"第三届火锅节颁奖大会"现场感受武陵山珍毕董获得"火锅行业全国十大功勋人物奖"的荣耀和身为武陵山珍人的自豪，等等。

其次，公司大胆启用员工，给员工锻炼的机会。

公司奉行"学以致用"的思维观念，每次的学习我们都要在公司内部把它落地，根据各自实际工作的需要进行有效地运用，并把在运用中成功的实际案例进行推广。我们公司内部的管理者基本靠内部培养，在每个岗位上的员工都能充分施展才华。

在公司工作这段时间以来，我的思维发生了很大的改变。如果是在之前，我还在为有一些销售经验而沾沾自喜，而现在的我唯有汗颜。

我的工作获得了大家的认可，被评为"先进管理人员"。这是对我的一个激励，也是一种责任，我会以公司的高标准、严要求为准则来要求自己，努力工作、勤奋学习、提高修养、言出必行、以身作则，为公司、为团队作出自己最大的贡献。

　　我特别要感谢的是毕董，感谢这位我们武陵山珍的领头人，我们的精神大师、睿智而大爱的一位领导，从来没有一位老师，对我的内心和价值观产生如此大的影响。

　　他用他的言传身教深深地影响着我，他让我深刻地明白：人只有学到老才能活到老，追求卓越，严于律己，才会有进步，你的团队才会有成果。

从杂工成长至公司领导

武陵山珍公司董事、董事长助理　吴　烽

转眼间，进入武陵山珍这所没有围墙的大学已经15年了。15年的青春岁月，我在这里度过，在这里成长，在这里进步，在这里成熟。最终，我从后厨杂工成长为股东和公司领导，在这里成就了我的人生，实现了我的梦想。在这15年里，伴随着武陵山珍的发展与壮大，我的人生也伴随着她发生着翻天覆地的变化。

15年前，我是一个什么都不懂、什么都不会的农村青年，在贫瘠落后的武陵山区靠务农、当小贩、做临时工维持生活。正是由于武陵山珍的发展带动我一起前进，使15年后的今天，我和我的家人成为直辖市的居民，生活在繁华的大都市，过着幸福的小康生活。

15年前，刚刚踏进武陵山珍的我，没有技术，没有文化，没有经验。我从后厨洗碗扫地的杂工干起，每月四百元工资，在武陵山珍这所大学里不断地学习，勤奋努力。在领导的培养、同事的帮助下，我的能力不断提高。一步一步，我沿着抓菌工、调汤师、采购员、后厨主管、店经理的脚印一路走来，进入公司总部，担任公司采购部经理、营运中心主任、发展中心主任，到现在的董事长助理，进入了公司核心管理层——董事会。

从什么都不懂到现在的股东和集团总部领导，从说话胆小紧张到任何场合都可以脱稿演讲，从职高生到清华总裁班EMBA，这些变化，这些成就，都是因为选择了这个好的企业——武陵山珍。

  15年里，武陵山珍让我实现了我的人生理想，让我在这个平台上不断提升，不断成长，不断变化，真正做到了打工打成了股东，每年除了有可观的工资，还有分股；租房租成了房东，在直辖市中心地区拥有自己的三套住宅、两辆汽车，过上了让人羡慕的小康生活。女儿从老家的乡村小学转入市区，进入市重点初中、高中学习，如今以优异的成绩考入了理想的浙江传媒大学。这一切翻天覆地的变化，如果没有武陵山珍这个让我学习、提升、成长的平台，没有毕麦董事长这样博爱的领导，是不可能实现的。

  我会一如既往地跟随武陵山珍，跟随毕麦董事长追赶麦当劳，实现为人类奉献森林美食的目标而努力奋斗。我会用行动回报企业，回报领导，回报社会！

我和蘑菇一起成长

武陵山珍公司行政总厨　秦宗林

俗话说：父母给我生命，老师给我知识，而武陵山珍毕麦董事长教我做人做事的养生道法，让我有幸成为毕麦养生道法的首批五人弟子之一。我首先要说的是感恩武陵山珍的蘑菇事业、信仰成就了我。

武陵山珍为小蘑菇找到了大市场而我正是同蘑菇一起成长。我自2004年进入武陵山珍做养生技工，在自己的勤奋下充分得到了公司领导的认可。随着当时昆明市场的拓展，我被调到昆明店任养生技师，后来任厨师长。开始我一直认为在昆明的市场一切尽在掌握之中，其实不然，在那边我遇到了从来没有的挑战。

当时，从团队的组建到技术的创新以及市场的定位都没有创新，还是用老观念在经营新市场，没有静下心来从五个质量上下工夫，只是一味觉得昆明没有山珍市场，所以在不到一年的时间，便在昆明打了败仗。这与我的管理方式有着直接的责任，我在困难面前低了头。回到公司无脸去见董事长及公司领导，是毕麦董事长的大道至简、大爱无疆精神激励了我。他不但没有责骂我，只是叫我总结失败的教训与原因，对我不离不弃。我深被这种大爱无疆的精神所感染。这次经历是我人生的一个重要转折点。

在接下来的时间里，不管是在菜品的研发上、团队的组建上，还是在技术的创新上，我都随时得到了毕麦董事长的指导。他教导我，刀不磨要生锈、水不流要变臭、人不学习要落后，同时提醒我，人不能骄傲自满，要以空杯的心态加强学习。每次的学习、会议我都很认真仔细做好笔记，我认为我在武陵山珍的财富就是对每一次会议的详细记录和反复的复习。复习要练习，不断地把学习的知识运用在实际工作当中。果然，功夫不负有心人，2006年董事长亲自带队参加国际食用菌烹饪大赛取得了金奖。这个奖给我很大的动力，在后来的时间里更是一发不可收拾。在2007年参加中国烹饪协会、饭店协会的"餐饮铁人赛"中，在48个团队中我们荣获团队亚军；2008年荣获重庆市劳动之星……在短短的几年里，我从一名养生技师成长为武陵山珍行政总厨，成为重庆名师、名厨、中国十佳调味师及国家级团体金奖等荣誉。

　　没有无缘无故的恨，也没有无缘无故的爱；种瓜得瓜种豆得豆，种什么样的因就会有什么样的果。正是董事长的发现人才、培养人才，才有了我今天的成果。在这里我收获了家庭、事业和人脉，更懂得了做人的标准，学会了摆正位置、端正态度，更找到了做事的高标准、严要求。我坚信这份执著必有美好的未来，坚信武陵山珍的养生品牌必将走向世界，为人类健康奉献森林美食。

我与武陵山珍一起创造奇迹

武陵山珍沙坪坝店执行总经理　冯雪林

别人一直以为武陵山珍是个不解的谜，在短短的几年中已经立足了重庆，面向了全国，成为中国餐饮百强、重庆餐饮30强品牌企业。其实武陵山珍之所以有如此快的发展是因为有一位精明、能干的领导者——毕麦和一支精锐有梦想、有信仰、有战斗力、有凝聚力的员工团队。我认为一个企业要发展就看这个企业是否有灵魂领军人物和团队精神，而武陵山珍不仅有灵魂领军人物，而且有四特精神："特别能吃苦，特别能忍耐，特别能竞争，特别能奉献"。

我是一个来自小山寨的农村女孩，在进入武陵山珍沙坪坝区店之前，对餐饮和经营管理是一片空白。是武陵山珍这所社会大学的领导和老师们用八年的时间把害羞、胆小、无知、怕事的我一刀一刀地雕琢，让我成长、成熟、蜕变成今天稳重、自信、知识、成功的餐饮职业经理人。我在这八年中亲身参与了沙区店两次的装修与搬迁，克服了一个又一个的困难，解决了人生旅途中一个又一个的瓶颈和问题。

2007年7月28日，我店重新停业装修，在为期28天的装修后以全新的面貌展现在新老客户的面前，赢得了经营时间和良好的经济效益。但是，五年之后好景不长，由于民政局购买了整栋大楼，我们不得已另寻店址。

2012年7月9日，武陵山珍沙区新店于凤天路1号升伟新时空三层附6号开始装修了。这是整个团队面临的新的困难与挑战、新的希望与出路。我们选择迎接挑战战胜一切困难，创造新的奇迹！

2012年7月29日，这是我店最有纪念意义的一天，因为我们仅仅用了20天的时间完成装修设计、工程施工、新店搬迁目标任务，创造了武陵山珍15年来直营店设计装修搬迁时间最短、效果最好的新纪录，把不可能变成了现实，实现了我店真正意义上的旧貌变新颜。这是我店每一个员工共同的成果。

回首想想这装修的20天，由于时间紧迫，我们来不及准备设计图纸，来不及超前准备，说干就干。公司整个领导班子，每天现场办公，董事长毕麦亲临现场督查、指导。没有详细图纸，我们一边装修，一边整改。公司装饰中心的负责人黎鑫锋每天吃住在现场，每天工作都在16个小时以上。我店的全体员工非常感动，大家相互支持、一切配合、主动工作，体现了超强的团队精神。当我们看到董事长不顾油漆过敏，每天依然穿梭在装修的第一现场指挥、督导，依然不辞辛苦亲临第一线，更是激发了大家的斗志和必胜的信心。

在装修的最后几天，也是最累的几天，公司全体动员发挥了最强而有力的四特精神。公司总部、物配公司、绿王公司都在工作之余全部投入沙区店的搬迁工作。那场景才叫人震撼，已经分不清谁是领导谁是员工，每个人脸上都挂着喜悦的微笑。再看看沙区店的团队，他们每个人脸上洋溢着希望和梦想的微笑，充分发挥了愚公移山的精神全面地完成了工作。武陵山珍人都坚信只有想不到的，没有做不到的。

2012年7月29日，武陵山珍沙坪坝店以崭新的面貌出现在了大家的面前，整个装修风格古色古香，成为养生传播的最佳之地。完美的20天创造了奇迹，我相信第二个，第三个奇迹依然会从我们手中创造！

中国餐饮百强企业武陵山珍集团董事长毕麦、奇火锅集团董事长余勇、巴将军集团董事长王人庆抱团发展红、绿、黑三色养生餐饮，赢得中外顾客的好口碑，为中国餐饮树立了好榜样！

① 著名演员陶泽如（右三）在武陵山珍解放碑店品尝山珍后说："武陵山珍是天下最好的美食，我今天终于饱尝了几十种山珍美味佳肴。"图为陶泽如与当时的负责人及员工合影

② 中国十大策划大师之一石岩（左）与公司董事长毕麦、总裁王文君（右）品尝东方魔汤武陵山珍后说："健康养生的地球人美食名不虚传"

③ 世界华人工商促进会总会会长李农合（左）对董事长毕麦发明的武陵山珍养生礼品、开创的养生产业、养生经济事业给予高度评价、充分肯定

① ② ③

① 世界著名 ABBA 合唱团
及伦敦交响乐团全体成
员光临武陵山珍中国养
生会馆体验中国式养生
后赞不绝口。图为与武
陵山珍民族艺术团同台
演出后合影

② 中国著名食用菌专家卯
小岚（右）高度赞扬武
陵山珍对中国食用菌产
业发展的突出贡献。图
为卯小岚与毕麦、公司
首席执行官吴道安留影

③ 国际烹饪大师、中国香
港四大名厨之——"食
神"戴龙先生（中）亲
临武陵山珍指导，对神
奇养生的东方魔汤高度
赞扬。图为戴龙与员工
合影

①	②
③	④

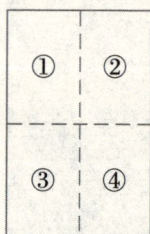

① 武陵山珍荣获国际养生产品金奖后，公司总裁王文君女士（右）和国际养生保健学会主席曾宪琴先生（中）、执行主席安崇辰先生（左）合影

② 著名国学大师翟鸿燊光临中国养生会馆，赞扬武陵山珍是弘扬中国传统文化的典范、光大中国养生文化之先锋，是文化人最喜爱的养生美食

③ 武陵山珍养生宴在首届世界养生科学大会获成果奖，总裁王文君女士（左一）和解放军305医院原院长、毛泽东主席的保健医生徐涛先生（左三）及夫人（左四）合影

④ 中国台湾著名专家院士、世界华商联合会秘书长范光霖（左）对武陵山珍养生礼品非常喜爱，对武陵山珍的养生事业高度评价和赞扬

古人云：民以食为天。吃、喝、玩、住、乐、游、购、赏，吃排在第一位。中央电视台《舌尖上的中国》则充分反映了中国人世世代代都会吃，各种神奇的菜肴、美味、烹饪、吃法令人眼花缭乱，让顾客舌尖如跳舞般享受到大自然美妙的感觉、视觉、味觉。东方魔汤武陵山珍融合大自然几十种可食用的蘑菇，把几千年来单一蘑菇的感觉、视觉、味觉彻底打破：变为水煮养生的几十种蘑菇复合型鲜香味美的东方魔汤，可水煮多种野生菌菜、各种肉类和蔬菜，不仅简单、方便、安全、新鲜、健康、养生，而且口味独特、老少皆宜、人见人爱，深受中外食客的喜爱和好评！

迟浩田上将品尝武陵山珍

2000年的一个夏天，时任国务委员、国防部长迟浩田来重庆视察工作时品尝了东方魔汤武陵山珍。如何保障首长的食品安全？卫生防疫部门的专家和技术人员对武陵山珍的每一种蘑菇、菜品、烹饪进行了严格的检验检查后证明安全可靠，可以放心食用。如何避免首长品尝武陵山珍而带来围观和影响顾客就餐等一些不良影响？相关部门与武陵山珍公司商量决定：送餐到部队食堂与军队烹饪团队共同完成品尝东方魔汤武陵山珍的接待任务。武陵山珍公司派出最好的厨师长、管理人员、养生顾问、服务员精心熬制东方魔汤，现场烹饪武陵山珍和土家族名小吃。迟浩田同志品尝后非常高兴、非常满意，他说："这是我一生中第一次品尝这么多的蘑菇美食，味道真鲜真好。"

令人意想不到的是，在重庆几天的工作视察结束时，他拒绝了大宾馆的接待盛宴，依然选择在部队的军人食堂里再次品尝东方魔汤武陵山珍，他由衷地感叹："健康养生的武陵山珍蘑菇宴真是名不虚传。"

养生专家洪昭光看好武陵山珍

2009年7月，中国著名健康养生专家洪昭光教授应邀来渝为重庆市民做健康讲座。他专门视察品尝了东方魔汤武陵山珍，对武陵山珍独特的烹饪方法、野生菌菜、土家族小吃等特别喜爱，对武陵山珍公司"以养生餐饮为龙头、养生礼品为龙身、养生东方魔酒为龙尾的养生产业一条龙"的战略规划给予高度评价，对武陵山珍系列养生礼品发明人毕麦的"养生礼品进万家工程"给予积极的支持和赞赏。他说："武陵山珍养生礼品，是家中按照说明书烹饪非常简单的产品，健康养生非常方便，非常适合亚健康人群食疗。"

著名食用菌专家卯小岚关爱武陵山珍

我国著名食用菌专家卯小岚教授对武陵山珍发展食用菌产业，弘扬中国的养生文化，推动食用菌科学化、市场化、产业化、国际化、家庭化、社会化、人性化给予高度赞赏！他说："东方魔汤简单、明了、科学而巧妙地解决了食用菌复杂、传统的烹饪方式，打破了食客几千年来食用蘑菇的恐怖心理，塑造了武陵山珍多种蘑菇同锅同煮同食、简单、快速、方便、卫生、安全、健康、养生的品牌形象，把几十种小蘑菇汇聚成大产业、大市场，丰富了地球人的餐桌美食、美味，满足了追求健康养生食客的新需求，不仅用餐饮美食蘑菇宴的烹饪方式迎合顾客，而且用武陵山珍系列礼品的方式把健康养生带回家，其傻瓜式烹饪更简单、更实用、更廉价、更方便，对中国食用菌产业的发展作出了重要贡献。"他亲自在家中烹饪品尝武陵山珍养生礼品后说："武陵山珍养生礼品进入千家万户这个创意和健康工程非常好，把虫草、松茸、羊肚菌等多种名贵食用菌和健康养生相结合是一个伟大的突破，在家中烹饪品尝蘑菇的美味真是太方便了。"

著名歌唱家彭丽媛感叹武陵山珍

2003年9月24日晚上9时许，是著名歌唱家彭丽媛来重庆九龙坡参加"重庆后花园节大型文艺演出"的前一天晚上，考虑到彭丽媛不吃麻辣重庆火锅，组委会精挑细选后为她选择了武陵山珍九龙坡店就餐。为了不扰民不影响顾客就餐，她特地锁定非就餐高峰时间品尝清淡不麻辣的养生火锅东方魔汤武陵山珍。当晚9点多钟至11点多她素装打扮以一个普通顾客的身份逐一品尝了松茸、羊肚菌、牛肝菌、竹荪、猴头菇、黄连香菇等名贵野生菌菜，土家小吃，特色养生菜。她愉快地对陪同就餐的武陵山珍董事长毕麦、总裁王文君说："我从来没有吃过这么多蘑菇，喝过这么鲜香可口的东方魔汤。今天我吃得太多了，太饱了，太舒服了，武陵山珍让我终身难忘！"

世界华人大师陈安之跳起土家摆手舞

世界华人成功学大师陈安之每次来重庆都喜欢吃东方魔汤武陵山珍，他对武陵山珍第一步品东方魔汤、第二步喝东方魔酒、第三步吃武陵山珍、第四步赏土家歌舞、第五步把武陵山珍礼品带回家的独特企业文化非常赞赏。他和一同就餐的美国朋友一边吃饭体验养生，一边现场与武陵山珍养生顾问欢快地跳起了土家族摆手舞。他对创始人毕麦发明的养生礼品非常喜爱。他说："成功来源于想象，成功就是行动，成功就是成人之美共享幸福与快乐！没有想到在家中烹饪品尝东方魔汤武陵山珍这么简单方便，一看说明书人人都会，一家人吃武陵山珍养生宴真幸福！"

诺贝尔奖提名人李农合钟爱东方魔汤

世界华人工商促进会会长、世界和平基金会主席、诺贝尔奖的提名人李农合，第一次听说东方魔汤武陵山珍健康养生的神奇魅力时还是半信半疑，他周游全世界吃遍世界各国的美食，都没有吃过由几十种蘑菇烹饪的养生火锅。第一次来到重庆他执意亲自去品尝体验一下中国第一养生品牌、有中国第九大菜系美誉的东方魔汤武陵山珍。李农合会长公开宣称要用细胞基因工程帮助他活到150岁，每天喝茅台加大蒜泡制的养生酒消毒杀菌、治病防癌、延年益寿、梦想成真。当他品尝完久仰的东方魔汤武陵山珍后，深深地被几十种蘑菇复合而成的鲜香味美、神奇功效所折服。他对武陵山珍养生礼品情有独钟，亲自在家中烹饪武陵山珍让家人分享。他说："食用蘑菇是全世界公认的健康保健养生食品，有益健康长寿。我的150岁长寿工程离不开东方魔汤武陵山珍，在家中烹饪武陵山珍养生礼品非常简单、实惠，我要向更多的人推荐和宣传武陵山珍养生礼品。"

九旬老中医爱吃武陵山珍

重庆90岁的老中医黄兆福，非常爱喝东方魔汤爱吃武陵山珍，他对毕麦倡导的每天健康养生五个一工程：一荤、一素、一菇、一奶、一笑十分认同。他说："东方魔汤是几十种蘑菇科学提炼配制而成的'森林中药'植物山珍，含有人体所需的十七种氨基酸和多种蛋白质、碳水化合物、植物纤维、矿物质、微量元素，特别是武陵山珍野生菌菜是来自大自然的森林美食，含有人体所需的生物钙、生物能量，其排毒养颜功效被全世界科学家所公认。东方魔汤武陵山珍水煮养生的简单、卫生、方便、科学烹饪方式与中医中药一脉相承，演绎了《黄帝内经》中养生是治未病，是从源头提高人体免疫力、预防各种疾病。"全国各地的病人都慕名前来请他看病，他也常被邀请出诊北京、上海等地。他为一些贵宾客户上门服务并选用武陵山珍养生礼品作为辅助治疗、食疗的佳品。他说毕麦发明的养生礼品选用几十种蘑菇提炼而成的东方魔汤与虫草、松茸、羊肚菌、牛肝菌等多种名贵野生食用菌结合，作为家中养生食疗非常符合《本草纲目》、《黄帝内经》的原理，对病人的康复和健康非常有效。

著名国学大师翟鸿燊赞扬武陵山珍

著名国学大师翟鸿燊每次来重庆都首选健康养生的武陵山珍养生火锅。2011年11月19日他视察中国养生会馆、品尝东方魔汤武陵山珍后，不仅对武陵山珍弘扬中国优秀的传统文化传承国学精髓，让养生落地生根开花结果走进千家万户作出的重要贡献给予高度赞扬，而且对中国养生专家、健康重庆十大影响人物、重庆市中小企业发展研究会会长毕麦发明的武陵山珍养生礼品——皇帝宴、家庭宴、家宴煲、养生煲和东方魔酒系列，给予积极评价和充分肯定。他说："武陵山珍养生礼品是毕麦弘扬中国养生文化打造中国养生产业、探索养生经济的一次社会实践和产业创新，符合中国人的传统礼仪文化，是把健康养生带回家的礼仪文明，符合当今中国国情和亚健康人群的健康养生需求，真是把昔日皇上享用的山珍，变成了今天百姓家中的美餐！"

中外顾客齐赞武陵山珍

15年来，武陵山珍全国直营店、加盟店接待了美国、法国、英国、德国、加拿大、日本、韩国、新加坡、马来西亚，以及中国的香港、台湾、澳门等150多个国家和地区的食客。

美国的一位食客说："我是素食主义者，东方魔汤满足了素食主义者的自由空间，养生菜谱很人性化，点食蘑菇、野菜、蔬菜、素菜、小吃非常方便，特别是一人一锅的美人美改变了传统中国菜的繁琐复杂，我很喜欢。"

来自法国的一位美女顾客兴奋地说："法国人很喜欢吃蘑菇，但我们从来没有见过吃过这么多鲜香的蘑菇，东方魔汤真是世界一绝！"

日本的一群食客更是疯狂地点食松茸，每次都点10份以上。他们说："中国的松茸和蘑菇太便宜了，在日本没有见过吃过这么多可食用的蘑菇，东方魔汤蘑菇宴简直太神奇、太美味了！"

中国香港餐饮考察的同行50多人专程来武陵山珍考察品尝东方魔汤，他们说："香港是世界美食之都，但是没有东方魔汤武陵山珍这样的蘑菇宴，吃完蘑菇宴可以把东方魔汤带回家真不可思议！"

来自中国台湾餐饮界的100多名嘉宾首次来重庆感受到三大惊喜：第一个是没有想到重庆的山城这么大、夜景这么美；第二个是没有想到重庆的美女这么漂亮、身材这么好、女性企业家这么多；第三个是没有想到重庆有台湾没有的东方魔汤武陵山珍，武陵山珍的企业文化、养生理念、服务品味让大家耳目一新、不虚此行。

中国内地的食客更是超前饱尝了健康养生的东方魔汤武陵山珍，刚刚解决了不挨饿、温饱问题不久的中国人，突然过上丰衣足食的幸福生活而又吃出了问题：肥胖、营养过剩、亚健康、疾病、癌症。武陵山珍倡导的健康养生餐饮为中国餐饮带来清新的空气、可口的美食、健康的良药。

不少重庆的老顾客吃武陵山珍喝东方魔汤十五年了，吃出了健康喝出了感情，他们都说："武陵山珍改变了不吃麻辣不过瘾、不吃夜宵睡不着、不吃早餐照样跑等不健康、不养生的习惯，从武陵山珍养生顾问那里懂得了如何健康养生的知识，学到了不少健康长寿的养生方法和道法。

一位广西的老顾客深情地说："我们一家老小都喜欢吃武陵山珍东方魔汤，吃山珍不仅成为一种时尚，而且成为健康长寿的最好选择。"

中外食客齐赞武陵山珍的案例太多，数不胜数，上文所列仅是冰山一角。金杯银杯不如顾客的口碑，金奖银奖不如食客的夸奖。十五年来武陵山珍能保持青春常在、欣欣向荣，全靠中外食客的广泛认同、支持、关爱，全靠改革开放30多年来人民生活越来越安康，对健康养生的追求越来越高，对健康养生越来越青睐。

第五篇／媒体笔中的武陵山珍

中央电视台二套《为您服务》栏目专程来重庆拍摄武陵山珍专题节目。图为主持人区洁（左）一边品尝东方魔汤一边采访公司董事长毕麦（右），向央视广大观众推荐水煮养生武陵山珍。

武陵山珍已经走过了15个春秋，一直不断地创造着一个又一个奇迹，吸引着媒体人的眼球。各家媒体纷纷从不同的角度报道、访谈、评说，这里选择了21篇代表作以飨读者。

毕麦：武陵山珍如何东山再起

中央电视台二套《财富故事会》专题节目

毕麦，原名王竹丰，44岁，重庆武陵山珍经济技术开发有限公司董事长，中国餐饮策划大师，培训导师。1980年高中毕业参加工作，做过记者编辑，后担任四川外经贸委任外经处副处长，四川黔江地区进出口公司总经理，重庆黔江区计委副主任，重庆黔江区外国政府无偿援助办公室主任。1995年边工作边开始烹制野生菌汤料，1997年4月，开第一家武陵山珍。1999年，第一次创业失败。2001年，再次创业，重振武陵山珍。目前，武陵山珍在重庆有直营店20余家，全国分店突破100家。执掌武陵山珍后，他立志用毕生精力把武陵山珍做成中国的麦当劳，改名为"毕麦"。

解说："土家苗寨"是一家经营普通中餐的饭店，餐饮店的董事长名叫王竹丰，一年多了，这家店一直叫"土家苗寨"，好好的，他却突然提出要把店名改为"武陵山珍"。

毕麦：武陵山珍现在已经没有市场了，我们现在还要去做武陵山珍，当时就争吵起来了，他们非常生气，觉得我这个人太固执了，怎么这么固执，明明已经证明了没有市场的东西，我们还要去做。

解说：一年多，对于一个餐饮店来说，已经能够培养自己相对稳定的顾客群了，突然改名字，确实是弊大于利。

王华生：这个时候反对的声音就比较多。咱们最终走出一个品牌之路，而咱们这个品牌的名都改掉了，这怎么行？这不行！

毕麦：当时在员工面前就吵起来了，一点没给我留面子，他们很长一段时间都不理我，而且一切事情都不支持不参与。

解说：王竹丰不管这些，没人帮忙就自己干，不仅如此，他想把店从各个方面都进行整修，彻底改换门面。由于资金紧张，他就想到了卖房子。

毕麦：当时跟家里面人商量，很反对，怎么会把房子卖掉，我们把房子卖了做什么，当时我们觉得房子卖了是我们唯一的一个办法，能够把资金凑足，房子卖了，今后还可以买房子。

太太罗晓玲：我不同意也要卖，我同意也要卖，那就卖吧，就算是我同意了。

主持人：平时温文尔雅的王竹丰，宁可和员工们吵架，把自己房子卖了，都要改这个名字，您说，至于吗？"武陵山珍"，这名字就这么香？可王竹丰身边那些人呢，宁可跟董事长吵架，都要反对他改名字，这到底是怎么回事？

解说：王竹丰非改不可的这个名字，非但不香，反而是个臭名，这就是所有人反对的原因。1999年，一年时间，光重庆市就出现了200多家"武陵山珍"，大街小巷中"武陵山珍"无处不在。

毕麦：多到连我们原来做重庆麻辣火锅的，在他的菜单上面也有武陵山珍；另外很小的鸡毛小店，几张桌子，里面都会有广告，写上本店经营武陵山珍；还有我们的高档的宾馆，比如三星级的宾馆，在他的菜谱里面也有武陵山珍。

解说："武陵山珍"市场乱得一塌糊涂！不仅重庆市，据不完全统计，当时全国一下子出现了3000多家"武陵山珍"。

毕麦：状况非常的乱，而且不仅是价格乱，经营也很乱，经营的地点也很乱，一片乱。

解说：市场的饱和，加上同类餐饮店之间的恶性竞争，很多"武陵山珍"越做越惨淡，还出现了一些吃过山珍拉肚子的现象。

毕麦：整个重庆的武陵山珍应该到了最低潮，有很多的店纷纷倒闭，还有顾客对山珍那种兴趣已经大大的减弱，过去大家都在吃这个东西，因为出现了一些质量方面的问题，大家就开始放弃吃山珍了。

主持人：都说山珍海味，"海味"大家比较熟，这"山珍"，其实就是指山林中那些野生的可食用的菌类，营养丰富！但是，市场上的恶性竞争，再加上有的烹饪质量不过关，"武陵山珍"纷纷倒闭，做餐饮的对这个名字都躲得唯恐不及！可王竹丰却为什么偏偏捡这个烂摊子？

主持人：刚说到这个"武陵山珍"的名字已经被大家做得一点市场都没有了，他却偏偏要拿过来用。其实您不知道，在王竹丰心中，一直有一个梦想，就是要把这个"武陵山珍"做得红红火火、声名远扬。这个"武陵山珍"原本就是他王竹丰自己的孩子！现在改回来，就是想让他的"武陵山珍"东山再起！

解说：王竹丰，武陵山区土家族人，20世纪90年代初，一直从事国际贸易。他到日本考察时，看到武陵山区的野生菌，在日本却成了高价菜肴，而在他们本地，这些野生菌都白白烂在山林里，于是，他就想到要把这个丰厚的资源开发出来，亲自上山，采摘各种菌类，拿回来琢磨。

毕麦：一个是查一些资料，另外是请教一些专家。我们从重庆火锅当中得到一种启示，我们能不能搞一个野生菌野生菜这么一个锅底，而且这个锅底就是来恢复野生菌的鲜和香的。

解说：在外经贸委工作的王竹丰，开始钻在厨房里研究他的"武陵山珍汤"。汤是煮了一锅又一锅，一天喝汤都喝饱了！他甚至想把它做成一个"武陵山珍"菜系，这在当时的餐饮业还是史无前例的。

太太罗晓玲：我确实反对，觉得要担很大的风险，这就是当时我的态度，而且当时专家也不看好这个事情。

毕麦：还有一些专家在我们一起品尝过程中，说你这个味道确实还是非常不错的，但是你要推到市场很难，因为这在中国没有市场。当时我就觉得像被泼了一盆冷水一样，没有市场我们来干这个市场干什么。

解说：四川省一些餐饮业的专家认为，汤味道虽说不错，可食用野生菌本身在国内是个空白，风险大、市场小，弄不好就是白白拿钱打水漂。

主持人：可王竹丰看准的事情，九头牛都拉不回来。既然汤得到了认可，大家都觉得味道还不错，那就"是骡子是马，拉出来遛遛"！开它一家专门经营"武陵山珍"的餐饮店，王竹丰发动自己的表哥表姐、亲戚朋友，一人出五万，在重庆的观音桥，开了中国第一家经营野生菌菜系的山珍餐馆——"武陵山珍"。

解说：王竹丰的"武陵山珍"开张的那一天，他还特地做了详细的策划和筹备，也请来了不少亲戚朋友们捧场。

毕麦：我们也很紧张，到底重庆人喜不喜欢，到底是什么样的结果？当宴会完了过后，90%的人都是赞美，觉得这个太好了，我们这颗心就落下来了，没想到反响这么好。

解说："武陵山珍"一炮而红，王竹丰接二连三开了两家分店，都是火得不得了，最高一天进账三万多。没想到吃惯了麻辣口味的重庆人，也喜欢这个口味清淡的山珍汤。甚至到重庆旅游的老外也甚是喜欢，还给这个汤起了一个名字，叫"东方魔汤"。

太太罗晓玲： 很火爆，很多人，排着队这样去吃，大厅完全没法坐了，只有把二楼员工宿舍的床搬出去，腾出地方让客人休息，还临时安放了一些桌子，到楼上去吃。

解说： "武陵山珍"价格并不比其他的火锅便宜，根据菌类价格的不同，最高消费会达到四五百。没想到，这个高价格的"东方魔汤"并没有让顾客止步，这下子，可让同行们看到了商机。

毕麦： 他们就自己去模仿，就挖我的厨师，挖我的服务员，最高的时候到1999年的上半年，重庆仿冒我们武陵山珍的达到一个最高点，达到200多家。

主持人： 200多家餐馆经营"武陵山珍"！这可是场规模庞大的真假"李逵"遭遇战。可是双拳难敌四手，一个"李逵"哪打得过这么多"李鬼"啊！此外，重庆于1997年成为直辖市，这本来是个好消息，可对王竹丰来说，却是雪上加霜！因为要旧城改造，他王竹丰的两家店都在旧城区，面临拆迁！

解说： 拆迁的消息一传来，王竹丰就成了热锅上的蚂蚁，拆迁简单，搬家难，一时半会，这么大的摊子都不知道该搬到哪里去！

毕麦： 对我们的冲击和打击是非常致命的，我们来自两重的压力，一个是假冒的这么多，另外一个就是重庆的旧城改造。假冒的多和旧城改造的搬迁，让我们遭到的确实是灭顶之灾。

解说： 打击接二连三，王竹丰还没来得及为大批的冒牌货想对策，两家店的拆迁又迫在眉睫。紧接着，他又得到一个坏消息。

王华生： 我记得咱们董事长有一个亲戚，他就觉得现在外面仿冒的有这么多，咱们武陵山珍这3家店已经掉了2家，他觉得已经没有钱赚了，就把他的股本红利一次性全部撤除了。

毕麦：剩下的全部是一些桌椅板凳，还有一部分餐具原材料，实际上我们剩下的就是破烂，这个打击应该说是非常大的。

主持人：王竹丰知道自己的店很难支撑下去了，股东们要求撤股离开，他连拦都没拦！看着仅剩的这桌椅板凳，当初那些人声鼎沸声、中外食客们对"魔汤"的啧啧赞叹声，透过这些桌椅，似乎还清晰可辨。谁也没想到会是这样的结局！顾客走了，股东走了，连店面都没了，只剩下王竹丰一个人，空空荡荡！

毕麦：走是唯一的选择，走也是最好的选择，接下来的事情，肯定要由我们自己来承担，何去何从这是一种责任，也没想到有这么一天。我觉得我们也非常理解他们，我也做了一个换位思考，如果我是他们，我也只好做这方面的选择。

主持人：惨败后的王竹丰并没有就此停手，就像他自己说的："接下来的事情，由自己承担，何去何从是一种责任。"紧接着，他先后做了两件令人不可思议的事情，这让所有人都莫名其妙！作为"武陵山珍"创始人的王竹丰，可以说，辛辛苦苦将自己的餐饮事业做到了顶峰，但是短短一年多的时间，又被重重地摔落低谷。谁看着都觉得难受，顾客没了，股东走了，连店面都拆了！可是他自己硬是拍拍身上的尘土，在哪摔的在哪爬起来，没干别的，上来先改了俩名字！

解说：王竹丰一改，改的是店名："武陵山珍"不是自己辛辛苦苦开创的吗？现在，他王竹丰不要这个名字了！仅剩的一家小餐馆，改名叫"土家苗寨"。

毕麦：主要是从战略的考虑，当时可以说是压得我们喘不过气来，我们一改就是一个风向标，我们一改肯定那些假冒的武陵山珍就会看到真正的武陵山珍消失了。因为他们心里很清楚，谁是真正的武陵山珍，谁是真正的"李逵"。

解说：当时的王竹丰，正在西南大学攻读公共关系学系的硕士学位，公共关系学中的很多知识帮了王竹丰的大忙。

毕麦：有一个理念，叫临危不惧，临变不乱！当我们遇到最困难的时候，我们应该冷静地思考，我们该怎么办？我把我们所学的这种知识拿来运用，通过反复地调查，反复地研究，反复地思考后，我们把武陵山珍改为土家苗寨绝不是彻底的失败，只是一种战略的考虑。

解说：王竹丰急匆匆回到学校，把自己的想法告诉了自己的导师，希望得到导师的指导。

毕麦：他说好汉不吃眼前亏，君子报仇十年都不晚！你现在采取这种办法，是最明智的。你明明斗不过人家，你要去硬拼，根本没有这个实力，你打官司打得过人家吗，打官司要钱，你拿不出钱来。你以后可以东山再起。他对我的指点，给了我很大的鼓舞和信心。这个时候我还是感觉，真的，知识就是力量。

主持人：王竹丰常说一句话："方法总比困难多。"遇到什么事儿，不能先自己乱了阵脚。他啊，这是使了一计——以退为进！把自己的技术雪藏起来，卧薪尝胆、等待时机！刚刚我们说到王竹丰，改了俩名字，一改就是这店名了！那二改呢？您怎么都想不到，他把自个儿名字改了！

解说：王竹丰，改了店名不说，悄无声息地把自己的名字也改了！

太太罗晓玲：全成了毕麦了，自己的原名也不用了。他改了名字我都还不知道呢，后来才知道的，改都改了你怎么去说呀。

王华生：我们家里边年纪大的人最忌讳了，连本都不要了，姓王都不管了，都卖了，非常不能接受，不能理解。那我们呢，也就是很别扭。平时打电话都叫王老师，现在突然喊，毕——麦。

主持人：嘿！谁说不是呢！改这么个奇奇怪怪的名字。其实啊，看一句话，您就明白了：用毕生的精力追赶麦当劳！毕——麦！要说麦当劳，估计在座的各位都吃过，没吃过估计是您不爱吃，但您肯定见过。它虽然是快餐，但在餐饮业里也算是大亨了！

解说：王竹丰觉得麦当劳有很多的东西值得学习，于是他以麦当劳为榜样，细心研究他们先进的理念、管理模式，特别是他们的规范化。

太太罗晓玲：他当时就讲，武陵山珍就是他的事业，就是他的生命，他说任何人任何事，任何大的阻力都无法改变他去实现他的武陵山珍梦，他把自己的名字改为毕麦，就是要把武陵山珍打造成中国人自己的麦当劳。

主持人：王竹丰成了毕麦，"武陵山珍"成了"土家苗寨"！这一年多的时间，毕麦一边苦苦支撑着这个店，一边苦心研究以后要走的路。终于，他等到了时机！

解说：重庆市的200多家"武陵山珍"，随着真正的武陵山珍在市场上消失，自己又没有核心技术，很快支撑不下去了。

毕麦：到了一个高点，就会慢慢走向一个低谷，这是一个规律，他们可以说是一片倒声，哗啦哗啦的，重庆的那些假冒的武陵山珍倒的速度非常快，然后波及全国的武陵山珍也倒的非常快。

解说：王竹丰看准时机，马上行动，尽管遭到大家的反对，还是毅然决然地把这个被别人做臭的"武陵山珍"给搬了回来。

毕麦：我们感觉到我们选址不科学，应该要围绕新区走。公司的总经理，她整个一年多的时间，自己亲自去跑去选，她的鞋都穿烂了七八双，脚打了很多的血疱。

解说：王竹丰选址围绕新区走，把店开到社区里，既有稳定的顾客群，又可以有一个优雅的环境。除此之外，他最看重的还是公司的"软件"：团队的精神，还定期组织所有员工进行TAT魔鬼训练。

毕麦：一开始他们不接受，觉得我怎么不是人，我明明是人，我怎么会变成鬼了？我就告诉他们这就是角色的需要。我跟他们讲，你们知不知道李玟，他说知道。我说李玟是什么身材，他们说是魔鬼身材。"魔鬼"并不是一个贬义词！

解说：王竹丰这样讲就是在向自己的员工灌输八个字："摆正位置、端正态度"。员工们在培训中学到了很多学校里学不到的东西，每次培训都高高兴兴的。

毕麦：做魔鬼训练的时候，让觉得自己是人才的举手，没有一个员工举手，他们不敢说（自己）是人才。我觉得很害怕，我们最大的差距是观念上的差距。

毕麦：我就举一个例，我说姚明是不是人才，他们说是。姚明打篮球打的好不好，他们说打得好。那么如果说我把姚明拿到中国足球队里面去踢球，他是不是人才？他们说不是。所以如果没把姚明放在合适的位置，让他去踢足球的话，他就不是人才了。我再做一次测验：你们是不是人才？他们的手都举起来了！

主持人："武陵山珍"的员工们快乐地在这里生活、工作，他们甚至可以以写日记的方式骂骂领导，通过这种方式让领导知道自己的委屈和想法。除了训练，王竹丰鼓励员工们发挥自己的特长，让他们举办属于自己的联欢会。

毕麦：除了是一个优秀的员工之外，我们还把他们打造成一个养生保健和民族文化的使者。他们会和我们一起唱歌，他们会和我们一起练摆手舞，他们完全融入我们这个文化之中。

解说：现在的毕麦，像一个大家长一样，带领着自己大家庭的成员，一步步向前迈进。2003年，他带着自己的厨师、服务员，应邀到海南三亚参加世界科学养生大会，他的武陵山珍"东方魔汤"一举赢得优秀养生科技成果奖，2006年9月，在全国食用菌烹饪大赛上荣获金奖。

主持人："武陵山珍"就这样再次在市场上打响。现在，在全国，毕麦已经拥有20多家直营店，80多家加盟店。他和他的"武陵山珍"经历了大起大落，他凭借自己的知识，把它应用到经营中来，遇到冲击，以退为进、步步为营，将"武陵山珍"置之死地而后生。从硬件、软件上双管齐下，赢得了顾客的青睐。他说人贵在"认真、坚持"四个字，做事情要理清逻辑关系的先后顺序，或许，这就是他和他的"武陵山珍"东山再起的秘密武器吧！

武陵山珍的百年梦想、千年品牌

——武陵山珍董事长毕麦学习追赶麦当劳纪实

《餐饮世界》杂志 李 凭

作者手记：完稿之日正是土家族企业家毕麦作为全国革命老区优秀企业家在北京人民大会堂受到中央政治局常委政协主席贾庆林和回良玉副总理亲切接见之日！成为重庆革命老区最响亮的中国养生第一品牌和模范人物，他是弃官从商制定武陵山珍百年梦想、千年品牌战略，十七年弘扬中国养生文化、打造中国养生产业、研究探索中国养生经济的第一人！

毕麦，土家族，中共党员，重庆市政协委员，中国食用菌协会副会长、重庆市中小企业发展研究会会长、全国优秀企业家、中国养生专家和食用菌专家、健康重庆十大影响人物，毕业于西南大学公共关系专业、研究生、北京大学高级工商管理，中国餐饮高级职业经理人、国际商务师、国际特级餐饮管理师，任中共重庆市武陵山珍集团公司党委书记、董事长，重庆市餐饮商会副会长、重庆火锅协会副会长。

1980年参加工作以来，毕麦曾先后担任粮站会计、工厂会计、工会主席，1987年至1989年在四川省委第二党校大专毕业，先后任基层区委副书记，黔江地委书记秘书、科长，地区外贸局副局长，四川省外经贸委副处长，进出口公司总经理，重庆黔江区计委副主任、招商办主任、便民投资服务中心主任、外国政府（国际组织）援助办公室主任，重庆市民委培训中心主任。担任外贸局副局长期间，毕麦帮助原黔江地区实现外经外贸、外资"零"的突破；历经七年，成功谈判引进日本政府无偿援助石柱县1.5亿日元项目，澳大利亚政府无偿援助黔江地区1亿元人民币综合扶贫黔江、石柱、彭水、酉阳、秀山五区县项目等，累计为黔江地区招商引资近15亿元。

他是武陵山珍和中国食用菌革命、中国养生菜系、养生礼品的发明创始人，打破了几千年来多种蘑菇不能同锅、同煮、同食的误区和神话，为小蘑菇找到了大市场。他是中国第一个将500名服务员训练成为养生顾问，让300名后厨员工成为养生技师、养生技工的餐饮企业，将带动一场餐饮革命，他还是中国养生文化、养生产业、养生经济的研究者、探索者，被媒体誉为"中国养生第一人"，其武陵山珍在全国拥有150多家直营、加盟店，是中国餐饮百强企业和重庆市商贸流通百强企业。

毕麦原名王竹丰，现在，人们只知道他叫毕麦——武陵山珍董事长，但都不知道日本归来变毕麦的故事。17年前，毕麦为了"要用毕生精力和时间学习追赶麦当劳"，更改了自己的名字。他坚信："麦当劳以其油炸食品风靡全球，东方魔汤武陵山珍也能走向世界。"

日本考察受刺激　"武陵山珍"梦成真

1994年，时任四川外经贸委外经处副处长的毕麦到日本考察。他发现，在中国价格低廉的野生菌，出口日本后却身价暴涨。特别是松茸，国内的价格仅200多元/公斤，在日本却高达3000多元/公斤。原来松茸具有抗癌抗辐射的功能，是难得的绿色保健宝贝。而松茸、羊肚菌、竹荪等珍稀菌类，在当时的武陵山区仅仅是农家餐桌上貌不惊人的充饥菜肴。毕麦猛然意识到家乡满山遍野的野生菌的价值，看到了食用菌市场蕴藏的巨大商机！日本野生菌餐饮的做法让他深感震撼，他萌发了"武陵山珍"百年梦想，发誓要将武陵山珍端上中国百姓的餐桌，并走向世界铸造千年品牌。

回国后毕麦亲自买回多种野生菌进行熬制、品尝。他还登门拜访著名生物学家、食用菌专家周开孝教授，聘请了多位大学教授成立了武陵山珍顾问团。经过两年多的研发，顾问团终于研制出了一种独特底料，不仅安全可靠，保证了野生菌菜的营养价值不流失，其清淡的锅底还能让顾客最大限度地体味到野生菌菜原始的鲜、香。它就是后来被众多中外养生科学家赞誉的"东方魔汤"。

1997年春节过后，第一家武陵山珍店在重庆观音桥开业了，毕麦任技术顾问。1997年4月29日，借重庆直辖东风，重庆市武陵山珍经济技术开发有限公司成立。2002年，在海南举行的首届世界养生科学大会上，武陵山珍的野生菌菜荣获了全球餐饮唯一的优秀科技成果奖。国际蘑菇协会主席西摩先生向武陵山珍颁发国际食用菌烹饪大赛团体金奖，盛赞武陵山珍为"地球人美食"，称赞毕麦"为小蘑菇找到了大市场"。武陵山珍创造了以山珍为核心的养生产业，毕麦发明创造了中国第九大菜系——山珍养生新菜系，武陵山珍成为中国餐饮百强、重庆商贸流通百强企业，解决了6500人就业，创立了武陵山珍成功的文化模式、商业模式、盈利模式，150多家直营店、加盟店正在践行为人类的健康奉献养生美食。

毕麦语录成为武陵山珍智慧

走进重庆武陵山珍，每一个员工每天写日记、唱员工之歌、土家山歌的同时，都能熟记运用武陵山珍的企业理念："为人类健康奉献森林美食"；人才理念："事业留人、感情留人、待遇留人"；投资理念："不求最大，但求最好"；经营理念："管理围着员工转、菜品围着顾客转、效益围着市场转"；服务理念："千错万错都是我的错，顾客永远都是正确的"。

当你走进武陵山珍集团总部，刺激你眼帘的是29块张贴上墙的"武陵山珍智慧"，一看就是一个学习型的现代企业和超级团队。

1. 超级成功法则：无为而为，抱团发展，学习共进，共享共赢。

2. 毕麦养生秘诀：通、平衡、道法自然、天道地道人道、保养生命回归自然、生命才是第一生产力。

3. 成功九字诀：信则灵，变则通，通则赢。

4. 毕麦方法论：找方法，必赢必胜；找借口，必输必败。

5. 领导方法论：发现珍珠，穿好项链，创造奇迹。

6. 四好方法论：选好人，用好人，育好人，带好人。

7. 行胜于言，行之有效。领导的责任就是发现问题，找到病根名医药方！

8. 招兵买马，做强中国养生特种部队！

9. 瞄准十环、行销自己、复制成功。

10. 想出来需要智慧，喊出来需要勇气，做出来需要团队，笑出来需要业绩。

11. 你行我行大家行，你笑我笑大行销。

12. 销售生命，行销养生，行善积德。

13. 四特精神：特别能吃苦，特别能忍耐，特别能奉献，特别能竞争。

14. 经营=人+财+物。

15. 管理=权+责+利。

16. 四信法则：兴趣、信心、信任、信誉。

17. 四通法则：沟通、联通、疏通、打通。

18. 状态第一，责任第二，能力第三。

19. 说真话+干真事+做真人=超人。

20. 打开心门+拨动心弦+获得真心=超级方法。

21. 我奉献+我行动+你感动=超级魅力。

22. 毕麦6问：①不把领导当外人，当恩人；②不把毕麦当老板，当导师；③不把上司当压力，当动力；④不把毕麦当障碍，当工具；⑤不把批评当问题，当方法；⑥不把毕麦当对手，当同志。

23. 发展是硬道理，稳定是硬任务，赚钱是硬指标，现金是硬实力。

24. 毕麦五指工作法：突破工作、交办工作、重点工作、日常工作、基础工作。

25. 毕麦五指逻辑思维：安全、健康、家庭、事业、财富。

26. 四心聚焦制胜：静心、定心、用心、操心。

27. 狭路相逢勇者胜，智者相逢仁者赢，仁者相逢得天下！

28. 毕麦五感行动法则：感受、感谢、感动、感激、感恩。

29. 毕麦五专成果法：专心、专一、专注、专业、专家。

毕麦夸父精神之反思录

2012年毕麦率领每个员工购买学习《海底捞，你学不会》一书，开展《学习海底捞，我们都勤劳》学习竞赛活动。他提炼出海底捞的精髓是"三检五过"：检查、检验、检讨；过程、过滤、过细、过硬、过关。

在"争先创优"的浪潮中，引导武陵山珍走过15年风雨历程的毕麦，开始了一场彻底的自我反思、反省。

"我改正，我创优"这六个字就像六颗子弹瞄准我的十环，击中了我的要害，让我倒下之后猛然惊醒：作为武陵山珍的董事长，我第一次彻底反省了十五年的失误、十五年的缺点、十五年的失败，终于大声高呼！我检讨，我改正。

1. 我改正文人清高、思想保守，不够解放、大胆。

2. 我改正心急气躁、缺乏绵里藏针、以柔克刚。

3. 我改正严肃有余、批评过多、灵活不够、表扬激励太少。

4. 我改正对属下要求过高过急，缺乏耐心、友情关怀。

5. 我改正对武陵山珍管得太死、太多、太细，放得不开、不灵活、不彻底。

6. 我改正武陵山珍上座率低、利润率低、资源浪费、效益流失、人才匮乏，大品牌、小企业，大市场、小利润，大方向、小目标的不良现状和傻干、蛮干、苦干的状态，走上实干、巧干、快干的快车道。

7. 我要改正一味强调稳健经营的防守管理型企业，没有一分银行贷款、政府项目支持的单打独斗局面，积极实施"无为而为、抱团发展、学习共进、整合智慧、壮大团队、共享共赢"的战略战术。

8. 我要改正突出个人、经常务虚、穷于应付，要把防守管理型企业变为进攻行销型集团，充分调动团队，培养武陵山珍的企业家团队，培养武陵山珍大批小康之家、中批富裕之家、小批百万富翁团队，去打造优秀团队、精英团队。

9. 我一定要改正武陵山珍"低收入、低成本、低水平、低效益、低利润"运行模式，千方百计提升武陵山珍的"硬件"和"软件"，瞄准中高档定位，和中国乃至世界餐饮错位经营健康养生产业，快速提升"五个质量"，快速抢占成渝高地、北京市场，快速发展"绿王食品"，十年之内超越餐饮龙头，让武陵山珍公司总部每年利润翻番、收入大幅增加。

10. 我一定要改正自己自傲、自满的情绪，彻底空杯、心态归零，虚心向先进的同行学习、请教，坦诚真诚、踏实务实，做实干、巧干、快干的模范，做一个胸中有国家、眼中有大家、经营好自家的优秀企业家，做一个讲真话、干真事、做真人的好领导、好同志！

毕麦一口气表达了"十个改正"，就是一种态度、一种承诺、一种勇气、一种责任、一种自信。他带头改正，也是希望武陵山珍的全体员工应当"摆正位置、端正态度"、"高标准、严要求"，做一个合格而优秀的"演员"，把工作当成自家的事，做对了是应该的，做错了应当承担责任。不反省、不检讨、不改正就无法改变自己、融入团队，不改正就不能争先争优、脱颖而出、超越自我。

勇于争先就是毕麦和武陵山珍团队、品牌要在第三次创业的开局年开门红，在重庆餐饮行业和中国餐饮行业领先创优，特别是激励引导武陵山珍员工和团队争先创优，公司总部每一个人争先创优……

毕麦反思后大悟：经营其实如此简单——人、财、物三字经，管理就是权、责、利三个字；管理是成本、是防守，进攻、行销、创新才是真正的经营和利润。只有跳出餐饮做养生产业、养生经济，只有实体经济与虚拟经济双轨制同步运行，只有启动武陵山珍美国上市战略，武陵山珍百年梦想、千年品牌的战略目标才可能实现！

对话毕麦：经营企业需要锲而不舍的夸父精神

采访：在华夏五千年的历史长河中，夸父追日的传说有积极的解释，也有消极的影响，比如也有人说夸父追日口渴而死，是一种自不量力、自取灭亡的表现。作为中华儿女，特别是经营和管理现代企业的中国现代企业家，如何传承和发扬中华传统文化？

毕麦：我认为，现代企业经营者需要认真坚持、锲而不舍、无私奉献的夸父精神，这是一种英雄的、顽强拼搏的、坚持不懈的、勇敢追求的、死而后已的、甘为人类造福的精神气概。夸父无比的英雄气概反映了华夏古代人民探索、征服大自然的强烈意志，具有超现实的想象力和浪漫主义特点，值得中华儿女去传承和发扬光大。夸父为什么要追日，如果我们要追究他的结果如何，那就是一种目的和功利；其实，夸父追日是一种奋斗的精神，并不需要一个外在的目的，"追日"本身就是他的意志、他的目的，也就是他生命存在的意义，他宣示了"一种别样的生存和一种更美的快乐"。

除了夸父追日，还有愚公移山，对待这些历史文化，特别是儒商文化，我们都应该看到积极的一面；正如做企业，我们要积极向前看，提升宏观调控能力，如果我们拘泥于企业在经营管理过程中的一些问题和琐事，就会一叶障目，不见泰山，企业也就无从发展。

"十二五"期间，武陵山珍的战略是跳出餐饮弘扬中国养生文化，打造中国养生产业，研究探索中国养生经济。其思路方向是以餐饮为龙头，养生食品为龙身，养生经济为龙尾的养生产业一条龙，将防守管理型企业变为进攻行销型企业集团，三年内境外上市实现实体经济与资本市场双轨制运营，谋求走向世界的武陵山珍第三次创业！

中国餐饮的思路是立足中国，面向世界；学会和适应与狼共舞的本领与能力；出路是跳出餐饮发展健康养生产业；方法是无为而为、学习共进、抱团发展、共享共赢，必须拥有自己的品牌、市场、人才、团队、基地，必须有自己比较成熟、成功的文化模式、商业模式、盈利模式，必须走专业化、标准化、规模化、产业化、科学化、国际化的发展道路，必须时刻牢记：发展是硬道理！稳定是硬任务！赚钱是硬指标！现金是硬实力！

"东方魔汤"醉倒中外名家

——武陵山珍成为美食最大亮点

《重庆青年报》

东方魔汤，排队等"喝"；武陵山珍"菌"，国内外友人竞相品尝、合影留念……这是历届中国美食节所没有出现的盛况。而所有这一切，重庆绿火锅武陵山珍做到了。第四届中国美食节武陵山珍及其小吃都粑块、香烤荞麦粑、苗家菜豆花荣获"中国名火锅宴"、"中国名点"等称号……

2003年10月19日上午，中国饭店协会会长韩明单独会见武陵山珍代表团，特邀武陵山珍加入协会，要在全国饭店推广武陵山珍……

如果你吃过武陵山珍，在这美食针锋相对的美食节，你通过第六感官嗅到这股来自武陵山区的森林美食鲜香——不错，武陵山珍展台就在面前了，热情好客的土家苗寨山妹子给你端来东方魔汤；如果你没有吃过武陵山珍，这也不打紧，武陵山珍备战美食节就是为你的不期而遇准备的。无论是在解放碑意德美食城，还是在南滨路美食街，都洋溢着武陵山珍"东方魔汤"的芬芳！穿着民族服装、热情好客的土家族姑娘、小伙子会大大方方地与你搭讪。请问你会对山歌吗，来一句"这山望过那山高，望见妹在半山腰"怎么样？要不山妹子就来首现代的："你从哪里来，我的朋友？好像一只蝴蝶飞进我的窗口……"

这就是武陵山珍打造的土家苗寨风情文化，所以说，东方魔汤的神奇并非仅仅在其山珍本身，更在于武陵山珍打造土家族、苗族餐饮旅游文化。当武陵山珍沉淀了此种民族风情千年的文化底蕴后，武陵山珍便成了一面旗帜，一面走向世界的旗帜，一面令同行无可仿效的旗帜！在美食节国际餐饮论坛上，武陵山珍名誉董事长刘建吉先生关于山珍美食的演讲受到中外美食家的高度赞扬，武陵山珍受到国际饭店协会的好评。

正因为武陵山珍在重庆火锅业界的独一无二，武陵山珍成了整个美食节中外友人争先恐后聚焦的热点。特别是国外餐饮企业，对武陵山珍情有独钟。美食节几天的交流，至今已有广州、香港、韩国、美国、意大利等10多家国内外企业考察并有意把武陵山珍"带回家"。鉴于外国考察队伍的不断增加和武陵山珍特有的知识型消费群体，武陵山珍公司拟在美食节后成立中外友人俱乐部，为的是在顾客和国内外友人之间架起友谊的桥梁，促进重庆与世界的交流与发展。最近，在武陵山珍沙坪坝店，一些高校外籍教师和不少在校大学生已经对成立中外友人俱乐部反响强烈，相关事宜正在洽谈之中。

土家族汉子与他的"东方魔汤"

《中国民族报》记者　米根孝

2010年11月28日，记者参加了在北京人民大会堂召开的中国老区建设促进会成立20周年总结表彰大会。中央政治局常委、全国政协主席贾庆林，国务院副总理回良玉等接见了荣获全国老区建设优秀企业家的毕麦等41位企业家和代表，亲切握手后并发表了重要讲话。贾庆林在讲话中感谢老区先进工作者和优秀企业家对革命老区建设作出的重要贡献。毕麦作为全国老区建设优秀企业家之一，引起了我的兴趣。

毕麦是餐饮界人物。与我接触的许多餐饮界人物不同的是，毕麦看来更像是一位商界的政客。他考究的西服中透露着中年男人的独特魅力，双眼中闪烁着商人的灵敏嗅觉与政客所独有的处乱不惊。多年的从政生涯使毕麦相比一个纯粹的商人少了一份投机心理，他对任何事都持有一种超出常人的冷静思考。会议结束后，记者专程采访了他。

毕麦出生在革命老区重庆市石柱县，是土家族人。1980年参加工作以来，毕麦曾担任粮站会计、工厂会计、工会主席、基层区委副书记等，后担任黔江地委书记秘书、科长，地区外贸局副局长等职。在担任外贸局副局长期间，他萌发了将家乡的野生菌推上中国人餐桌的创意，毅然辞去公职，聘请专家、率领团队研制发明"东方魔汤"武陵山珍新菜系，从而成为中国食用野生菌菜系发明创始人，自主创新研制出武陵山珍绿王食品系列产品，实现了一个土家族汉子的"东方魔汤"梦。

武陵山区的武陵山珍

毕麦的家乡武陵山区，阳光充足，四季分明，雨量充沛，植被繁茂，被誉为绿色植物园。在这块世界上少有的未被工农业污染的绿色王国里，野生菌类不仅繁多，而且营养丰富，含有丰富的矿物微量元素、氨基酸以及维生素。"我是土生土长的土家人，我们从小到大就有吃野生菌的习惯。由于家乡独特的地理环境，我吃过菌的种类也是不计其数。"毕麦告诉记者，早年他做国际贸易期间，常到日本出差，他发现自己家乡非常普通的野生菌菜被运到日本，稍加包装后便身价疯涨。他家乡最为常见的松茸在日本享受到的却是高规格待遇，常规价格每公斤2000多元人民币。有的地方为了在24小时之内将松茸运到日本，甚至出动直升机来运输。"尽管价格如此昂贵，但全世界80%的松茸还是都被日本人买走了。我当时的心情可以说是非常非常好奇。"毕麦找到了当时在重庆从事餐饮业的王文君，告诉她这些情况，他们就开始研究。松茸难道有什么特别之处吗？毕麦说："后来我们经过查找资料和咨询专家，终于明白了其中玄机。原来在二战时，美国扔下的两颗原子弹在日本的广岛和长崎爆炸后，周围的森林全部被毁，只有松茸活了下来。经过日本科学家研究发现松茸具有抗癌抗辐射的功能，是个难得的绿色保健品。既然是好东西，能不能做这些野生菌菜的生意呢？于是我们萌生了把武陵山珍推上中国人餐桌的念头。"

野生菌极具药物功效，被称作"森林药品"和"森林食品"。毕麦认为，人们一直想走回大自然，家乡的野生菌能被日本人看中，肯定有它的独到之处，如果能把它开发出来，能产生多大的经济价值啊。

"东方魔汤"横空出世

毕麦辞职了，在重庆引起了不小的轰动。毕竟曾是一位"官员"，好好的"公务员"不干，要去搞什么野生菌，脑壳子出水了吧。家里人和亲朋好友的指责纷至沓来，但毕麦却铁了心。土家族人的脾气，不是谁能改变的。

毕麦登门拜访了著名生物学家、食用菌专家周开孝教授，又聘请了多位大学教授成立了武陵山珍顾问团。经过两年多的时间，他们研究得到了一种摒弃了传统重庆火锅麻辣特点的独特底料。这种以几十种野生菌菜为原料，科学提炼、精心熬制出来的底料，不仅安全可靠，保证了野生菌菜的营养价值不流失，而且清淡的锅底也保证能让顾客最大限度地体味到野生菌菜原始的鲜和香。它鲜香味美、营养丰富，又有神奇的保健功效堪称绿色食物之"极品"。这就是得到众多中外养生科学家美誉的"东方魔汤"。"东方魔汤"终于横空出世了。

"最重大的难题自然是野生菌菜的烹调方法，你也知道菌类食品是全世界公认的高危食品，一旦烹调技术不过关与采购环节的疏忽，所造成的损失可能就不只是经济上的了，这在全国和世界范围内有许多惨痛教训。如果烹制的时间短了，人食用后就会有危险。但如果时间长了，野生菌菜的鲜、香、高营养又会流失掉。这是一个很难掌握的标准。"毕麦说，"而今国内的餐饮市场要与国际市场接轨，因此必须要符合人们餐饮习惯的发展规律。而绿色保健食品无疑是目前乃至以后很长一段时期餐饮的发展主流，这在重庆市场却是一片空白。我们的'东方魔汤'开创了重庆'文火锅'、'绿火锅'的历史，可以说是餐饮发展的大势所趋，也是一次饮食观念和市场重组的空前革命。我相信武陵山珍倡导的科学养生和绿色保健概念，会被越来越多的人接受，兴起一阵绿色的时尚潮流。"

我国养生保健餐饮的品牌

"东方魔汤"研制成功后，毕麦随后注册了重庆武陵山珍经济技术开发有限公司、重庆武陵山珍绿王食品开发有限公司、重庆市东方魔汤美食开发有限公司，系列性开发武陵山珍产品，企业越做越大。

武陵山珍与重庆直辖同步，是重庆十年来成功推向全国的重庆新派火锅、养生保健火锅。它以为人类健康奉献森林美食为己任，不仅填补了中国乃至世界野生菌菜系的空白，弘扬了中国养生保健饮食文化和重庆火锅文化，而且自主创新创立了人见人爱，地球人都接受、喜爱的重庆"新火锅"、"文火锅"、"绿火锅"，其养生保健、野生菌菜、土家苗寨少数民族文化三大特色为重庆火锅添了彩，为中国餐饮争了光。它是新兴的、独特的、具有强盛生命力的中国名餐饮、世界新菜系，已成为不分地域、种族、信仰、肤色、性别、年龄和职业的"地球人"美食。它以鲜香味美、丰富营养、独特保健、神奇功效，堪称绿色之极品，深受中外食客喜爱。

毕麦告诉记者："我们武陵山珍目前已经在全国创建了150多家直营店、加盟店，解决了5000多人就业，目前已经成为中国餐饮百强和重庆市商贸流通百强企业。"2009年，毕麦率领奇火锅余勇、巴将军王人庆"南山三兄弟"，在重庆南山创立两万多平方米的中国养生会馆、中国黑食之都、全球火锅之都等，还创建了寿比南山养生街。毕麦被传媒誉为"中国养生经济第一人"。武陵山珍经权威机构评估品牌价值达到了2.8亿元。

同时，武陵山珍也荣获了众多荣誉：首届世界养生科学大会"优秀养生保健科技成果奖"、"国际美食质量金奖"、"国际养生保健产品金奖"、"国际食用菌烹饪大赛团体金奖"、首届驻华外交官烹饪大赛金奖、2007年全国餐饮百强企业称号。毕麦个人也荣获中国饭店协会"全国饭店业优秀企业家"、重庆首届民营经济十大风云人物支持库区奖、中央电视台重庆火锅超人大赛"火锅超人"、重庆第六届优秀青年企业家等称号。

武陵山珍作为21世纪构建"和谐社会"、"和谐世界"的"森林美食"和"文明使者"，为中国的养生保健餐饮作出了重要贡献，从而成为我国养生保健餐饮的品牌！

构建和谐民族企业　武陵山珍回报社会

《民营经济报》

　　武陵山区资源丰富、植被繁茂，是地处渝、鄂、湘、黔四省（市）的交汇地，是中国西部土家族、苗族的聚居地，是西部比较落后、贫困的边远山区。

东方魔汤：为人类健康奉献森林美食

　　重庆武陵山珍经济技术开发有限公司是由一批来自武陵山区的土家族青年创办的民族企业，是中国第一家百种野生菌菜森林美食餐饮企业，其发明创造的东方魔汤——武陵山珍享誉海内外。经过8年的发展，拥有了自己的科研所、培训基地和500多个生产加工基地，现有20家直营店，在全国有60多家连锁店，先后荣获了"世界优秀养生保健科技成果奖"、"国际餐饮四星级企业"、"国际美食质量金奖"、"全国食用菌餐饮名店"、"全国食品安全示范单位"、"全国餐饮连锁优秀品牌企业"等含金量极高的荣誉，接待过迟浩田等中央省（市）领导人和毛主席的保健医生徐涛、亚洲博鳌论坛秘书长龙永图、著名音乐教授金铁霖、著名歌唱家吴雁泽、彭丽媛等各界名流以及80多个国家的外宾，并受到一致赞扬。公司以"为人类健康奉献森林美食"为企业理念，发展成为立足重庆、面向全国和具备走向世界实力的中国知名品牌餐饮企业及生产绿色生态食品、森林食品的民族企业。

武陵山珍营造和谐的软硬环境

从武陵山区走出来的武陵山珍公司为了构建一个和谐的民族企业，首先营造了和谐自然和反璞归真的环境：土家苗寨吊角楼，古色古香的装修格调，武陵山水、园林，仿古博物架群，名家名人的书画装饰与点缀，纯朴大方的土家摆手舞，热情洋溢的武陵山民歌，上百种名贵野生菌菜，滋补可口的山珍自酿酒和养生保健的东方魔汤。

其次，武陵山珍一直遵循"人人都是人才，不管进口马、良种马、本地马，跑在最前面的就是好马；打工的我们不需要，我们需要的是责任感好、事业心强、观念新的有识之士"及和谐的人才环境，实践了"事业留人、感情留人、待遇留人"的人才理念，彻底打破了家族企业的传统模式，倡导资源共享、优势互补、双赢互惠、共同致富，吸纳了40多名优秀管理者入股，让员工真正成为企业的主人。

武陵山珍在对人才的培养和培训方面，可以说是走在了同行业的前面。2004年7月，与石柱第一职业中学合作成功，成立了武陵山珍民族餐饮学校，并在渝北和南坪建立自己的培训基地，为武陵山珍培养和输送人才；2005年4月，与深圳聚成培训公司达成协议，对武陵山珍员工及中、高层管理人员进行内训和外训；正在与重庆工商大学商议联合创办培训餐饮人才的学院事宜，共同培养餐饮界职业经理人。

中国民营企业有今天，一切都得感谢共产党改革开放的政策好。今年公司成立了武陵山珍党委，并将建立工会、妇联、共青团组织，为党员、团员、妇女、员工营造健康向上、和谐文明的企业环境。

回报家乡　奉献社会

武陵山珍经过8年的发展，形成了一条以餐饮为龙头，以绿色生态食品、养生保健食品为龙身，以山珍系列保健酒、山珍饮品、口服液为龙尾的生产、加工、销售、服务产业链，帮助武陵山区农民脱贫致富。

武陵山珍解决了200多名下岗职工再就业问题，安置了从大山里出来的1500多名剩余劳动力进城就业。随着武陵山珍公司的发展，我们将会创造更多的"饭碗"，帮助一大批武陵山区的劳动力就业，为国家和社会减轻负担。

为了真正让武陵山区农民脱贫致富，从2005年起，武陵山珍公司与重庆市妇联联合举办了"武陵山珍回报武陵山区三百爱心工程扶贫活动"，即：每年无偿资助武陵山区一百名辍学女童就学，每年接纳武陵山区特困户女青年一百名，每年帮助武陵山区一百户特困农户脱贫致富。

与此同时，武陵山珍在石柱县创办武陵山珍绿色生态食品开发有限公司和创建武陵山珍绿色生态食品工业园区，探索石柱县品牌农业发展战略，使武陵山珍品牌与石柱县品牌农业对接，将石柱县作为武陵山珍系列产品的生产加工总部，探索出成功的商业模式，并克隆、复制到整个武陵山区，帮助农民增收、地方增税，为构建和谐民族企业、和谐社会贡献我们的微薄之力。

餐饮88家重庆武陵山珍面临摘牌

《重庆时报》

成都抢注的"武陵山珍"商标，昨日正式进入公告期，"武陵山珍"刺痛重庆神经。

成都武陵山珍继获取"武陵煨珍煲"商标后，进而抢注"武陵山珍"商标，并于昨日正式进入公告期。武陵山珍一旦落户成都，重庆的武陵山珍将面临被摘牌，甚至被对方起诉侵权赔偿损失。一向低调的重庆武陵山珍也开始紧张起来。

"武陵山珍"前年被抢注

昨日记者从1001期商标注册公告上看到，成都武陵煨珍煲的所有人吴成发2003年9月27日在43类上申请注册的"武陵山珍"，服务项目是餐厅、饭店、餐馆等方面。而这个申请时间和他获得"武陵煨珍煲"商标仅10天之隔。西南商标事务所人士表示，成都的手法相当高明。原来，"武陵山珍"四字的商标以前是不容易获准注册的，吴成发在注册"武陵山珍"时却用了"曲线"注册的方式。2003年初，经营酒楼的吴成发从攀枝花某商贸公司负责人张红旗手上购买到文字为"武陵"、图为"武陵煨珍煲"的商标。当年10月7日，国家工商总局商标局正式为其办理了过户手续。而2003年4月双方就签订了转让协议，精明的吴成发借助获得的"武陵煨珍煲"商标进而申请与之相近似的"武陵山珍"商标，两年后终于进入商标公告期。

其实"武陵"商标两年来在成都地区已经闹得沸沸扬扬。吴也因获得商标案的胜利而名声大振。一度在成都小有名气的"任记武陵山珍"、"山秀武陵山珍"两家酒楼被裁定侵权停止突出使用"武陵"字样的行为，并各赔偿原告吴成发1万元。虽然其曾经称要到重庆"打假"不了了之，重庆武陵山珍也一直主张发展才是硬道理，成都不找上门来，就井水不犯河水，但此次"武陵山珍"的申请成功却很难不刺痛重庆方的神经。

重庆人可能损失惨重

据悉，目前重庆武陵山珍全国88家连锁店，年利润上千万。假如说之前还只是"武陵"不能突出使用伤及不到主体的话，而这次"武陵山珍"却是明明白白将招牌上的4个大字一网打尽。一旦商标被成都方拿走，那将意味发展越大带来的损失越重。重庆方面为品牌建设付出的多年人力、财力将为他人做嫁衣。昨日成都老吴家武陵山珍酒楼负责人表示，重庆企业在餐饮类使用"武陵山珍"商标是违法行为。如果要使用该商标，必须和他们进行商谈，获得商标的使用权。由于时间、精力、财力等多方面的因素，何时在全国开展大规模的维权还有待公司商定，但只要公司愿意随时都可以。

对于成都方看似表面平静，却背后步步紧逼的商标申请手段，重庆武陵山珍董事长毕麦表示，成都方是恶意抢注行为，但具体应对属商业秘密不予透露。但是记者了解到，昨日上午，一向不愿和成都正面冲突的重庆武陵山珍紧急来到解放碑一家商标事务所办理委托手续，欲提出商标异议，阻止成都方面"武陵山珍"的最终获得权。

全国最大餐饮维权案本月审理
武陵山珍河南打假索300万

《重庆时报》

本报讯（记者：李增勇）重庆武陵山珍品牌在河南被盗开店，武陵山珍耗资20万元，秘密调查取证半年，2006年10月将两名违规加盟商告上河南省商丘市中级人民法院，索赔300万元并要求对方停止侵权。昨日记者获悉，本月内这起创下中国餐饮维权打假索赔之最的"高价"索赔案将开庭审理，央视将全程跟踪拍摄打假过程。

"河南冒出好多武陵山珍"

去年年底，网上一条留言让重庆武陵山珍董事长毕麦大吃一惊，留言者是河南一餐饮店老板，称"武陵山珍"在河南高密度设店，违反合约。

"又有'李鬼'冒出来了。"毕麦清楚，重庆武陵山珍在河南仅有两家加盟店，据不完全统计，全国冠以"武陵山珍"之名的餐饮名店达3000多家，而真正的仅有百家。

去年年底，武陵山珍派出酒店管理中心总经理王战风，带着打假高手赶到河南。"李鬼店"遍及河南郑州、商丘、永城、夏邑、巩义等多个城市。

盗用重庆招牌收加盟费

"李鬼店"只是套用重庆招牌，内容几乎全部走味，被誉为"东方魔汤"的野生菌汤色全无。毕麦称，野生菌食用不慎便有可能造成危险。"李鬼店"技术不过关，万一发生事故将对重庆餐饮品牌造成毁灭性打击。

2003年，商丘市餐饮老板卢学慎和袁卫东看好武陵山珍的餐饮市场，从河南赶到重庆申请加盟店。双方约定，受许方不得擅自开办另外的分店和连锁店。没想到，加盟店在商丘开张后生意逐渐火爆、每日食客不断。为省下不菲的加盟费、不受总部"管辖"并赚更多的利益，两人决定盗用"武陵山珍"的名义在河南开分店。

于是，两人通过制假证者刻制了在重庆本不存在的"重庆武陵源山珍经济技术开发有限公司"的印章，将武陵山珍所有的工商、税务执照和各种获奖证书等全部复制。随后，两人又打着"武陵山珍"的旗号在商丘、夏邑等地找了5个店家并收了高额加盟费。

渝企要侵权者赔偿300万元

见事态败露，卢、袁二人以"为武陵山珍赚取更多的经济利益"为条件，向武陵山珍提出了"招安"之请，请求将"杂牌军"改编为"正规军"，并补交相关费用。

"如果同意，无疑是在纵容造假。"毕麦称已向违约、侵约者卢学慎和袁卫东提出索赔300万元的巨额诉讼。目前，商丘市中级人民法院已正式受理此案，本月内开庭审理。

让武陵山珍成为中国人自己的"麦当劳"

《中国食用菌杂志》

蘑菇是神灵之物，是全世界公认具有养生保健、防癌治病功效的食品。

食用菌是21世纪人类继植物性食物、动物性食物之后的第三大食物来源，在倡导绿色食品、养生保健食品的今天，食用菌餐饮也越来越受到人类的喜爱。重庆市武陵山珍公司先知先觉，早在十年前已看准这一新兴的、年轻的、处于成长期的产业的空间和巨大潜力。通过反复研究、试验，我们在食用菌开发方面获得一定成果，自主创新培育了中国养生保健餐饮品牌——东方魔汤武陵山珍！

一朝日本行，九年创业路

著名的武陵山区地处渝、鄂、湘、黔四省（市）交汇地，那里阳光充足、四季分明、雨量充沛、植被繁茂、野生菌菜种类繁多，是世界上少有的未受污染的绿色植物园。

1994年，时任四川省外经贸委副处长和四川省黔江地区进出口公司总经理的毕麦，在一次赴日考察时，惊奇地发现我们出口非常廉价的野生菌菜被运送到日本后，稍加包装便身价疯涨。比如，最为常见的松茸在日本享受到的却是高规格的待遇。松茸中又以鲜松茸最贵，鲜松茸在日本的常规价格是每公斤2000多元人民币。野生菌在我国的产地主要集中在云南、内蒙古、吉林、四川的三州（阿坝、甘孜和凉山）以及武陵山区。当时有的地方为了在

24小时之内将松茸运到日本，不惜出动直升机来运输。尽管价格如此昂贵，但全世界80%的松茸还是都被日本人买走了。

在野生菌受日本人狂热追捧盛况的启迪下，毕麦萌发了不向外国人卖原料，自己开发食用菌、投资食用菌的构想，把野生菌推上中国人餐桌的一系列探索与研究，创立武陵山珍品牌，创造野生菌菜新菜系，成为创始人，创新中国餐饮新的商业模式、盈利模式、营销模式，最后走向世界。

野生菌的烹调，难度最大的是如何在烹调过程中保证野生菌的鲜、香，并避免营养流失。炖，耗时长且营养成分大部分流失到了汤中，野生菌菜失去原有价值；炒，传统川菜调味品太多，不适合用来烹调野生菌；烫，营养成分流失得较少，但重庆火锅的麻辣口味掩盖了野生菌的鲜、香。通过登门拜访著名生物学家、食用菌专家周开孝教授及聘请多位大学教授成立顾问团等，经过两年多时间的探索，一种摒弃了传统重庆火锅麻辣特点的底料研制成功。它是一种以百余种野生菌为原料，科学提炼、精心熬制出来的底料，不仅保证了野生菌菜的营养价值不流失，而且清淡的锅底也保证能让顾客最大限度地体味到野生菌原始的鲜和香。用此配方可自选加入各种野生菌随心所欲熬制，它以鲜香味美、清醇爽口以及丰富的营养、独特的保健、神奇的功效堪称绿色食物之"极品"，被中外养生科学家誉为"东方魔汤世界一绝"。

武陵山珍经过对国内外餐饮企业的研究和实践，拥有比较成熟、成功的商业模式，在此基础上，秉承了武陵山珍企业的六大理念：一是"为人类健康奉献森林美食"的企业理念；二是"事业留人、感情留人、待遇留人"的人才理念；三是"不求最大、但求最好"的投资理念；四是"千错万错都是我的错"的服务理念；五是"管理围着员工转、菜品（产品）围着顾客转、效益围着市场转"的经营理念；六是"天上轰炸、地面进攻、厅内沟通"的营销理念。特别是"认真、坚持"的成功秘诀;"兴趣、信心、信任、信誉"的成功守则;特别能吃苦、特别能忍耐、特别能奉献、特别能竞争的"四特精神"在企业内部发挥了巨大作用,在行业内影响很大!武陵山珍的科研人员、管理人员对各类野生食用菌进行全面了解、深入研究、大力推广宣传食用菌极高的营养价值和良好的医疗保健功效,比如松茸具有滋阴壮阳、强身健体、有益肠胃、驱虫止痛、理气化痰等功效。现代医学还证明松茸具有治疗糖尿病、抗癌、抗核辐射的特殊作用,羊肚菌则可用于治疗脾肾虚弱、消化不良、痰多气短、保健美容、抗衰老、防癌,等等。武陵山珍率先把野生菌菜推上中国人餐桌,进入大雅之堂,推广普及食用菌餐饮,在中国掀起了"吃菌热"。九年来,中国成为海吃食用菌的大国。我们创出了中国第一家百种野生菌菜森林美食和土家苗寨特色菜有机组合而成的新菜系,具有浓烈的民族特色、山珍特色、养生保健特色,不仅填补了中国乃至世界的野生菌菜系的空白,而且是新兴的、独特的、具有强盛生命力的世界新菜系。经著名生物学家、食用菌专家周开孝教授研究表明:常吃东方魔汤武陵山珍具有提高人体免疫力、抑制肿瘤细胞、开启人体功能系统三大功能和益智健脑、美容减肥、治病防癌、延年益寿四大作用。

1996年4月,时任国务院武陵山区扶贫开发领导小组组长的国务委员陈俊生,在考察黔江地区时,听完关于开发武陵山珍的专题汇报后,相当支持把武陵山区建成野生菌采集基地的设想,欣然提笔写下"武陵山珍"四个大字。"武陵山珍"的品牌名便确定下来,从此飞入云霄、响彻全国!也是从此刻开始,武陵山珍踏上了长达九年的研发征途,以"立足重庆、面向全国、走向世界"为企业目标,我们第一次创业完成了立足重庆的目标,今天正在进行面向全国的第二次创业,明天第三次创业就是走向世界,为把中国食用菌产业推上世界食用菌产业舞台的巅峰作出贡献。

成事谋为先、美名扬四海

当松茸、羊肚菌、竹荪等珍稀菌类还仅是农家餐桌上貌不惊人的充饥菜肴时，当土家族各式各样的风味小吃还沉寂在穷乡僻壤时，凭着在山区扶贫的经验，我们意识到武陵山珍的价值，不应该养在深闺无人知，食用菌市场里还蕴藏着巨大的经济价值有待挖掘。发展野生菌菜的餐饮当然不能成为终极目标，我们要以餐饮为龙头，带动整个野生菌菜产业链的发展。基于此种认识，1997年4月29日，巧借重庆直辖之东风，重庆市武陵山珍经济技术开发有限公司成立。

现代人崇尚回归大自然，玩，要去自然风景区；穿，要穿纯棉、麻、丝制品；吃，要吃绿色食品——于是山珍野味便走俏了。我们武陵山珍公司以面向中、高档收入人群的市场定位，以养生保健特色、山珍特色、民族特色为市场导向，以倡导科学养生和绿色保健的饮食理念，集百余种野生菌菜为一体，以野生菌汤锅为主，配以土家、苗族的特色中餐和特色小吃，辅以土家摆手舞表演、土家民歌传唱等民族文化融入企业文化之中、顾客消费过程中、服务中，使文化产品化，传承中国几千年饮食文化和养生文化。菜品以羊肚菌、松茸、鸡油菌等上百种名贵菌，辅以特制而成的菌酒，风味独特，通过蒸、炒、烧、炖、煨等传统工艺和现代科技手段精心配方，以汤锅的方式出现，绝对不含任何一种化学佐料，而且所有菌菜皆来自于武陵山区大森林。

经过九年的发展，武陵山珍公司拥有了自己的科研所、培训学校和500多个生产加工基地，在全国设立直营店20家、连锁店80多家。先后荣获了"世界优秀养生保健科技成果奖"、"国际餐饮四星级企业"、"国际美食质量金奖"、"国际养生保健产品金奖"、"全国食用菌餐饮名店"、"全国食品安全示范单位"、"全国餐饮连锁优秀品牌企业"等含金量极高的荣誉，接待过迟浩田等中央省（市）领导人，接待过毛主席的保健医生徐涛、亚洲博鳌论坛秘书长龙永图、著名音乐教授金铁霖、著名歌唱家吴雁泽、彭丽媛等各界名流以及80多个国家的外宾，受到一致赞扬。特别是著名经济学家温元凯教授、亚洲工商第一名嘴张锦贵教授、中国策划第一人余明阳教授、中国培训大师余世维博士、2004年中国十大策划大师石岩等专家鼎力支持武陵山珍面向全国、走向世界!

武陵山珍发展壮大成为国际餐饮协会理事、中国饭店协会常务理事、中国食用菌协会常务理事、重庆经济学学会常务理事、重庆餐饮商会副会长单位，成为颇具规模的全国知名餐饮企业，除了靠缜密的思路、精准的目标、果敢的决策、坚定的信念外，更不容漠视的是广大社会的支持。当武陵山珍店遍及全国的同时，仍不忘"回报社会、造福人民"。目前，武陵山珍已为社会提供3000多个就业岗位，其中安置下岗职工200多名，解决了从大山里出来的1500多名剩余劳动力。随着公司的发展，武陵山珍将会制造更多的"饭碗"帮助一大批武陵山区的劳动力就业，为国家和社会减轻负担。为了真正让武陵山区农民脱贫致富，为此，从2005年起，武陵山珍公司与重庆市妇联联合举办了"武陵山珍回报武陵山区三百爱心工程扶贫活动"，每年无偿资助武陵山区一百名辍学女童就学，每年接纳武陵山区特困户女青年一百名就业，每年帮助武陵山区一百户特困农户脱贫致富。

武陵山珍　小蘑菇做出了大市场

《民营企业家杂志》

　　是谁掀起了中国的山珍热？是谁将藏在深山人未识的小蘑菇推上了城市人的餐桌？又是谁让天下蘑菇相会"跳舞"展示中国养生火锅"东方魔汤"的神奇？武陵山珍以为人类健康奉献森林美食为己任，它是中国食用菌餐饮的龙头企业，是野生菌菜系的发明创始人，不仅填补了中国乃至世界野生菌菜系的空白，弘扬重庆火锅传统文化的同时，传承了中国几千年养生饮食文化，创立中国养生保健知名餐饮品牌，其养生保健特色、山珍特色、民族特色深受中外食客喜爱。国际蘑菇协会主席西摩先生称："武陵山珍是一个伟大的发明，为小蘑菇找到了大市场。"

中国迎来蘑菇时代

　　蘑菇属于菌类，含有丰富的蛋白质，可消化率达70%~90%，素有"植物肉"之称。蘑菇不仅营养丰富，味道鲜美，富含人体必需的赖氨酸等，还含有丰富的矿质元素，例如蘑菇富含的微量元素硒，可使血中谷胱甘肽过氧化酶的活性增强，防止过氧化物损害机体，提高身体免疫力。蘑菇所含的大量植物纤维，具有防止便秘、促进排毒、预防糖尿病及大肠癌、降低胆固醇含量的作用，而且它又属于低热量食品，可以防止发胖，它还是一种较好的减肥美容食品。

　　蘑菇中的维生素D含量比大豆高20倍，是海带的8倍。而维生素D能帮助人体吸收钙，有益于骨骼的健康。维生素D天然来源不多，其中牛奶和某些鱼类含有维生素D，所以蘑菇无疑是天然食物中维生素D的重要来源之一。人们在补钙的同时，增加维生素D的摄入能促进钙的吸收利用，因此，蘑菇带来的大量维生素D无疑是一个上佳的选择。科学地食用味美多汁的蘑菇有益于骨骼健康。

现代人所追求的健康饮食方式，绿色、健康、原生态的食品越发受到人们的喜爱。蘑菇既是绿色食品，又是极具营养价值的，必定会成为人们餐桌上一道重要的美食，中国餐饮将会迎来蘑菇菌类时代。

中国第一家森林美食大卖养生文化

由原国务委员陈俊生题写品牌名的"武陵山珍"是中国第一家百种野生菌菜森林美食和土家苗寨特色菜有机组合而成的新菜系。武陵山珍作为中国首家以经营野生菌的餐饮企业，企业将野生菌与重庆火锅结合起来，使用的野生菌菜全部来自于人迹罕至的深山老林中，无污染、自然天成，每种菌菜都含有丰富的蛋白质、维生素、矿物质、微量元素和多种氨基酸。武陵山珍的菜品以绿色健康吸引了五湖四海的顾客前来光顾，接待国内外名人名家300多人和世界80多个国家、地区慕名前来品尝的客人5800多人，让人们体验美食的同时更能吃出健康来。武陵山珍不仅具有浓烈的养生保健特色、山珍特色，更具有丰富的土家苗族文化风味，以满足人们日益增长的饮食文化、民族文化等精神需求。

武陵山珍针对武陵山区特有菜品，在市场定位上十分注重其民族特色文化的营销。从店门装修到店堂的装饰，从餐桌碗筷的摆放到餐布色彩的搭配，从菜品选料到营养的配比，从服务员的衣衫到言行都无不体现出土家人特有的民族气息。特别是在客人用餐前，店里的服务员会主动给客人介绍用餐的三步曲：一是品汤；二是品山珍酒；三是品野生菌。服务员在上菜之前还会主动介绍野生菌菜品对人体的主要作用，每天免费为顾客唱12首土家山歌，进行三级沟通，演绎"千错万错都是我的错"的服务理念，使就餐的客人不但可以品尝到森林中的绿色美食，还能用心地体会和感受到异域的民族文化特色。为人类健康奉献森林美食的武陵山珍餐饮企业始终坚持"梦想·另类·特色·文化·共赢"的经营理念，通过企业全体员工的努力定会早日实现立足重庆，面向全国，走向世界的发展目标。

城乡统筹　率先尝到甜头

武陵山珍经过十年的长期发展，已经成为中国餐饮行业内一家知名企业。现在的武陵山珍已经分布全国18个省（自治区、直辖市），有直营店20家，连锁店96家，总规模突破100家，共吸纳安置了近4280人就业，为武陵山区数万农民脱贫致富增加了收入来源。资助少数民族辍学女童、贫困女大学生500多人。

据武陵山珍董事长毕麦介绍，武陵山区生长着丰富的可食用野生菌，每年生长总量在8000吨左右，但由于各种客观因素，其采摘量不过12%左右，大量腐烂在山里，可谓"山中有宝人不知"。近年来，在党和政府的号召下，武陵山珍积极投身到社会主义新农村建设中，通过对野生菌产品的深加工后，将武陵山珍绿王产品、东方魔汤家庭宴等推向全国市场，为武陵山区农村培养了大批人才，并解决了大量农村的剩余劳动力。去年中央电视台七套《每日农经》、四套《火锅超人》、二套《财富故事会》等多家媒体专题报道武陵山珍的创业故事。

毕董事长认为，按照"生产发展、生活宽裕、乡风文明、村容整洁、管理民主"的要求，把发展农村生产力、建立现代农业、增加农民收入放在第一位，千方百计地让农民增加收入，提升生活质量，全面推进农村经济发展。农业产业化作为建设现代农业的必然走向，在社会主义新农村建设中迎来了重要发展机遇。在农业产业化进程中，延长农业产业链，带动农民就业，增加农民收入，走向城乡一体化，这些正是新农村建设进入高速发展阶段的战略目标。在新农村建设的整体规划中，将产业化的发展和新农村的建设有机地结合起来，发挥自己的特有优势，不断探索新思路，推进武陵山区经济多元化发展，早日使武陵山区走上城乡一体化的快车道。

通过武陵山珍公司不懈的努力发展，和各级政府的大力支持，相信在不久的将来，武陵山珍公司必将发展成为中国一大绿色食品集团公司，受到世界各国的人们的高度关注。武陵山珍公司正向着美好的未来大踏步地前进，迎接中国蘑菇时代的到来。

（2007年7月）

武陵山珍董事长毕麦荣获
健康重庆十大影响人物

《重庆晚报》、《健康人报》

第二届健康重庆·健康CEO高峰论坛，2010年6月5日和6日在重庆贝迪颐园酒店举行，近百名专家为3200万重庆人的健康提出了许多新观点和建议。

本届论坛还举行了盛大的颁奖典礼。"健康重庆十大影响人物"获奖者是：九龙坡区委书记刘光全，市体育局局长吴建华，重庆日报报业集团党委书记、总裁陈夷茁，新桥医院院长王卫东，大坪医院政委孙卫忠，西南医院院长李景波，重庆医科大学附属第二医院院长任红，重庆盐业管理集团董事长陈逸根，重庆医药股份有限公司董事长龚伟，重庆市武陵山珍经济技术开发有限公司董事长毕麦。

中国养生文化与中国五千年文明几乎同步，然而除唐朝盛世养生文化得以重视之外，几千年来中国养生一直停留在精神文化层面，一直是权贵的专利、文人的游戏。近两百年来，西方工业革命以牺牲环境、透支健康获得了经济的高速增长，而人类的生存环境、健康状况却遭受了极大伤害。今天，中国人开始重蹈欧美的覆辙，健康养生成了我们每个中国人最重要的选择、最大的挑战、最急迫的问题……

13年前，武陵山珍率先扛起传播养生文化、践行健康重庆的大旗，以"为人类健康奉献健康养生美食"为理念，发明创造了超越日本韩国的东方魔汤武陵山珍，彻底打破了古今中外多种食用菌不能同锅同吃的神话和怪圈，把健康养生的山珍美味推上了中国人的餐桌，赢得了世界上150多个国家和地区客人的赞赏，被他们誉为全世界唯一的不分地域、种族、信仰的"地球人美食"，把中国的养生文化人性化、社会化、市场化。

今年元月一日起，武陵山珍在全国直营店和加盟店中用"健康养生顾问"取代了"服务员"这个千百年来的称谓，大力推广健康重庆每天五个一工程："一荤、一素、一菇、一奶、一笑"的养生理念，积极传播武陵山珍毕麦养生八疗法：食疗、药疗、话疗、足疗、针疗、火疗、水疗、体疗，不仅成为百姓健康时尚的养生方法，而且成为中国养生文化简单化、大众化、人性化、市场化的行动指南。

毕麦获奖感言：1994年我考察日本受刺激后，创意发明了东方魔汤武陵山珍。以"为人类奉献森林美食"为企业理念！16年如一日用毕生精力学习追赶麦当劳的精神，传播"健康重庆"、"健康中国"的中国养生文化，探索研究中国养生产业和养生经济。今天获此殊荣，我十分激动，我所付出的心血得到了大家的认可，社会的厚爱，感谢《健康人报》。

又讯：

10月28日，在北京召开的第五届中国食用菌协会代表大会上，重庆武陵山珍集团董事长毕麦当选为中国食用菌协会副会长。这是对毕麦和武陵山珍16年研究、13年推广中国食用菌文化和产业的高度褒奖，也是来自西部重庆唯一一位当选副会长单位和个人的企业。这次当选的副会长中有来自两院的院士、大专院校及科研单位的专家、相关行业部门的领导和中国食用菌协会的龙头企业。

2010年8月13日下午2:00~3:00，在武陵山珍团委的统一组织下，所属17家重庆直营店团支部和公司团委捐款共计两千八百余元，购买了76个西瓜、46件矿泉水，制作锦旗、慰问信等，组织各支部150余名青年团员对重庆21

个交巡警平台（含涪陵、万州、长寿）进行了慰问。

8月中旬，武陵山珍总店、洪崖洞店、解放碑店、南方花园店、南坪店、北碚店、九龙坡店、机场店、江北店、龙湖紫都店、万州店、涪陵店、长寿店、南山养生会馆等17家直营店团支部300多名青年团员用自己微薄的薪水购买西瓜、矿泉水慰问了主城区、长寿、万州、涪陵21个交巡警平台，给重庆交巡警送去了慰问信和"重庆最可爱的人"的锦旗，用真诚和行动感动了重庆交巡警。武陵山珍公司发出全员向重庆最可爱的人——交巡警学习，学习他们唱红打黑、勤政为民、震慑坏人、弘扬正气，学习他们为了平安重庆和百姓的安康坚守第一线超负荷、顶烈日、保平安、献真情、树丰碑的奉献精神！这次活动在社会上引起了强烈的反响。

一锅东方魔汤的神奇故事

《今日重庆》记者　刘　路

这是一次餐饮史上的伟大创新；这是一群土家人民的美食梦想；

这是一个预言与传统的深度撞击；这是重庆美食的全新世界；

一个普通的餐饮企业究竟有怎样的魔力能让政界、商界、社会名流频频光顾？

一只生长在深山老林的小小野菌究竟又有着怎样的独特魅力？

本期我们走进毕麦，走进武陵山珍，一同发掘这深埋在的武陵山区的旷世瑰宝……

武陵山珍的发现之旅

与其他记者接触的许多餐饮界人物不同的是，毕麦看来更像是一位商界的政客。他考究的西服中透露着中年男人的独特魅力，双眼中闪烁着商人的灵敏嗅觉与政客所独有的处乱不惊。多年的从政生涯使毕麦相比一个纯粹的商人少了一份投机心理，他对任何事都持有一种超出常人的冷静思考。

记者：武陵山珍的出现可以说是填补了国内餐饮市场的一个空白，你是如何发现食用菌这一块巨大市场的？

毕麦：我是土生土长的土家人，我们从小到大就有吃菌的习惯。由于家乡独特的地理环境，我吃过菌的种类也是不计其数。其实早在明朝李时珍的《本草纲目》中就对食用菌有过描述，只是在国内没有引起重视而已。早年我在做国际贸易期间，常到日本出差，我发现自己家乡非常普通的野生菌菜被运到日本，稍加包装后便身价疯涨。我给你举个例子，在我们家乡最为常见的松茸在日本享受到的却是高规格待遇，常规价格每公斤2000多元人民币。有的地方为了在24小时之内将松茸运到日本，甚至出动直升机来运输。尽管价格如此昂贵，但全世界80%的松茸还是都被日本人买走了。我当时可以说是非常非常的好奇。

记者：是好奇心驱使你去深入研究食用菌的？

毕麦：可以这么说。我当时的这个消息被正在从事餐饮的王文君（现任总裁）知道了，我们就开始疑惑，松茸难道有什么特别之处吗？后来我们经过查找资料和咨询专家，终于明白了其中玄机。原来在二战时，美国扔下的两颗原子弹在日本的广岛和长崎爆炸后，周围的森林全部被毁，只有松茸活了下来。经过日本科学家研究发现松茸具有抗癌抗辐射的功效，是个难得的绿色保健宝贝。既然是好东西，能不能做做这些野生菌菜的生意呢？于是我们萌生了把武陵山珍推上中国人餐桌的念头。

记者：在这过程中，你们一定会遇到不少难题，你能为我们简单谈一谈吗？

毕麦：最重大的难题自然是野生菌菜的烹调方法，你也知道菌类食品是全世界公认的高危食品，一旦烹调技术不过关或采购环节有疏忽，所造成的损失可能就不只是经济上的了，这在全国和世界范围内都有许多惨痛教训。如果烹制的时间短了，人食用后就会有危险。但如果时间长了，野生菌菜的鲜、香、高营养又会流失掉。这是一个很难掌握的标准。

记者：你们是怎么做的呢？

毕麦：我们登门拜访了著名生物学家、食用菌专家周开孝教授，聘请了多位大学教授成立了武陵山珍顾问团。经过2年多的时间，我们研究得到了一种摒弃了传统重庆火锅麻辣特点的独特底料。这种以几十种野生菌菜为原料，科学提炼、精心熬制出来的底料，不仅安全可靠，保证了野生菌菜的营养价值不流失，而且清淡的锅底也保证能让顾客最大限度地体味到野生菌菜原始的鲜和香。它鲜香味美、营养丰富、又有神奇的保健功效堪称绿色食物之"极品"。这就是众多中外养生科学家所誉为的"东方魔汤"。

记者：我们重庆火锅是素以麻辣闻名的，而武陵山珍追求的却是一种比较清淡的口味，你认为本土的消费者能接受吗？

毕麦：而今国内的餐饮市场要与国际市场接轨，因此必须要符合人们餐饮习惯的发展规律。绿色保健食品无疑是今天乃至以后很长一段时期餐饮的发展主流。而在重庆这块市场却是一片空白。我们的"东方魔汤"开创了重庆"文火锅"、"绿火锅"的历史，可以说是餐饮发展的大势所趋，也是一次饮食观念和市场重组的空前革命。我相信武陵山珍倡导的科学养生和绿色保健概念，会被越来越多的人接受，兴起一阵绿色的时尚潮流。

记者：我听说你们的口号是打造"地球人的美食"，你们理解的"地球人的美食"是什么？武陵山珍能够做到吗？

毕麦：重庆传统的麻辣火锅可能只能在某个特定区域中流行，因此它的喜好人群也是有限的。许多从北方和沿海一带来的朋友对于重庆火锅的麻辣都是望而生畏，更不要说来自其他国家和其他民族的朋友。地球人的美食就是让各个地区、不同国家、不同年龄、不同性别、不同肤色、有着不同宗教信仰的朋友都能适应并喜爱的美食。而我们武陵山珍由于是以素食和清淡为主，又有独特的保健疗效，适合任何人群，因此我们提出这样的口号是有根据的。

中国人自己的麦当劳

世界上可能有人不知道比尔·盖茨，但绝不会有人不知道麦当劳。麦当劳是世界餐饮的一个醒目标志，它的商业模式、管理模式、盈利模式、营销模式都是一个世界级成功运作的代名词，而武陵山珍却想成为中国人自己的麦当劳。

记者：你觉得你们和麦当劳有哪些相似的地方？

毕麦：餐饮经营或许在它的前期有一定的特殊性，因为前期基本上是依靠单纯的产品去打开市场，好的菜品和优质的服务是吸引顾客的首要因素。而一个真正可以形成规模的餐饮企业却不仅如此。麦当劳成功的关键绝不仅仅是在于它的产品有多么独特，多么不可复制，而最关键的是在于它的管理。我们武陵山珍自己摸索出一套适合我们自己的管理模式。我们讲求0~9的管理守则，即：一个中心，两个基本点，三考，四化，五大理念，六比，七大意识，八大优势，九步曲，再加"地球是一个圆"……

记者：我们知道麦当劳的企业文化和社会美誉度也是全球闻名的，你们在这点是如何做的呢？

毕麦：我们的员工每天早上都要唱两首歌：《武陵山珍之歌》和《员工之歌》，在各店的装修上我们也以贴近自然森林的古朴木雕和景观山水风格为主。服务员在上菜的时候必须用标准的普通话为顾客解说以及温馨提示。在店堂内部，我们还陈列了许多各界名流的字画和博古架群，让每一个顾客都可以感受到我们企业丰富的文化氛围。去年5月份，我们联合重庆市妇联开展了"武陵山珍回报武陵山区三百爱心工程扶贫活动"。6月创办了中国国际人才工程学院重庆分院"，对员工展开各项培训，目前还与重庆工商大学企业管理研究学院磋商创立重庆餐饮大学。我们这样做的目的就是把企业资源与社会资源充分整合，为企业和社会培养更多的优秀人才，为城市的餐饮繁荣贡献自己的一份力量。

记者：我们重庆的许多餐饮企业都靠走加盟这条路来达到品牌扩张，武陵山珍在加盟这方面与其他企业有什么不同吗？

毕麦：武陵山珍目前已经有18家直营店和加盟店65家。对于加盟商而言，有了一个好项目，加上低投入、低成本、低风险，得到高效益只是时间问题。食用菌市场是有着一个巨大消费潜力的市场，我们作为这个领域的领跑者，当然希望更多的人都来加入我们的队伍。

（2006年3月）

武陵山珍董事长毕麦作客人民网答记者问

人民网

主持人：各位网友，大家好！今天作客人民网的嘉宾是重庆市政协委员、中共重庆市武陵山珍经济技术开发有限公司党委书记、董事长毕麦。

毕麦：我觉得市委市政府提出"800政协委员助推40个区县发展"，是一个非常好的创意和造血型发展模式。在40个区县助推上，我是走在最前面的。武陵山珍做的是餐饮、养生这一块，武陵山珍本身就是来自于最边远的渝东南少数民族地区，我自己也是土家族人，而且我这个企业有大多数员工是从渝东南走出来的农民工，我们在渝东南的石柱县有两个企业，投入了两千多万。

主持人：有两个企业？

毕麦：对。一个是武陵山珍的养生礼品这一块，这在石柱投入了一千多万。同时还在石柱县的桥头镇搞了一个三美农业开发有限公司，做生态的中国养生鱼的标准。6600亩的三美湖没有任何污染，水的标准可以达到饮用水的标准。我养的鱼不加任何饵料，让它在纯天然里吃微生物，同时还可以净化水质。

我还带领中国餐饮百强奇火锅、巴将军两家，我们就以抱团发展的模式，在重庆南山打造一条寿比南山养生街。因为我研究发现，中国有180多个南山，但是没有哪一座南山有重庆南山这么美丽、历史这么悠久、文化这么厚重。我通过五年的研究发现这里有五颗珍珠：历史文化、宗教文化、抗战文化、陪都文化、旅游文化，用中国养生文化这根红线把它们串起来形成一个珍珠项链，可把它们卖到全国和世界。

武陵山珍在南山建成了6000平方米的中国第一所养生会馆，也是重庆餐饮第一个国字号品牌，这也是来弘扬中国养生文化、打造中国养生产业一个具体的载体。巴将军创造了中国的黑珍煲，而奇火锅正在打造全球火锅之都，现在正在装修之中。红、黑、绿三色养生文化在南山抱团发展是中国餐饮的创举！

主持人：可能对一般的市民来说到南山只是看看夜景就完了，其实南山本身就有很多资源，我们应该把这个资源很好的利用。毕董，我也注意到您今天穿的服装非常独特！

毕麦：对，我本人是土家族人，土家族在重庆的少数民族当中是最多的，有150万人口以上。

主持人：所以刚刚毕董在谈到助推区县发展的时候也是非常兴奋。

毕麦：对，这也是政协委员的职责。

政协委员本来就要去调查民意，把老百姓需要的、希望的东西，通过我们的调查和视察，通过不同的信息渠道收集起来，能够为市委、市政府提供一些建议。我每年也要写很多提案和社情民意，这是一种职责。

另一方面，从政协委员把自己的企业做好，做成一个有影响力的企业，能够去影响更多的中小企业，这也是一种履职。像武陵山珍，现在我们在全国有120多个直营店和加盟店，创造的产值超过了6亿，解决了六千多人的就业，本身这就是一种影响。再加上武陵山珍是做中国养生第一品牌，是做中国健康养生型餐饮的，这对重庆、对全国、对世界都有影响，因为全世界把山珍做到这个规模、做到系列产业化开发的只有武陵山珍。

主持人：现在是中国最大的一家？

毕麦：对。在这14年的时间我们一直认真坚持下来，为小蘑菇找到了大市场，武陵山珍也获得了五大国际金奖，我在2010年的10月28日当选为中国食用菌协会的副会长！从一个政协委员来讲，我们能够带动更多的农民，因为他们给我们提供原材料，我们能够为原材料找出路，能够把更多的农民工培养成为有用的、有文化的人才，这也是一种影响。

我们心中要有国家，眼中一定要有大家，同时要经营好自家！作为重庆的政协委员承担的使命不一样，我是中小企业发展研究会的会长，重庆的中小企业有19万多家，重庆的中小企业给重庆作出的财政贡献是50%，GDP超过60%，就业人口解决了80%。我还在这一块上做一些研究，带动重庆的中小企业能够抱团发展！重庆中小企业的发展方向就是跟共产党走，为人民服务。实践证明，中小企业、民营企业不跟党走是死路一条，因为党是指引我们奔小康的，让我们带领中小企业、带领员工奔小康，我们要为人民服务，只有为人民服务才能挣到人民币。

我们理解"2011"代表什么，"20"就代表我们行动，"11"就代表乘坐高铁跟党走，走直路，向前进，奔小康，真和谐！作为一个政协委员，除了把自己的企业做好，我们还要去传播正确的理念，把党的方针政策，把市委市政府的重要决策和市委市政府提出的这些先进理念和目标，让身边更多的人知道，这样重庆的中小企业，包括我们自己的员工才能够知道什么是正确的方向和目标，什么是正确的道路，最后怎样获得一个正确的成果。这个成果是大家来共同分享。

主持人：刚刚毕董谈得非常好。早在1995年，您就萌发了将出口野生菌推上中国人自己餐桌的创意，聘请专家、率领团队研制发明了"东方魔汤"武陵山珍新菜系和养生礼品，成为中国食用野生菌菜系发明创始人。

毕麦：最开始我主要是做国际贸易，1994年到日本去以后受到了刺激，日本人把山珍做得很精细，而且蘑菇做到了家家户户，每个餐饮里面都有蘑菇，而中国那个时候几乎没有，或者是农民提篮买卖的时候有一点。日本人把餐饮做得很健康、很精美。把中国的养生文化拿去运用到了极致，所以日本人是最长寿的。

回来以后我就想，我们能不能创造一个中国人自己的美食，所以我的第一个想法就是让中国人的餐桌上也有丰富、鲜美、可口的山珍，十几年过去了我的想法已经实现了。

再一个，我想把中国五千年的养生，从养生产业、养生经济，从食疗的角度进行研究和推广。我研究养生研究了16年，对武陵山珍进行了13年的探索与实践，收获多多。大家觉得养生高深莫测，好像养生是需要老有所养，其实不是这样的！养生就是要从女性妊娠的时候开始，养生就是要从娃娃抓起，养生没有我们想象的那么神秘！养生就是八个字："保养生命、回归自然"。我们每个人不需要保养生命吗？连重庆的长安汽车都需要保养，一辆汽车才十年的生命力，人是百年的生命力，那我们应该有"保养生命、回归自然"的理念。

养生不光是人的养生，还有物的养生。地球为什么被遭到了破坏，环境为什么被污染了？就是因为我们没有回归自然，没有保养生命，这就是一个因果关系。我的一个路径就是弘扬中国的养生文化，打造中国的养生产业，探索中国的养生经济。

主持人：刚刚毕董讲得非常好！说到重庆的时候可能有一段关键词可以来形容，比如"重庆直辖"、"统筹城乡"、"一圈两翼"、"两江新区"，这也代表重庆面临的机遇，那么想问一下，毕董在面临每一次机遇的时候是怎么抓住的？

毕麦：重庆人民已经享受到了直辖给我们带来的机遇、财富，给我们带来的全新生活环境和精气神，大家都在不同的岗位取得了不同的成果，直辖的效应大家已经感受到了。

"统筹城乡"，大城市带大农村在重庆的探索，中央和重庆市委市政府创造出了非常好的经验和模式，在五年前我就谈到，重庆应该是中国的第三个经济中心。第一个经济中心是以深圳为核心的珠三角；第二个经济中心是以上海为核心的长三角。有的专家，包括清华、北大的教授与我们争论！我说北京也好，山东半岛也好，渤海湾经济圈也好，是不可能成为一个经济中心的。像北京本身是政治文化中心，有辐射的效应，再加上周边有这么复杂的国际环境，有不稳定的国际关系，要变成一个经济中心的话，还缺少一些东西。我们以重庆为核心的成都、西安西三角，这里形成的一个中心叫"天时地利人和"！再加上党中央提出西部大开发，而我们与党的执政为民，与国家的战略也是同步的，这里确实需要一个经济中心，需要一个龙头来舞起来。所以"统筹城乡"也好，"两江新区"也好，实际上就是让这个龙头扬得更高。我们带领的龙是西部开放的龙，这样龙才能舞起来。对"一圈两翼"我曾经说过："一圈"就是一架飞机，"两翼"就是两个翅膀。如果两个翅膀不能飞起来，那么重庆不是真正意义上的发展。所以重庆的龙头要扬起来，必须要让"两翼"飞起来，这个龙才能舞起来。我觉得这些定位非常好。当然对企业来讲，这是我们难得的十年黄金期。过去我们还要到深圳、浦东去创业，现在中国的机遇、世界的机遇就在我们的家门口了！武陵山珍也好，重庆中小企业也好，要抓住这个机遇，而这也是我们人生难得的黄金机遇期。我们武陵山珍要打造中国养生第一品牌，就是乘坐这辆非常高速的列车，要抢抓这个机遇来发展自己的企业。比如武陵山珍要跳出餐饮做山珍，跳出山珍做养生，今天我也带来了一些养生产品。

主持人：这个就是你们的礼品系列是吧？

毕麦：对。

主持人：网友也可以看一下，这是武陵山珍养生礼品家庭宴系列。在节目开始之前，毕董给了我一张他的名片，这上面有很多头衔，比如有重庆市政协委员，比如有重庆市中小企业发展研究会会长，还有武陵山珍的董事长。对于这些头衔，毕董您最喜欢哪一个？

毕麦：这些头衔只是一个演员的名称，比如我在履行政协委员的时候我就扮演一个政协委员。再比如我在企业就是董事长，董事长首先要懂事，不然企业不可能长寿。董事长只有懂事了，企业才能健康的成长，企业才能长寿，也叫养生。现在中国的餐饮企业平均寿命只有2.3年，中国的中小企业平均寿命只有2.8年，说明中国的中小企业不长寿、不养生。所以养生是一个科学的体系，不是狭隘的。胡总书记提出的科学发展观、和谐社会就是一个养生的理念。重庆市委市政府提出的"五个重庆"和民生为主的发展导向就是养生科学观。

主持人：请问一下毕董，新的一年有什么新的打算呢？

毕麦：今年我们把武陵山珍定位为"养生产业年"，我们相信2011年会取得更好的成绩，我们也不会辜负各位领导、各级政府和相关部门对我们的关心、支持与厚爱。也感谢人民网今天给我这么一个机会，让人民网的网友真正能够理解今天送给王社长的这四个字，"网乐人民"。"网乐"的"乐"是"快乐"的"乐"，即要带来快乐，带去健康，带去养生的新理念。

（2011年1月）

毕麦到西南大学开讲养生经济

"中国网"网友评论

2011年5月，重庆市政协委员、重庆市中小企业发展研究会会长、武陵山珍集团董事长毕麦来到西南大学，为其经济管理学院的100余大学生讲授养生经济。同时，达成重庆中小企业发展研究会与西南大学开展校企合作意向，为大学生提供带薪实习平台。

毕麦采用学习训练式的教学方法讲授"有文凭不一定有文化，有文凭不一定有水平"。他通过介绍养生文化、养生产业、养生经济，赢得学生们的阵阵掌声。西南大学经济管理学院院长王钊称，感谢毕麦为大学生送来宝贵的创业经验和养生经济科研成果，同时，更感谢重庆市中小企业发展研究会与西南大学建立校企合作平台。

毕麦立志用毕生的时间和精力学习和追赶麦当劳，是中国食用菌养生菜系和东方魔汤、武陵山珍及养生系列礼品的发明创始人，打破了几千年来多种蘑菇不能同锅、同煮、同食的误区和神话，为小蘑菇找到了大市场。他是中国第一个将500名服务员训练成为养生顾问和跳出餐饮做养生产业、养生礼品的餐饮企业；他引发了一场餐饮革命，也是中国养生文化、养生产业、养生经济的研究者、探索者，被媒体誉为"中国养生第一人"，其武陵山珍在全国拥有150多家直营、加盟店，是中国餐饮百强和重庆商贸流通百强企业。

中国养生文化几乎与中华五千年文明同步，然而中华养生文化几千年来却停留在文化与精神层面，一直成为文人的游戏、富贵者的专利。1840年后，中国养生文化流失海外，日本、韩国、新加坡、马来西亚等养生文化迅猛发展，中国养生文化呈现出墙内开花墙外香、远香近臭的局面，我们老祖宗留下的精神文化遗产出现严重断层！

毕麦对中国养生文化、养生产业、养生经济进行了十六年的研究和十三年的探索发现：中国养生文化、中国养生产业、中国养生经济大有可为。其研究思考如下。

西方三百年工业文明的沉痛教训

西方三百年工业文明带来的沉痛教训：虽然经济高速发展，科技日新月异，但我们的地球资源被严重透支，我们的地球家园被严重污染破坏！我们人类的健康被严重透支，生命受到严重威胁！2010年《地球生命力报告》和《中国生态足迹报告2010》近期先后公布，人类的生态耗竭已经超过50%，人类对自然资源的需求已经超出地球生态承载力的50%。有专家据此提醒，如果继续以超出地球资源极限的方式生活，到2030年，人类"将需要两个地球来满足需求"。报告指出，自1970年以来，地球生命力指数下降了30%。

我们不能重蹈他们的覆辙

中国制造虽然换来了经济繁荣、高速发展、人民生活水平不断提高，但我们在重蹈西方三百年工业革命的覆辙，我们地大物博、资源丰富的优势逐渐消失，我们的资源同样被严重透支，我们的家园、小溪、河流同样被污染、破坏。

养生文化、养生产业、养生经济符合"健康重庆"的发展理念。毕麦认为"养生文化"就是"保养生命、回归自然"，这八个字就高度概括了中国养生文化之精髓！"养生经济"也是让中国养生文化、养生产业升级与国际和市场经济接轨。让"吃、喝、玩、乐、住、游、购、赏、养"经济大系统、大循环、大市场都符合"保养生命、回归自然"这个养生科学概念，让新重庆的高速发展不以牺牲资源与环境为代价，让以重庆为核心的"西三角"经济高地能以"中国养生经济之示范"影响全世界。我们坚信，星星之火可以燎原，有了零的突破，一旦起步，就会影响中国、传播世界、造福人类，就会让地球人领略养生文化、养生产业、养生经济的阳光雨露，享受其带来的健康和生命力。"生命是人类的第一生产力"将会成为全世界人民的希望与共识，养生文化、养生产业、养生经济将会成为全球行动！

未来三十年注定是由"中国制造"升级为"中国文化"走向世界、造福人类！中国文化中最具吸引力、影响力、渗透力的是中国养生文化；它可以不分种族、国别、信仰、区域、男女、文化、肤色等超越文化功能和地域限制、文化差异。养生文化是全世界人民最大的公约数，"养生产业"、"养生经济"是地球人共同的"世外桃源"和"地球生命家园"，"保养生命、回归自然"就是引导地球人珍惜生命、保护地球。

食品安全事关养生经济

食品安全已经不是中国问题，更是世界性的难题。当今世界各国过度运用"先进的科学手段"谋求食物的高速度、高产量、高利润，"化肥"、"农药"、"添加剂"、"高科技"、"转基因"过度使用，甚至乱用后成为危害食品安全、人类健康的"头号杀手"；中国和世界的食品安全事件每天都在"精彩上演"，不是"科幻片"、"恐怖片"，而是真实的"纪实片"！疾病、肥胖、癌症等都是"环境污染惹的祸"和"食品惹的祸"已成为地球人之共识。中国食品、世界食品越来越不健康、越来越不安全、越来越不保养生命，其根源就是没有尊重自然规律、回归大自然，过度追求三高：高速度、高产量、高利润，唯利是图，损人利己，最后的结果是恶性循环。大自然教训我们人类的方式也越来越多、越来越频繁、越来越让地球人喘不过气来！

东方魔汤　中国式美食的全球野心

——访中国养生餐饮第一人武陵山珍创始人毕麦

《重庆渝报》特约记者　周　琳

近十年来，我国这个拥有几千年饮食文化的文明古国，却在西风东进的潮流下受到巨大冲击。此前做工考究、工序繁多的中国式美食，始终难敌麦当劳这样的洋快餐的强势吸引，传统的中式餐饮文化逐渐失去原味。而也就是这十年，一个偏居一隅的土家族人却暗自里对麦当劳苦心研究，试图找到中西合璧的中国养生餐饮方法。他甚至不惜为此变卖房产，不惜更改自己的名字王竹丰为"毕生追赶麦当劳"的毕麦，甚至不惜以三代人的时间为代价，以愚公移山的劲头超越麦当劳这座大山，这就是中国养生餐饮第一人，重庆武陵山珍董事长毕麦先生。

被山珍砸中的商机

一只苹果落地让牛顿发现了万有引力，而一次赴日考察，也让毕麦被"山珍"砸中并寻到商机。

1994年，时任四川省外经贸委副处长和四川省黔江地区进出口公司总经理的他，在一次赴日考察中受到了强烈的刺激。当年在自己家乡被提篮兜售的野生蘑菇，到日本却成为抢手货。而经过日本人巧妙地加工与包装后，低价购入的野山菌转眼成为成几何数增长的高价品。比如当时的鲜松茸在日本的常规价格是每公斤2000多元人民币。此时，如同被苹果砸中牛顿般让毕麦突发奇想：野生菌在我国的产地主要集中在云南、内蒙古、吉林、四川的三州（阿坝、甘孜和凉山）以及武陵山区。而自己所出生的地方武陵山区更是阳光充足、四季分明、雨量充沛、植被繁茂、野生菌菜种类繁多，是世界上少有的未受污染的绿色植物园。毕麦苦思冥想，如果中国不向外国人卖原料，而是自行开发食用菌、创中国人自己的品牌，以中国的养生文化影响世界，把野生菌推上世界的餐桌舞台，那将在餐饮史上留下多么恢弘的一笔啊！风风火火的他回国后立即着手了创业前的准备。

第一次尝试以失败告终

从资金准备，到店面选址，毕麦四处筹备，开始了自己的创业生涯。

为了避免野生菌营养流失，毕麦尝试了各种方法：炖、炒、烫，甚至想过打造武陵山珍菜系。通过几经论证，并登门拜访著名生物学家、食用菌专家周开孝教授及聘请多位大学教授成立顾问团等，毕麦经过两年多时间的探索，一种摒弃了传统重庆火锅麻辣特点的底料研制成功。而这种以百余种野生菌为原料，科学提炼、精心熬制出来的底料，不仅保证了野生菌菜的营养价值不流失，而且清淡的锅底也保证能让顾客最大限度地体味到野生菌原始的鲜和香。用此配方可自选加入各种野生菌随心所欲煮吃，它以鲜香味美、清醇爽口以及丰富的营养、独特的保健、神奇的功效堪称绿色食物之"极品"。而时任国务院武陵山区扶贫开发领导小组组长的国务委员陈俊生，在考察黔江地区时，听完关于开发武陵山珍的专题汇报后，相当支持把武陵山区建成野生菌采集基地的设想，欣然提笔写下"武陵山珍"四个大字。

而这样的汤料不仅受东方人的欢迎，一位品尝过的外国朋友地赞不绝口，用不太标准的中国话说道：这真是"东方魔汤"。从此"东方魔汤"香飘万里，而毕麦所带领的武陵山珍也一炮走红，掀起了首轮"山珍热"。

然而创业之路并非坦途，武陵山珍的成功，引来了太多的"李鬼"，甚至一个不足十张桌的小店也卖武陵山珍。毕麦粗略统计，高峰时，武陵山珍的"李鬼"竟达到200多家。而祸不单行的是，自己这个"李逵"却因为旧城改造被迫搬迁。雪上加霜的是，股东见势撤退，毕麦满胸的憧憬却不敌现实的急转直下，散伙后的店内满目疮痍。

重新上路，武陵山珍浴火重生

虽然经过毕麦的努力，山珍的底子是保住了，只是换了个外衣叫"土家苗寨"。毕麦那时也是出于战略考虑，让"李鬼"自动消失，用革命的话说是"战略性转移"。而后的两年间，他重新整合资源、培训人才、筹备资金、深入市场，对武陵山珍进行商标注册与知识产权保护。而食品结构方面进行再一次升华，运用中医理论研究菌类，将近百种菌类像中药一样配伍，将重庆火锅与山珍结合，形成锅里相会的"养生火锅"。各种营养的交汇产生"复合效应"，武陵山珍绿王系列产品使防癌功效成倍增长。

于是2001年开始，几千年山珍的食用习惯被毕麦的一个创意改变了，武陵山珍火遍了大江南北，出现第二次"山珍热"。那像国际蘑菇协会西蒙先生提到的为"小魔菇找到了大市场"、"是伟大的发明"，毕麦的创意使中国的山珍可食用品种多达60多种，其应用的种类是日本、法国的整整十倍。

弘扬中国式养生　目标直指地球村

武陵山珍这一"森林美食"的理念得到了全国各地食客的认同，而毕麦的野心与决心远不止于此，他把武陵山珍的目标归纳为"立足重庆，面向全国，走向世界"。他要将传统的中国养生文化的瑰宝普照大地，成为地球人的美食，"为地球人的健康，提供高标准、高健康值的燃料"。当中国经济、文化越来越受到世界的瞩目时，他以国际标准推动东方美食东风西进。

他要为此做相当的准备与努力，首先要解决山珍本身的季节性与如何保持新鲜的问题。考虑到野生菌有自己的生长季节（7~10月），但为了让地球村的食客365天都能吃上武陵山珍，毕麦自主研发了"东方魔汤煲"。建立了自己的科研所、培训学校和500多个生产加工基地，生产便于运输携带与销往海外的"东方魔汤煲"，国际化的第一个难点解决了。

毕麦深知，走出国门不等于走向世界，毕麦决定向世界级的餐饮大亨麦当劳学习，把具有养生文化这一中国特色的美食推向全世界。

向"敌人"学习，建连锁王国

在前十年成功打造"森林美食"这一品牌理念后，后一个十年毕麦要求所有的同仁以"空杯心态"、"初涉者"的心态找到与世界级企业思想的差距，改变浮躁、自我感觉良好的作风，以团队作战，一切从零开始。此时他的目标已经明确，就是打造影响世界的中国第一养生品牌。

目标既出，毕麦开始细致地研究西方。原来西方人眼中，中国虽有美食之都的美誉，有名冠全球的招牌菜系，有业界津津乐道的美味小吃……但餐饮业却始终难觅称霸世界的餐饮企业。2008年，美国排名前50位的餐饮企业营业额即占全部营业额的20%，而中国餐饮业零售额1.8万亿元的总量看，却仅占营业额的2%。中国餐饮企业的规模问题，成为结构性问题的核心。

毕麦把麦当劳列入自己的榜样与竞争对手，他总结麦当劳的四大特征分别为："效率，可计量性，可预测性和技术控制。"武陵山珍有自己的优势，即"创新优势、养生优势、文化优势"，但却缺少关键词：标准化。此后，毕麦研究在控制原产基地的同时，对绿王工厂进行流程再造，并将连锁经营汇编成书，为标准化的加盟扫清了障碍。在营销重点上战略定位：以绿王食品做国内市场，以东方魔汤养生煲开拓海外市场，双管齐下开始全球营销。

此时武陵山珍全国直营店20家、连锁店已达100多家，先后荣获了"世界优秀养生保健科技成果奖"、"国际餐饮四星级企业"、"国际美食质量金奖"、"全国餐饮连锁优秀品牌企业"、"国际养生保健产品金奖"等含金量极高的荣誉，奠定了武陵山珍国际地位。

培养人才的魔鬼式内训

走向国际市场不仅需要资源、资金、市场，更重要的就是人。毕麦不仅建立了自己的培训学校，而且还亲自对员工进行培训，发明了魔鬼训练法。他要将每一个武陵人变成要求上进、爱学习的文化人，来传播中国养生文化，并要求员工每天记日记、每周记周记，表达自己对武陵山珍的各种意见、感情，甚至是不满。让员工学习日本人的团队精神，美国人的敬业精神。毕麦将对员工的要求总结为"特别能吃苦，特别能忍耐，特别能奉献、特别能竞争"的四特精神，打造武陵山珍特有高绩效的团队。武陵山珍已先后为社会提供近万个就业岗位，解决了从大山里出来的1500多名返乡农民工。"授人以鱼不如授人以渔"，武陵山珍配上5%的管理股，完成任务后分红，让员工成为主人，不仅让员工就业、乐业，更培养了大批人才，让他们实现自我价值，传递养生文化。

系统打造养生第一品牌，造福人类

2009年，是十年计划的第二个年头，毕麦将其定位为"改革发展年"，不仅是机构变革化零为整、三权下放，更是在完善商业模式、盈利模式、文化模式过程中，通过各种渠道方式着力打造"养生文化模式"。从"森林美食"到打造"中国第一养生品牌"，武陵山珍任重而道远。让养生品牌名副其实，毕麦围绕"养生"开辟出养生酒、养生鱼，甚至斥资数千万元在重庆绿肺山水之地南山，打造第一条"养生"街，这一举措得到了南岸区政府的鼎力支持。养生会所一期2009年6月正式面市，将成为第一个健康重庆示范中心。3至5年内，武陵山珍养生礼品将在全国发展更多专卖店。

毕麦早已立下誓言，以麦当劳为目标，用一代又一代毕麦的毕生精力，去追赶与超越麦当劳，以中国瑰宝的养生文化影响世界，让地球村的每一个人都能品尝来自中国的"东方魔汤"。

武陵山珍董事长毕麦荣获
全国老区建设优秀企业家

《重庆晨报》

2010年11月28日上午9时许，中国老区建设促进会成立20周年总结表彰大会在人民大会堂隆重举行。毕麦等41位企业家和代表荣获全国老区建设优秀企业家称号。

毕麦，土家族，系我市革命老区石柱县人，重庆市老区建设促进会常务理事，武陵山珍集团党委书记、董事长。1994年东渡日本萌发独创武陵山珍之念，开始研究食用菌和中华养生。1997年从革命老区率领土家族青年走出大山到重庆主城区发明创造地球人美食——东方魔汤武陵山珍养生新菜系，首创全球唯一养生礼品武陵山珍家庭宴、家宴煲、养生煲和东方魔酒系列养生酒，均填补国内外空白，创立了中国第一养生品牌，弘扬中华养生文化，打造中国养生产业，探索中国养生经济，赢得了世界180多个国家和地区外宾的高度赞扬，荣获五大国际金奖、健康重庆十大影响人物。

目前，武陵山珍在全国创建了150多家直营店、加盟店，解决了五千多人就业，为全国革命老区建设作出了榜样，成长为中国餐饮百强和重庆市商贸流通百强企业。2009年率领奇火锅余勇、巴将军王人庆"南山三兄弟"在南山创立两万多平方米的中国养生会馆、中国黑食之都、全球火锅之都等寿比南山养生街，被传媒誉为"中国养生经济第一人"。

世界华人成功学权威陈安之盛赞武陵山珍

《重庆商报》

2011年7月9日，全亚洲最顶尖的演说家、当今华人中最顶尖的成功学专家、著名的潜能开发专家及NAC心理学家陈安之老师莅临武陵山珍中国养生会馆喝魔汤、品山珍、跳土家摆手舞，并演讲训练武陵山珍管理团队。

陈安之是亚洲顶尖演说家、全亚洲成功学最知名畅销书作家、陈安之国际教育训练机构总裁、七星阵顶级水晶国际连锁企业集团董事长，也是当今国际上继戴尔·卡耐基、拿破仑·希尔、安东尼·罗宾之后的第四代励志大师。曾经创造5项世界级的销售记录，不仅是全亚洲地区教育训练界至今为止影响人数最多、授课频率最高的演说家，更是世界上极少数能够以流利的中英文发表重量级演说的超级演说家。曾在中国、美国、新加坡、马来西亚、日本等几十个国家上千个地区做过巡回演讲，拥有3500万学生！

武陵山珍董事长毕麦特邀陈安之到武陵山珍南山中国养生会馆品尝了东方魔汤、武陵山珍，与武陵山珍60名管理人员跳起了摆手舞，并进行了演讲和训练。席间，中国非物质文化遗产啰儿调继承人、土家歌王刘永斌，武陵山珍啰儿啰艺术团及各直营店负责人团队为陈安之老师一行表演了《武陵山啰儿啰》、《武陵山珍员工之歌》、《百团大战军歌》等土家族、苗族歌舞，即席表演的原生态《太阳出来喜洋洋》更是将整个气氛推向高潮。魔汤、山珍、山歌、摆手舞征服了陈安之老师！他说："武陵山珍的企业文化、团队精神、真诚坦诚、真人真事征服了我，我向你们学习、致敬！"

餐企做强做大关键在于培养德行人才

——武陵山珍集团董事长毕麦为两会献言：关于人才培养平台

《重庆商报》

对于我市餐饮企业而言，要想做强做大，朝国际品牌企业发展，餐饮人才的德行培养和储备仍然是个瓶颈问题。我认为，应该建立餐饮管理学院或大学，对餐饮人才的专业性进行定向培养。弘扬中华优秀传统文化，培养有道德、有专业素养的人才，餐饮品牌才能做强做大。因此，培训机制是本土餐饮企业应该尽快改善的短板。餐饮是一个人力资源密集型的行业，更注重实战和实用。而每个企业都有自己的经营理念和经营模式，必须具体问题具体分析，这才是最关键的地方。

同时，餐饮学院或大学成为提供专业的、科学化的德行人才平台。具体来说，这个培训不是像读MBA一样读很多复杂的书，而是让最有经验的人讲讲餐饮的ABC，讲讲企业如何做产品，如何占领市场。让有经验的企业主互相介绍经验，让还没起步的企业主能够理解怎么创业。集合各方力量、搭建有效平台，让餐饮企业经营者，特别是刚涉足餐饮的创业者能够向有经验的先行者求教，在实践中取得实践经验。

关于推进食疗养生

重庆市政协委员、中国食用菌协会副会长、重庆市中小企业发展研究会会长，集多重社会身份于一身的毕麦，十八年研究养生产业和经济更是被推崇为"中国养生经济第一人"。

毕麦打破了几千年来多种蘑菇不能同锅、同煮、同食的误区，为小蘑菇找到了大市场。如今，武陵山珍已在全国拥有150多家直营、加盟店。如果说武陵山珍的应运而生，给中国食用菌、养生菜系带来一次大的饮食革命。那么，毕麦投资上千万打造的中国养生会馆，将500名服务员训练为养生顾问，则是带动了一场中国养生文化、养生产业、养生经济的研究与探索。武陵山珍是第一个在重庆做国字号的中国养生会馆，这不仅是养生美食的发扬光大，同时也是武陵山珍将花大力气打造的品牌工程。

毕麦称，讲求生活品质，养生已成为人们追求的目标。创建武陵山珍、打造中国养生会馆、开发山珍食品、山珍养生酒，我们已将养生文化做成了大众化，变成了养生产业。今年，我们将持续走发展养生产业一条龙，从源头上把关养生食材，继续免费开设养生大家学的大讲堂，在中国养生会馆常驻老中医为您诊治疑难病症，开发养生礼品、养生美食等，让您切实体验到健康养生带来的快乐，做一个实实在在的养生标杆企业。

行业寄语：我们要为顾客提供新鲜、健康、安全的美食。

（2012年3月）

重庆"三剑客"为何相约南山论剑

——独家专访寿比南山养生街创始人毕麦、王人庆、余勇

《重庆晨报》 胡 科

三个中国餐饮百强企业，三道完全不同的餐饮味道，三位重庆餐饮行业中的领军人物，只花了三个小时的沟通时间，他们走到了一起，又只花了三分钟的时间，他们结拜成了兄弟。这一切看似来得有些突然，但事实证明，市场正需要这样以养生为核心的创新经营。

随着中国养生会馆7月19日浮出水面，本定于2009年底才全面对外开放的寿比南山养生街，8月开始，将陆续揭开神秘面纱。为此，本报记者提前登上南山，对重庆三剑客进行了独家专访。

重庆晨报记者（以下简称晨报）：能对重庆三剑客以及你们项目的亮相做一个简单介绍吗？

王人庆：分别是指我，武陵山珍董事长毕麦、奇火锅董事长余勇。中国养生会馆7月已经开始试营业；国庆节前后，黑珍煲养生坊将正式与消费者见面，当然这也是国内首个原生态黑色餐饮的面市；12月期间，全球火锅迷们将齐聚南山，共享全球火锅之都。

晨报：金融危机还没结束，为什么会冒险选择抱团上南山？

毕麦：一、南山是重庆的大肺叶、天然大氧吧，是中国难得的养生宝地，深受老百姓喜爱。我们希望通过对寿比南山养生街的建设，打造具有南山特色的中国养生文化，进而营销重庆；二、重庆餐饮要发展，就必须求变，因此我们提出将养生与餐饮相结合，打造世界的养生胜地；三、做别人

敢想却不敢做的。在金融危机下，我们三人共投入1亿多元打造一个主题餐饮项目，开创了重庆餐饮强强联手的先河。

晨报：南山论剑的意义何在？

余勇：旨在吸引社会上更多人对南山养生文化的关注，大家各抒己见，一起努力将重庆南山打造为中国第一南山——世界养生胜地。同时，通过一种创新经营的思路，提升重庆餐饮的信心，进一步挖掘企业自身核心竞争力。比如我的全球火锅之都，不仅拥有可同时容纳万人齐烫的火锅广场，更有500平方米只放一张桌的顶级包房，设有独立的警卫处、秘书处、直达电梯，该包房仅服务费一次就得上万元。

重庆三剑客南山论剑之幕后

古有桃园三结义，今有南山三兄弟，虽不及前人敢为国家先之大义凛然，却也将巴国汉子们的血气方刚抛洒了一把。

长久以来，重庆餐饮企业的发展就像重庆火锅一样，麻辣、热情有余，细腻、冷静不足，这不仅使得本地餐饮企业失去了很多发展的契机，也阻碍了打造美食之都的步伐。"能不能跳出餐饮做餐饮？"重庆三剑客首次在我市提出这样的问题。"现在，正是响应市政府号召，打造'五个重庆'的最佳时机，而重庆南山不仅能在各方面担当示范工程，其得天独厚的养生资源更是'健康重庆'的真实写照。"

南山是重庆的宝地，重庆人爱南山。"过去，我们知道，南山具有历史文化、宗教文化、抗战文化、陪都文化、旅游文化等五大文化，它们是南山的根基，就像珍珠一样，晶莹剔透。现在，我们用养生文化为主线把它们统筹起来，串联起来，我们相信，新的'5+1'文化体系构造，会让它成为一条更美丽夺目的珍珠项链。"在谈到未来规划时，这三位剑客充满信心。

作为行业领跑者，2008年开始，重庆三剑客开始意识到，要想把重庆打造成为中国的美食之都，错位经营很重要。如何开辟创新型餐饮的领域，推动重庆餐饮在全国的影响力？从重庆三剑客抱团上南山，并相约南山论剑开始，一场重庆餐饮划时代的变革已经开始。

"红黑绿"成时尚养生新主色

重庆三剑客，个个都"好色"。一个好红色，一口大锅熬出巴人豪迈热情；一个好黑色，天生自然造就营养价值；一个好绿色，百般调理演绎千年养生。

重庆餐饮应怎样创新？重庆三剑客认为："打造美食之都，务必需要类似健康养生餐饮这样的创新型产品。"据重庆火锅协会方面透露，即将于10月降临南滨路的第四届火锅美食节，将会以"红黑绿"为特别卖点，向全国餐饮同行、消费者推荐重庆的创新型餐饮品牌，以吸引更多的人关注重庆。在刚刚结束的寿比南山养生街考察活动中，中国烹饪协会的领导对于其中中国养生会馆的建成给予了相当高的评价，而这样的关注度，与重庆市南岸区政府2009年打造南山的工作重点也不谋而合。据南岸区商委方面透露，类似毕麦、王人庆、余勇这样敢于大力投资打造南山形象的餐饮老板，当然越多越好，并且表示有意将寿比南山养生街打造为重庆的第二条南滨路。

武陵山珍养生煲批发全国
餐饮企业掀起养生热

《重庆商报》

　　随着全国养生的升温，餐饮业如何从安全、养生的高度来满足广大消费者的健康饮食愿望？重庆武陵山珍董事长毕麦倡导的养生经济正在促使中国餐饮一场新的变革，武陵山珍把养生煲融入中国餐饮的美食里，全国餐饮企业和大酒店插上了养生腾飞的翅膀……

　　然而，养生美食看起来很美，做起来并不容易。首先，养生美食技术含量和成本高，养生食材原生态条件存储和安全掌控不易，养生的食材不仅昂贵而且来之不易；其次，养生食材的原生态条件苛刻，很难满足大众餐饮企业的批量需要，这是很多当前众多中小餐饮企业望养生美食而生畏的主要原因之一。

　　武陵山珍的餐饮专供养生煲，来自武陵山区大自然的几十种食用菌，其成本价廉质优，配有东方魔汤包，有工厂化规模生产，以直销形式批量发往全国各餐饮企业和大酒店。

　　当今世界谁愿意将自己的专利技术无私地与大家分享？谁愿意不收加盟费和转让费以配送批发价格供应餐饮企业？重庆市政协委员、健康重庆十大影响人物、中国食用菌专家、重庆市武陵山珍集团董事长毕麦先生，在自己16年成功研制武陵山珍东方魔汤基础上，突发奇想发明让全国餐饮共享中国养生第一品牌武陵山珍的养生煲，共品"地球人美食"东方魔汤之养生美味！他让全国餐饮企业的顾客方便、快捷享用东方魔汤武陵山珍养生美食，让更多的顾客在家门口能吃上养生的武陵山珍！

随着东方魔汤武陵山珍养生煲在全国餐饮企业和大酒店的热销，引起了业内外的广泛欢迎和好评，很多餐饮和大酒店在试着引进后，发现了其中蕴藏的巨大商机，那就是武陵山珍养生煲的无限升值空间和可变的美味佳肴简单、实惠、科学、共赢！

日前接受采访时，毕麦列举出的武陵山珍养生煲共享共赢的几大优势：

一是武陵山珍养生煲全国低成本共享。毕麦说，虽然武陵山珍在研发养生煲方面投入了巨大的人力财力，并取得了重大突破获得了众多国际国内金奖和国家专利权，但我们并不故步自封。今天我们积极把这项科研成果奉献出来，目的就是促进全国养生美食、养生产业、养生经济的发展。具体的操作就是通过全国餐饮企业、大酒店共享共赢武陵山珍养生美食，发展全国各地的隐形连锁店，即全国任何一家餐饮企业，不用交任何加盟费用、管理费用、技术转向费用，都可以免费、无条件地取得武陵山珍养生煲的代理销售权，叫做隐形连锁店。这还不算，武陵山珍总部还要免费提供培训、技术支持等服务工作，无论是制作养生火锅还是中餐煲汤都能满足高、中、低消费。

二是武陵山珍养生产业、养生经济的科研成果全国推广。"保养生命、回归自然"的养生理念造福大众、影响中国、走向世界。让中国养生大众化、简单化、科学化、国际化！让武陵山珍倡导的"一荤、一素、一菇、一奶、一笑"健康养生"五个一"工程为人民大众服务、为幸福、和谐中国贡献力量。

三是全国餐饮企业不分大小远近都可以直接由武陵山珍总部厂价直销供货，减少了中间商的环节。经过减少中间环节层层压缩成本，武陵山珍养生煲本来在赢利方面就具有独特的优势，无论是在火锅店还是中餐店，经营养生煲的特色其利润非常可观。

四是武陵山珍养生煲全国餐饮专用配送，开创中国餐饮百强企业无私奉献专用技术、专利产品之先河把方便留给同行，把利润留给同行，把健康留给大众和顾客！

正是有了强大的养生美食市场推动，目前，方便快捷、健康养生的产品——武陵山珍养生煲全国餐饮专用品已经从重庆开始，迅速传遍全国，现正在全国各大餐饮店、大酒店等城市热销。武陵山珍的养生系列产品掀起了养生热，也同时是受到了顾客欢迎。

武陵山珍养生煲发明人　毕麦

原名王竹丰，土家族，中共党员，重庆市政协委员，中国食用菌协会副会长，重庆市中小企业发展研究会会长，全国优秀企业家，健康重庆十大影响人物，毕业于西南大学公共关系专业，研究生毕业于北京大学高级工商管理，中国餐饮高级职业经理人，国际商务师，国际特级餐饮管理师，任中共重庆市武陵山珍集团公司党委书记、董事长，中国饭店协会常务理事，重庆市餐饮商会副会长，重庆火锅协会副会长。

由原国务委员陈俊生题写品牌名的武陵山珍，是中国第一家百种野生菌菜森林美食和土家苗寨特色菜有机组合而成的中国养生新菜系，是中国第一养生品牌。经著名生物学家、食用菌专家周开孝教授研究表明：常吃武陵山珍具有提高人体免疫力、抑制肿瘤细胞、开启人体功能系统三大功能和益智健脑、美容减肥、治病防癌、延年益寿四大作用。

武陵山珍自1997年创办以来，曾先后接待了前中央军委副主席、前国务委员迟浩田等中央、省、市领导，接待了著名健康养生专家洪昭光，著名经济学家温元凯、魏杰、郎咸平、何志毅、陈春花，中国音乐学院院长、声乐教授金铁霖和著名歌唱家吴雁泽、彭丽媛、蔡明、毛宁，接待了毛主席的保健医生徐涛、护士长吴旭君和中国香港食神戴龙先生、中国台湾词作家庄奴先生等各界名人及美、英、德、日、澳、法等80多个国家和地区的外宾和中外名人名家1500多人，得到了他们的高度评价与赞扬。武陵山珍被专家誉为"东方魔汤"、"地球人美食"和"森林药品"，堪称世界一绝。2006年9月6日，国际蘑菇协会主席西摩先生称赞东方魔汤武陵山珍是一个伟大的发明，为小蘑菇找到了大市场！为中国成为世界蘑菇第一消费大国作出了重大贡献！目前，已在全国开办直营店25家、连锁店125家。

武陵山珍以为人类健康奉献森林美食和弘扬中国养生文化为己任，董事长毕麦是中国野生菌菜系和中国养生菜系的发明创始人，不仅填补了中国乃至世界的空白，而且是新兴的、独特的、具有强盛生命力的中国名餐饮、食用菌龙头企业、世界新菜系，已成为不分地域、种族、信仰、肤色、性别、年龄和职业的"地球人美食"。它以鲜香的味道、丰富的营养、独特的保健、神奇的功效堪称绿色之极品，深受中外食客喜爱。

毕麦：中国养生经济第一人

《今日重庆》记者　蔡春丽

他的原名叫王竹丰，现在，人们只知道他叫毕麦——武陵山珍董事长。毕麦为了"要用毕生时间把武陵山珍做成中国的麦当劳"，更改了自己的名字。他坚信，"麦当劳以其油炸食品风靡全球，武陵山珍也能走向世界。"

从武陵山区走出来的毕麦，深深地眷念那里的森林大山，那里的山珍资源和那里的山区人民。他将武陵山珍野生菌熬制成鲜香味美、营养丰富的"东方魔汤"，为的是成就武陵山区人民的致富梦和中国人的养生梦。他是提出中国养生经济的第一人，正在重庆南山打造中国第一条商业养生街——寿比南山养生街，实践着中国人的养生报国梦想。

日本考察　萌发"武陵山珍"梦

出生于武陵山区重庆石柱县的土家人毕麦，曾当过25年的公务员。他研制出"东方魔汤"，缘于一次赴日本考察受到的震撼。

1994年，时任四川外经贸委外经处副处长的毕麦，到日本考察。在日本，他发现，在中国价格低廉的野生菌，出口日本后却身价暴涨。特别是松茸，国内价格仅200多元/公斤，在日本却高达2000多元/公斤。原来松茸具有抗癌抗辐射的功能，是难得的绿色保健宝贝。而松茸、羊肚菌、竹荪等珍稀菌类，在当时的武陵山区仅仅是农家餐桌上貌不惊人的充饥菜肴。毕麦猛然意识到家乡漫山遍野的野生菌的价值，看到了食用菌市场蕴藏的巨大商机！

日本野生菌餐饮的做法让他深感震撼，他萌发了"武陵山珍"梦，发誓要为中国餐饮争光，将武陵山珍端上中国百姓的餐桌，并走向世界。

回国后，毕麦便对野生菌着了迷。而要将多种野生菌做成美味佳肴，最大的难题是野生菌菜的烹调方法：烹制的时间短了，人食用后有生命危险；可烹制时间长了，野生菌菜的鲜、香，以及高营养又会流失。为此，毕麦亲自买回多种野生菌进行熬制、品尝。他还登门拜访著名生物学家、食用菌专家周开孝教授，聘请了多位大学教授成立了武陵山珍顾问团。经过两年多的研发，顾问团终于研制出了一种独特底料。这种以几十种野生菌菜为原料，科学提炼、精心熬制出来的底料，不仅安全可靠，保证了野生菌菜的营养价值不流失，其清淡的锅底还能保证顾客最大限度地体味到野生菌菜原始的鲜、香。它就是后来被众多中外养生科学家赞誉的"东方魔汤"。

1997年春节过后，第一家武陵山珍店在重庆观音桥开业了，毕麦任技术顾问。1997年4月29日，借重庆直辖东风，重庆市武陵山珍经济技术开发有限公司成立。毕麦的目标，是要以餐饮为龙头，带动整个野生菌菜产业链的发展，带动武陵山区的脱贫致富。

2002年，在海南举行的首届世界养生科学大会上，武陵山珍的野生菌菜荣获了全球餐饮唯一的优秀科技成果奖。世界营养专家盛赞武陵山珍为"地球人食品"，称赞毕麦为"小蘑菇找到了大市场"。

为武陵山区争取亿元无偿援助

武陵山珍的野生菌原料来自武陵山区，毕麦要用自己的无私奉献回报武陵山区的人民。从1994年至2001年，时任四川外经贸委外经处副处长和黔江地区外援办主任的毕麦，耗时7年，做了两件对黔东南地区，对武陵山区人民，对自己的养生事业意义重大的事情——作为中方主谈代表，他成功谈判引进了日本无偿援助石柱县的1.5亿日元项目，以及澳大利亚援助黔江地区的1亿元人民币无偿援助项目。其中的澳大利亚援助黔江地区1亿元无偿援助项目，中方配套资金达1亿元，共计2亿元，主要用于改善黔东南地区的酉阳、秀山、黔江、彭水、石柱的教育、卫生、乡村公路、人畜饮水、妇女创收等。这也是毕麦为重庆引进的第一笔无偿援助重庆少数民族资金。

7年间，为了成功谈判，毕麦63次飞往北京，接待澳大利亚官员达200多人次。澳大利亚官员换了几拨人，毕麦总是耐心地从头再谈；重庆直辖了，澳大利亚方面想放弃该项目，毕麦据理力争让项目起死回生。最困难的一次，毕麦在与澳大利亚专家考察乘坐的三菱越野车上，与10多位澳方专家轮番谈判。没有资料，内容全记在脑子里；体力透支，也要咬牙坚持下来……毕麦对黔东南情况的熟悉和勇往直前的敬业精神，让澳方专家颇为佩服。最终，澳方的无偿援助资金从最初的2000万元增加到了最后的1亿元。毕麦的胆识和魄力，也让中国外经贸委国际司司长大加赞赏，称毕麦为"小龙永图"。

澳大利亚援助项目争取下来后，毕麦的身体被拖垮了，他住了半年的医院。可他觉得值得，与澳方的谈判，为他奠定了开放的国际视野，锤炼了他的毅力和实干能力，为毕麦此后的养生事业打下了坚实的基础。他说："我想以这样坚持的毅力，一定可以让武陵山珍像麦当劳一样，走向世界。"

中国养生经济第一人

2005年，毕麦辞职下海，他要把中国第一养生品牌武陵山珍做大做强，推动中国养生文化、养生企业、养生经济发展。

在对中国养生文化进行深入研究之后，毕麦发现这样的问题：为什么中国养生文化近百年在中国逐步衰落，而在韩国、日本、新加坡得到弘扬发展，成为时尚文化？为什么中国养生文化几千年来只能成为文人和富人的专利，没有真正传承和渗透到大众的生活，成为人们的健康习惯和生活态度？

毕麦为此找到了答案，中国养生文化存在很多误区：中国养生文化更多地停留在研究和探讨层面；中国养生文化太理论化，高深莫测，与我们的现实生活非常遥远；中国养生文化进入老有所养的误区，让人们在年轻时未注重健康和养生。人们牺牲自然环境求发展，破坏了生命的家园。而养生，崇尚的是健康生命第一，崇尚回归自然，自然而然。

毕麦提出，倡导养生，我们确实需要延伸拉长我们的管道，连通每个家庭个人和社会环境，让养生与天地同行，与日月同辉，与人类同步，实现天地人合一。这就需要将养生文化升级到养生产业，将养生产业升级到养生经济。在发展养生经济中，重视人类大环境的保护，重视人类生存环境的建设和治理。

2002年，毕麦在全国率先提出了"养生经济学"，成为倡导中国养生经济第一人。毕麦称，养生经济，就是对我们生存生命环境不会造成污染和侵害、是科学发展健康经济。养生经济是一个系统工程，需要全社会达成共识和行动。

毕麦身体力行。武陵山珍12年的养生实践一路走来，从武陵山珍餐饮的养生文化，到建立武陵山珍养生食品王国、6600亩的中国养生鱼基地，以及新建成的中国养生会馆的系列养生产业，他是中国养生产业的探路人。他和重庆企业家在重庆寿比南山养生街的养生产业，也正在形成新的养生经济现象。

毕麦称，"我的养生梦才刚刚'浮出水面'，正在起步。"毕麦正在着手，将中国养生会馆树立成为武陵山珍全国直营店和加盟店的标杆，推广养生文化，推广养生产业，推广毕麦的"养生八疗法"，给人们安上"养生软件"；

毕麦正在努力推进，重庆三剑客与南岸区和重庆市有关政府部门携手合作，将寿比南山养生街打造成"健康重庆"示范工程，建成"世界养生胜地"。国庆前夕，韩国中央电视台专访毕麦，韩国第一个100人旅游团进入中国养生会馆……

　　好戏，还在后头。

毕麦　在重庆做养生经济的世界梦

《食都文化》杂志　徐松

也许是流淌着土家族的血液，从武陵山走出来的毕麦对于餐饮养生有着一股自己的执著。但是这样的执著并不固执于只是在重庆。这个从山里走出来的土家族男人对养生文化、养生产业、养生经济研究探索了17年，他的执著、认真、坚持被媒体誉为"中国养生经济第一人"，他和他的团队要用中国的养生经济挑战"低碳经济"！他用养生产业、养生经济的研究成果向世人、世界证明：只有养生经济才能从源头上解决环境污染和食品不安全、不健康、不养生等世界难题，只有养生的正气场、正磁场才能构建人的精神文化家园，只有生命才是第一生产力！毕麦在重庆做养生经济的世界梦！

百年梦想　千年品牌

就算你没听过毕麦的名字也一定知道和吃过武陵山珍。在重庆，无人不知的"东方魔汤"的创始人就是用毕生的时间和精力学习追赶麦当劳的毕麦。他在石柱武陵山山区出生，人生的经历从政府官员到商人。他把大山里的野生菌带到世人的餐桌上，成为中国食用野生菌菜系发明创始人。他把中国的养生文化落地变通为养生产业，正在把养生产业升级为地球人的健康家园养生经济。他把武陵山珍的"百年梦想"、"千年品牌"作为自己的和武陵山珍人的使命和信仰，甚至连"毕麦"这个名字都要代代相传、千年不变！

把养生礼品卖到国内外

很难想象在商界打拼出成就的毕麦，在生活方面竟然鲜有娱乐活动：不爱打牌、不抽烟，甚至饮酒只是少有为止。这样的生活作为一个商界人士似乎有些单调和平淡。但是这种平淡正是养生专家毕麦所追求。他告诉记者自己的养生"秘诀"，"其实很简单，就是五个一：一荤、一素、一菇、一奶、一笑。"吃过各种海味的毕麦认为那些盛宴不如平日里的粗茶淡饭来得实在和营养。

正是他对养生的执著与坚守，他发明了武陵山珍养生系列礼品：皇帝宴、家庭宴、家宴煲、养生煲、东方魔酒系列。它们就像"养生导弹"一样可以发射到地球上每一个家庭，"武陵山珍家庭宴，家中养生真方便"的广告词，表明了武陵山珍的养生礼品已大众化、家庭化、社会化、市场化、国际化。

通过直销、网购、邮购、团购与国内外顾客联通、沟通、疏通、打通。"今年流行送养生"、"送啥都不如送养生"、"养生东方魔汤、送礼武陵山珍"已经成为央视CCTV-1、CCTV-2、CCTV-3、CCTV-6、CCTV-7的广告专用语，即将闪亮登场敬请关注。

从《易经》中悟出养生密码

自从毕麦创立出"东方魔汤"这一品牌后，他在养生文化和养生经济的道路上就没有一刻停歇。与其说他专注于其中的营养成分，不如说他专心于怎样生活和生存才能达到人和自然的和谐相处。

这些疑惑，毕麦在研读了《易经》和《道德经》之后得出了自己的答案，或者说还创立了自己的一套体系。其实，研究《易经》的商人太多，有人是为了寻求管理企业的"秘方"，有人为了悟出商战中成功的"秘诀"，也有人为了炒股挣钱去拼命钻研。而毕麦却热衷于这些典籍中蕴含的"密码"。"很多人认为《易经》太过深奥，是玄学；我却把它看做是一个把复杂问题简单化的哲学道理。天道、地道，人道的方方面面都包含其中。"虽然听着有些宏观，但是毕麦却连一个个汉字背后蕴藏的文化也能有自己独特的理解，"比如说'中'字，他就解读出7层含义，从太极阴阳到战时之弓，从天地万物到中庸之道，每一层含义他都能说出个一二三来。

而解读汉字只是毕麦解读养生密码的一个阶段。在他看来，所谓养生密码包含在6个数字当中。"一代表'通'，通顺；二表示平衡；四意味着道法自然，世间万物有依可循；六则是天道、地道和人道；八象征着保养生命回归自然；而最后一个九体现着生命才是一切生存和发展的动力。"2009年，毕麦走进老君洞，在这座吸收了南山灵气的道观里开始拜师修行。修行不为长寿，而是想通过研究道家经典为品牌的发展悟出新的机会。

养生从来没有国界

在毕麦看来，中国的传统文化虽然精彩但是犹如云彩飘在天空高高在上，而自己则希望成为一座桥梁，把文化精髓带给身边的每一个人。"最开始我通过武陵山珍、通过餐饮来传播传统的意识，之后我通过养生来传播中国传统文化，未来我希望跳出中国，把养生做到全世界。"

而这就是毕麦未来的新机会，虽然他有些讳莫如深，毕竟那确实涉及公司未来的战略。和乡村基一样，毕麦正计划让自己的企业三年后在美国上市，而且这样的计划已经开始启动并在准备之中。"到那时，说不定你可以在纽约吃到武陵山珍。"

当然，要让外国人接受重庆的野生菌汤锅并不难，但是作为一直善于打养生牌的毕麦来说更重要的不是在吃而是要让外国人也能接受养生的说法。"我觉得养生并没有国界，并非只有中国人才知晓养生的奥秘。所以，为了把养生推向世界我要让养生'去中国化'、'去神秘化'、'去政治化'。不是让他们脱离中国传统，而是让更多的人接受，知道养生是所有人生存的权利。"

毕麦正在重庆筹建没有围墙的养生大学——养生大家学，组织一大批养生专家、养生顾问免费为市民进社区开讲座，逐步让养生不再神秘化、复杂问题简单化、健康重庆人性化、养生知识生活化、养生产业社会化、养生经济国际化。